모든 언어에는 일정한 패턴이 있다

언어의 속도에 다다를 때까지
쓰고 읽는 반복이 필요하다

영어는 세계에서 가장 쉬운 언어이다

# 영어의문문 12주에 끝내기

Copyright 2008. 유현철, 김호영

Printed in 2009 by Music Thyme Company

지은이 유현철, 김호영

펴낸 곳 음악의 향기

컴퓨터 인쇄 및 제본 광동문화사

표지 디자인 명성칼라 (Designer 최경아)

3판 2016년 11월 22일

등록일 2009년 12월 10일

등록번호 제 2008-5

주소 ; 서울 영등포구 당산동1가 41-3 제2건물 3층

대표전화 0502-111-2020

e-mail ; hp-english@hanmail.net,

ISBN 978-89-94182-00-1 13740

값 12,000원

# 영어 의문문 12주에 끝내기

## - 12주 후엔 영어로 질문하세요

저자 유현철, 김호영

### 글쓴이의 말

 영어는 가장 쉬운 언어이기 때문에 전 세계에서 가장 많은 사람이 사용하고 있을 것이다. 그럼에도 우리는 영어를 배우려고 투자하는 시간과 노력에 비해 영어를 특히 회화를 못한다. 사실 회화를 하지 못하면 그것은 언어로서의 기능이 발휘되지 못하는 것으로 의미가 없다고 볼 수 있다.
 궁극적으로 언어를 배우는 것은 사람들과 소통하고자 함에 있고 직접 대화하는 것이 우선적 목표가 되어야 한다. 그런데 우리의 학습 과정과 목표, 그리고 방법은 언어의 소통에 두고 있지 않기 때문에 회화가 되지 않는 것이다. 그렇다면 언어의 소통이라는 것 즉 말을 할 줄 안다는 것은 무엇인가?

 5~6살만 되면 말을 할 줄 안다. 말을 한다는 것은 문장의 패턴을 무의식적으로 인식하고 문장을 스스로 창조할 수 있는 능력을 갖추었다는 의미이다. 그러므로 영어를 잘하기 위해서는 무엇보다 영작을 하는 능력을 키워야 할 것이다. 영작을 할 줄 모르는데 영어회화를 잘 할 수는 절대로 없다. 만일 회화를 하는데 영작은 잘 못한다고 하는 사람이 있다면 그 영어회화 실력이 정확하지 않고 엉터리일 가능성이 많다.

 흔히 우리가 영어에 대하여 말할 때 영어는 우리말과 순서가 달라서 배우기가 어렵다고 한다. 그럼에도 불구하고 순서를 가르친다는 말을 별로 들어 본 적이 없다. 바로 이 문제가 영어를 배우는 열쇠가 될 수 있다. 영어는 우리말과 달리 조사가 없다. 즉 영어는 단어를 나열하는 순서에 의해 주어, 목적어 등이 정해진다. 이 패턴을 익히면 누구라도 쉽게 문장을 만들

수 있게 되는 것이다. 여기에 형용사, 부사, 전치사 등의 단어는 순서가 아니라 어떤 단어를 강조하는 데 위치하게 된다. 다시 말해서 영어 단어를 나열하는 순서와 위치를 파악하고 익히는 훈련을 통해 쉽게 문장을 만드는 능력을 키워 나갈 수 있다.

 영어를 10년씩이나 열심히 했는데 미국의 7살 어린이와도 소통을 못한다면 그것은 분명히 영어를 공부하는 방법이 잘못되었다고 말할 수 있다. 고작 7살 아이 아니 5살 어린이와도 소통이 되지 않는다면 그 영어 공부 방법은 폐기하여야 한다. 보통 어린아이의 말이 빨라서 못 알아 듣는다고 하는데 그렇다면 그 아이가 천천히 말하면 과연 완전히 알아 들을 수 있을까? 듣는 것은 그렇다고 치고 과연 그 아이 앞에서 말은 할 수 있는가? 정작 본인이 단 한 문장의 말도 못하면서 아이의 언어 속도를 탓할 수 있을 것인가?

 본 책에서 소개하는 의문문 12주 완성은 기본적으로 언어의 소통을 목적으로 내용을 구성하였다. 여기에서 제시하는 방법대로만 한다면 확실하게 12주 만에 의문문 회화를 구사할 수 있을 것이다. 의문문이기에 앞서 영어에서 단어를 나열하는 순서에 입각하여 그 패턴을 자연스럽게 인식하도록 구성되어 있다. 그리고 동사의 변화야말로 매우 규칙적이고 패턴이 일정하다 그래서 동사의 변화를 확실하게 인식하고 말을 할 줄 안다는 것이 매우 중요하다. 동사의 패턴 역시 자연스럽게 인식할 수 있도록 구성되어 있다.
 마지막으로 중요한 것은 읽는 것이다. 언어는 이해하는 것보다 반복해서 회화의 속도로 말하는 것이 중요하다. 그래서 문법을 몰라도 아이들이 쉽게 말을 배우는 것이다. 어른들은 자꾸 이해하려고 들기 때문에 오히려 배우는 데 시간이 오래 걸린다. 처음부터 이해하고 차분하게 공부하려 하지 말고 큰 소리로 읽어나가는 것이 중요하다. 오로지 처음부터 끝까지 소리를 내어 읽는 방법으로 책 읽기를 반복하는 것이 훨씬 효과적이다.

 본 책에서 소개되어 있는 문장은 단어의 순서와 위치를 파악하고 동사의 규칙적인 패턴을 인식하는데 중점을 두고 만들어졌다. 따라서 다소 어색한 표현이나 억지 부분이 있을 수 있다. 꼼꼼하게 영어의 서적을 뒤져 최대한 현재 미국과 영국 사람들이 사용하는 말 중심으로 문장을 만들었지만 원어민이 아닌 이상 부족한 부분이 발견되더라도 공부하는 여러분의 양해가 있기를 바라고 또 그런 점이 발견되면 출판사에 연락해서 다음 편에서 바로 잡을 수 있도록 독자 여러분의 협조가 필요한 부분이다.

 다시 한번 강조하지만 이 책은 영어를 공부하기 위해 가장 요구되는 영어 단어의 순서와 위치, 그리고 동사의 변화 또 의문문에 필요한 평서문과의 위치 변경 등을 중점적으로 인식할 수 있도록 하였고 지속적인 패턴 반복을 통해서 자연스럽게 문장이 익혀질 수 있도록 구성하였으므로 우리말과 영어의 문장이 어색하고 억지스러운 부분이 있을 수 있음을 밝힌다. 학습자 여러분의 양해를 기대한다.

 결과적으로 이 책을 통해서 12주 만에 학습자가 영어의 문장 패턴을 인식하고 영작을 할 수 있을 뿐만 아니라 계속적인 반복 읽기를 통해서 언어의 속도에 도달할 때까지 속도를 증진시켜 나간다면 12주 만에 확실하게 적어도 미국의 7살 정도의 어린이와 무난하게 소통할 수 있을 뿐만 아니라 여행하고 살아 가는데 불편이 없을 정도의 회화 실력을 갖출 것이라는데 의심의 여지가 없다. 더 나아가서는 이 책을 통해 영어의 기초가 탄탄해 지고 다른 영어책을 읽고 세련된 영어 회화를 구사하는데 보탬이 될 것이라는 것을 확신한다.

2009년 12월 10일

저자 유현철, 김호영

# 목     차

글쓴이의 말

## Chapter 1. – "네", "아니오"의 답변을 요구하는 의문문

### 1.1 Pattern #1(1형식) 의문문

| | | |
|---|---|---|
| 1.1.1 | 현재형 의문문 | 17 |
| 1.1.2 | 현재진행형 의문문 | 19 |
| 1.1.3 | 과거형 의문문 | 21 |
| 1.1.4 | 과거진행형 의문문 | 23 |
| 1.1.5 | 현재완료형 의문문 | 25 |
| 1.1.6 | 과거완료형 의문문 | 27 |
| 1.1.7 | 미래형 의문문 | 29 |
| 1.1.8 | 미래진행형 의문문 | 31 |

### 1.2 Pattern #2(2형식) 의문문

| | | |
|---|---|---|
| 1.2.1 | 현재형 의문문 | 33 |
| 1.2.2 | 현재진행형 의문문 | 35 |
| 1.2.3 | 과거형 의문문 | 35 |
| 1.2.4 | 과거진행형 의문문 | 37 |
| 1.2.5 | 현재완료형 의문문 | 37 |
| 1.2.6 | 과거완료형 의문문 | 39 |
| 1.2.7 | 미래형 의문문 | 42 |

## 1.3 Pattern #3(3형식) 의문문

| | |
|---|---|
| 1.3.1 현재형 의문문 | 44 |
| 1.3.2 현재진행형 의문문 | 46 |
| 1.3.3 과거형 의문문 | 48 |
| 1.3.4 과거진행형 의문문 | 50 |
| 1.3.5 현재완료형 의문문 | 52 |
| 1.3.6 과거완료형 의문문 | 54 |
| 1.3.7 미래형 의문문 | 56 |
| 1.3.8 미래진행형 의문문 | 58 |

## 1.4 Pattern #4(4형식) 의문문

| | |
|---|---|
| 1.4.1 현재형 의문문 | 60 |
| 1.4.2 현재진행형 의문문 | 62 |
| 1.4.3 과거형 의문문 | 64 |
| 1.4.4 과거진행형 의문문 | 66 |
| 1.4.5 현재완료형 의문문 | 68 |
| 1.4.6 과거완료형 의문문 | 70 |
| 1.4.7 미래형 의문문 | 72 |
| 1.4.8 미래진행형 의문문 | 74 |

## 1.5 Pattern #5(5형식) 의문문

| | |
|---|---|
| 1.5.1 현재형 의문문 | 76 |
| 1.5.2 현재진행형 의문문 | 78 |
| 1.5.3 과거형 의문문 | 80 |
| 1.5.4 과거진행형 의문문 | 82 |
| 1.5.5 현재완료형 의문문 | 84 |
| 1.5.6 과거완료형 의문문 | 86 |
| 1.5.7 미래형 의문문 | 88 |
| 1.5.8 미래진행형 의문문 | 90 |

## Chapter 2. 내용을 묻는 의문문

### 2.1 What (무엇)을 묻는 의문문

| | | |
|---|---|---|
| 2.1.1 | What 의문문 현재형 | 95 |
| 2.1.2 | What 의문문 현재진행형 | 98 |
| 2.1.3 | What 의문문 과거형 | 100 |
| 2.1.4 | What 의문문 과거진행형 | 103 |
| 2.1.5 | What 의문문 현재완료형 | 106 |
| 2.1.6 | What 의문문 과거완료형 | 109 |
| 2.1.7 | What 의문문 미래형 | 112 |
| 2.1.8 | What 의문문 미래진행형 | 114 |

### 2.2 Who(누구)를 묻는 의문문

| | | |
|---|---|---|
| 2.2.1 | Who 의문문 현재형 | 117 |
| 2.2.2 | Who 의문문 현재진행형 | 119 |
| 2.2.3 | Who 의문문 과거형 | 121 |
| 2.2.4 | Who 의문문 과거진행형 | 124 |
| 2.2.5 | Who 의문문 현재완료형 | 126 |
| 2.2.6 | Who 의문문 과거완료형 | 128 |
| 2.2.7 | Who 의문문 미래형 | 131 |
| 2.2.8 | Who 의문문 미래진행형 | 133 |

## 2.3 When(언제)을 묻는 의문문

| | | |
|---|---|---:|
| 2.3.1 | When 의문문 현재형 | 136 |
| 2.3.2 | When 의문문 과거형 | 138 |
| 2.3.3 | When 의문문 현재완료형 | 140 |
| 2.3.4 | When 의문문 과거완료형 | 142 |
| 2.3.5 | When 의문문 미래형 | 144 |

## 2.4 Where(어디)를 묻는 의문문

| | | |
|---|---|---:|
| 2.4.1 | Where 의문문 현재형 | 147 |
| 2.4.2 | Where 의문문 현재진행형 | 149 |
| 2.4.3 | Where 의문문 과거형 | 151 |
| 2.4.4 | Where 의문문 과거진행형 | 153 |
| 2.4.5 | Where 의문문 현재완료형 | 156 |
| 2.4.6 | Where 의문문 과거완료형 | 158 |
| 2.4.7 | Where 의문문 미래형 | 160 |
| 2.4.8 | Where 의문문 미래진행형 | 162 |

## 2.5 Why (왜)를 묻는 의문문

| | | |
|---|---|---:|
| 2.5.1 | Why 의문문 현재형 | 165 |
| 2.5.2 | Why 의문문 현재진행형 | 167 |
| 2.5.3 | Why 의문문 과거형 | 169 |
| 2.5.4 | Why 의문문 과거진행형 | 171 |
| 2.5.5 | Why 의문문 현재완료형 | 173 |
| 2.5.6 | Why 의문문 과거완료형 | 176 |
| 2.5.7 | Why 의문문 미래형 | 178 |

## 2.6 Which, Whether, Whose, Whom을 묻는 의문문

| | | |
|---|---|---:|
| 2.6.1 | Which 의문문 | 181 |
| 2.6.2 | Whether | 183 |
| 2.6.3 | Whom 의문문 | 184 |
| 2.6.4 | Whose 의문문 | 186 |
| 2.6.5 | Whatever, Whoever, Wherever, Whenever, Whichever, Whomever, Whosever | 188 |

# Chapter 3. 어느 정도를 묻는 의문문

### 3.1 How 의문문

| | | |
|---|---|---:|
| 3.1.1 | How 의문문 현재, 현재진행형 | 191 |
| 3.1.2 | How 의문문 과거, 과거진행형 | 191 |
| 3.1.3 | How 의문문 현재완료, 과거완료형 | 192 |
| 3.1.4 | How 의문문 미래형 | 193 |

### 3.2 How long 의문문

| | | |
|---|---|---:|
| 3.2.1 | How long 의문문 현재, 현재진행형 | 195 |
| 3.2.2 | How long 의문문 과거, 과거진행형 | 196 |
| 3.2.3 | How long 의문문 현재완료, 과거완료형 | 197 |
| 3.2.4 | How long 의문문 미래형 | 199 |

### 3.3 How many

| | | |
|---|---|---:|
| 3.3.1 | How many 의문문 현재형 | 200 |
| 3.3.2 | How many 의문문 과거형 | 200 |
| 3.3.3 | How many 의문문 현재완료, 과거완료형 | 201 |
| 3.3.4 | How many 의문문 미래형 | 202 |

### 3.4 How much

| 3.4.1 | How much 의문문 현재형 | 204 |
| 3.4.2 | How much 의문문 과거형 | 204 |
| 3.4.3 | How much 의문문 현재완료, 과거완료형 | 205 |
| 3.4.4 | How much 의문문 미래형 | 206 |

### 3.5 그 밖에 How 의문문

| 3.1.1 | How often 의문문 | 208 |
| 3.1.2 | How old 의문문 | 210 |
| 3.1.3 | How far 의문문 | 211 |
| 3.1.4 | How about 의문문 | 212 |

## Chapter 4. Can, May, Must, Will, Shall 의문문

### 4.1 Can 의문문

| 4.1.1 | Can 의문문 | 215 |
| 4.1.2 | Could 의문문 | 216 |

### 4.2 May 의문문  218
### 4.3 Must 의문문  220
### 4.4 Will, Shall 의문문

| 4.4.1 Will, Shall 의문문 | 221 |
| 4.4.2 Would 의문문 | 222 |
| 4.4.3 Should 의문문 | 223 |

부록 1. 의문문 예제
부록 2. 영작 문제 정답
부록 3. 영어 의문문 12주 학습 과정

**Chapter 1.** "네", "아니오"의 답변을 요구하는 의문문

## 1.1 Pattern #1(1형식)의 의문문

### 1.1.1 현재형 (Pattern #1 – yes, no의 답을 원하는 의문문)

● I (나 – 1인칭 단수)를 주어로 하는 의문문

|  |  | (의문사) + 주어 | 동사 |  |
|---|---|---|---|---|
| 평서문 | | 저는 학교에 갑니다<br>**I** | ***go*** | to school |
| 부정문 | | 나는 학교에 가지 않는다<br>**I** | ***don't go*** | to school |
| 긍정 의문문 | | 저는 학교에 갑니까?<br>***Do* I** | ***go*** | ***to school?*** |
| 부정 의문문 | | 저는 학교에 안 가나요?<br>***Don't* I** | ***go*** | ***to school?*** |
| 대답 | 긍정 | 응, 넌 가<br>***Yes*, you** | ***do*** | |
| | 부정 | 아니, 넌 가지 않아<br>***No*, you** | ***don't(do not)*** | |

● You (너,너희들,we우리들,they그들 – 1,3인칭복수, 2인칭)를 주어로 하는 의문문

|  |  | (의문사) + 주어 | 동사 |  |
|---|---|---|---|---|
| 평서문 | | 너는(너희들은) 학교에 갑니다<br>***You*** | ***go*** | to school |
| | | 우리들은 학교에 갑니다 *We go to school* | | |
| 부정문 | | 너는(너희들은) 학교에 가지 않는다<br>***You*** | ***don't go*** | to school |
| | | 우리들은 학교에 가지 않습니다. *We don't go to school* | | |
| 긍정 의문문 | | 넌(너희들은) 학교에 가니?<br>***Do* you** | ***go*** | ***to school?*** |
| | | 우리들은 학교에 가나요? *Do we go to school?* | | |
| 부정 의문문 | | 넌(너희들은) 학교에 가지 않니?<br>***Don't* you** | ***go*** | ***to school?*** |
| | | 우리들은 학교에 가지 않나요? *Don't we go to school?* | | |
| 대답 | 긍정 | 응, 난 가<br>***Yes*, I** | ***do*** | |
| | | 응, 우리는 가 *Yes, we do* | | |
| | 부정 | 아니, 난 가지 않아<br>***No*, I** | ***don't(do not)*** | |
| | | 아니 우리들은 가지 않아 *No, we don't* | | |

✓ 의문문은 문장의 앞에 'do' 를 붙이면 된다. 이 때 'do'는 조동사의 역할을 한다
✓ 대답은 긍정이든, 부정이든 관계없이 대답의 내용이 긍정이면 yes, 부정이면 no를 한다

● he, she, my friend, Jane (그,그녀,내 친구,Jane - 3인칭 단수)를 주어로 하는 의문문

|  | (의문사) + 주어 | 동사 |  |
|---|---|---|---|
| 평서문 | 그는 학교에 갑니다<br>**He** | **goes** | to school |
|  | Jane은 학교에 갑니다 Jane goes to school<br>내 친구는 학교에 갑니다 My friend goes to school |  |  |
| 부정문 | 그녀는 학교에 가지 않는다<br>**She** | **doesn't go** | to school |
|  | Jane은 학교에 가지 않아 Jane doesn't go to school<br>내 친구는 학교에 가지 않아 My friend doesn't go to school |  |  |
| 긍정<br>의문문 | 그는 학교에 갑니까?<br>**Does he** | **go** | **to school?** |
|  | Jane은 학교 다니니? Does Jane go to school?<br>내 친구는 학교에 가니? Does my friend go to school? |  |  |
| 부정<br>의문문 | 그녀는 학교에 다니지 않나요?<br>**Doesn't she** | go | to school? |
|  | Jane은 학교에 가지 않니? Doesn't Jane go to school?<br>내 친구는 학교에 가지 않니? Doesn't my friend go to school? |  |  |
| 대답 | 긍정 | 응, 그는 가<br>**Yes, he** | **does** |
|  |  | 응, Jane은 가  Yes, she does<br>응, 내 친구는 가 Yes, she does |  |
|  | 부정 | 아니, 그녀는 가지 않아<br>**No, she** | **doesn't(does not)** |
|  |  | 아니 Jane은 가지 않아   No, she doesn't<br>아니, 내 친구는 가지 않아  No, she doesn't |  |

✓ 의문문은 문장의 앞에 'does' 를 붙이면 된다. 이 때 'does'는 조동사의 역할을 한다
✓ 대답은 긍정이든, 부정이든 관계없이 대답의 내용이 긍정이면 yes, 부정이면 no를 한다


● 영작 연습
  1. 너 학교에 가니?
  2. 너 학교 가는 거 아니니?
  3. 당신은 교회에 가세요?
  4. 당신 공원에 가는 거 아니세요?
  5. 그녀는 학교에 다니나요?
  6. 너희 엄마 교회 다니지 않니?
  7. 우리가 학교에 가나요?
  8. 우리가 공원에 가는 거 아닌가요?
  9. 그 사람들은 직장에 갑니까?
  10. 네 친구들은 학교에 가지 않니?

## 1.1.2 현재진행형 (Pattern #1 – yes, no의 답을 원하는 의문문)

● I (나 – 1인칭 단수)를 주어로 하는 의문문

|  | (의문사) + 주어 | 동사 |  |
|---|---|---|---|
| 평서문 | 나는 학교에 가는 중이에요<br>**I** | **am going** | to school |
| 부정문 | 나는 학교에 가는 중이 아니에요<br>**I** | **am not going** | to school |
| 긍정 의문문 | 제가 학교 가는 중인가요?<br>**Am    I** | **going** | **to school?** |
| 부정 의문문 | 내가 학교에 가는 중이 아닌가요?<br>**Ain't   (am not) I** | **going** | **to school?** |
| 대답 | 긍정 | 응, 넌 가고 있어<br>**Yes,  you** | **are** |
| | 부정 | 아니, 넌 가고 있지 않아<br>**No,   you** | **aren't(are not)** |

● You (너,너희들,we우리들,they그들 – 1,3인칭복수, 2인칭)를 주어로 하는 의문문

|  | (의문사) + 주어 | 동사 |  |
|---|---|---|---|
| 평서문 | 너는(너희들은) 학교로 가고 있어<br>**You** | **are going** | to school |
| | 우리들은 학교 가는 중이에요  *We are  going   to school* | | |
| 부정문 | 너는(너희들은) 학교로 가고 있지 않아<br>**You** | **aren't ( are not) going** | to school |
| | 우리들은 학교에 가고 있지 않아요 *We are not* going to school. | | |
| 긍정 의문문 | 넌(너희들은) 학교에 가는 중이니?<br>**Are    you** | **going** | **to school?** |
| | 우리들이 학교 가는 중인가요?  *Are we  going to school?* | | |
| 부정 의문문 | 넌(너희들은) 학교에 가고 있지 않니?<br>**Aren't(are not)   you** | **going** | **to school?** |
| | 우리들은 학교에 가고 있지 않니? *Aren't we   going   to school?* | | |
| 대답 | 긍정 | 응, 난 가고 있어<br>**Yes,  I** | **am** |
| | | 응, 우리는 가 *Yes, we  are* | |
| | 부정 | 아니, 난 가고 있지 않아<br>**No,   I** | **am not** |
| | | 아니 우리들은 가고 있지 않아 *No, we aren't* | |

✓ 대답은 긍정이든, 부정이든 관계없이 대답의 내용이 긍정이면 yes, 부정이면 no를 한다
✓ 현재진행형은 금방 하려고 할 때 혹은 강력하게 곧 예정일 때도 사용한다

- he, she, my friend, Jane (그,그녀,내 친구,Jane - 3인칭 단수)를 주어로 하는 의문문

| | (의문사) + 주어 | 동사 | |
|---|---|---|---|
| 평서문 | 그는 학교에 가는 중이에요.<br>**He** | **is going** | to school |
| | Jane은 학교에 가는 중이야   Jane | is going | to school |
| | 내 친구는 학교에 가는 중이야   My friend | is going | to school |
| 부정문 | 그녀는 학교로 가고 있지 않아요<br>**She** | **isn't going** | to school |
| | Jane은 학교에 가고 있지 않아   Jane | isn't going | to school |
| | 내 친구는 학교에 가고 있지 않아   My friend | isn't going | to school |
| 긍정<br>의문문 | 그는 학교로 가는 중인가요?<br>**Is   he** | **going** | **to school?** |
| | Jane은 학교에 가는 중이니?   Is Jane | going | to school? |
| | 내 친구가 학교에 가는 중이니?   Is my friend | going | to school? |
| 부정<br>의문문 | 그녀가 학교로 가고 있지 않나요?<br>**Isn't (is not) she** | **going** | **to school?** |
| | Jane은 학교에 가고 있지 않니?  Isn't(is not) Jane | going | to school? |
| | 내 친구가 학교로 가고 있지 않나요?  Isn't my friend | going | to school? |
| 대답 - 긍정 | 응, 그녀는 가는 중이야<br>**Yes,   she** | **is** | |
| | 응, Jane은 가고 있어   Yes, she is | | |
| | 응, 내 친구(여자)는 가고 있어   Yes, she is | | |
| 대답 - 부정 | 아니, 그녀는 가고 있지 않아<br>**No,   she** | **isn't(is not)** | |
| | 아니 Jane은 가고 있지 않아   No, she isn't   (is not) | | |
| | 아니, 내 친구(남자)는 가고 있지 않아   No, he isn't   (is not) | | |

✓ 대답은 긍정이든, 부정이든 관계없이 대답의 내용이 긍정이면 yes, 부정이면 no를 한다

- 영작 연습
    1. 너 교회 가는 중이니?
    2. 너 학교 가는 중 아니니?
    3. 너 학교 가는 중이니?
    4. 너 교회로 가고 있지 않니?
    5. 저 어린이가 공원으로 가는 중이지요?
    6. 그 남자는 극장으로 가는 중이 아닌가요?
    7. 우리가 교회로 가는 중인가요?
    8. 우리가 극장으로 가고 있지 않나요?
    9. 그들은 고향으로 가는 중인가요?
    10. 그 남자들은 고향으로 가고 있지 않나요?

## 1.1.3 과거형 (Pattern #1 – yes, no의 답을 원하는 의문문)

- I (나 – 1인칭 단수)를 주어로 하는 의문문

| | | (의문사) + 주어 | 동사 | |
|---|---|---|---|---|
| 평서문 | | 나는 학교에 갔습니다 *I* | *went* | to school |
| 부정문 | | 나는 학교에 가지 않았어요 *I* | *didn't go* | to school |
| 긍정 의문문 | | 내가 학교에 갔습니까? ***Did   I*** | ***go*** | ***to school?*** |
| 부정 의문문 | | 내가 학교에 가지 않았나요? ***Didn't   I*** | ***go*** | ***to school?*** |
| 대답 | 긍정 | 응, 넌 갔어 ***Yes,   you*** | ***did*** | |
| | 부정 | 아니, 넌 가지 않았어 ***No,   you*** | ***didn't(did not)*** | |

- You (너,너희들,we우리들,they그들 – 1,3인칭복수, 2인칭)를 주어로 하는 의문문

| | | (의문사) + 주어 | 동사 | |
|---|---|---|---|---|
| 평서문 | | 너는(너희들은) 학교에 갔어 ***You*** | ***went*** | to school. |
| | | 우리들은 학교에 갔어요  We went to school | | |
| 부정문 | | 너는(너희들은) 학교에 가지 않았어 ***You*** | ***didn't go*** | to school |
| | | 우리들은 학교에 가지 않았습니다. We didn't go to school | | |
| 긍정 의문문 | | 넌(너희들은) 학교에 갔니? ***Did   you*** | ***go*** | ***to school?*** |
| | | 우리들은 학교에 갔나요? Did we go to school? | | |
| 부정 의문문 | | 너(너희들은) 학교에 가지 않았니? ***Didn't   you*** | ***go*** | ***to school?*** |
| | | 우리들은 학교에 가지 않았나요? Didn't we go to school? | | |
| 대답 | 긍정 | 응, 난 갔어 ***Yes,   I*** | ***did*** | |
| | | 응, 우리는 갔어 Yes, we did | | |
| | 부정 | 아니, 난 가지 않았어 ***No,   I*** | ***didn't(did not)*** | |
| | | 아니 우리들은 가지 않았어 No, we didn't | | |

✓ 과거의문문은 문장의 앞에 'did' 를 붙이면 된다. 이 때 'did'는 조동사의 역할을 한다
✓ 대답은 긍정이든, 부정이든 관계없이 대답의 내용이 긍정이면 yes, 부정이면 no를 한다

- he, she, my friend, Jane (그,그녀,내 친구,Jane - 3인칭 단수)를 주어로 하는 의문문

| | (의문사) + 주어 | 동사 | |
|---|---|---|---|
| 평서문 | 그는 학교에 갔습니다<br>**He**<br>Jane은 학교에 갔어요　Jane<br>내 친구는 학교에 갔어요　My friend | **went**<br>went<br>went | to school.<br>to school<br>to school |
| 부정문 | 그녀는 학교에 가지 않았습니다<br>**She**<br>Jane은 학교에 가지 않았어　Jane<br>내 친구는 학교에 가지 않았어　My friend | **didn't go**<br>didn't go<br>didn't go | to school<br>to school<br>to school |
| 긍정<br>의문문 | 그는 학교에 갔니?<br>**Did　he**<br>Jane은 학교에 갔니?　Did Jane<br>내 친구는 학교에 갔니?　Did my friend | **go**<br>go<br>go | **to school?**<br>to school?<br>to school? |
| 부정<br>의문문 | 그녀는 학교에 가지 않았니?<br>**Didn't　she**<br>Jane은 학교에 가지 않았니?　Didn't Jane<br>내 친구는 학교에 가지 않았니?　Didn't my friend | **go**<br>go<br>go | **to school?**<br>to school?<br>to school? |
| 대<br>답 | 긍정 | 응, 그는 갔어<br>**Yes,　he**<br>응, Jane은 갔어　Yes, she<br>응, 내 친구(여자)는 갔어　Yes, she | **did**<br>did<br>did |
| | 부정 | 아니, 그녀는 가지 않았어<br>**No,　she**<br>아니 Jane은 가지 않았어　No, she<br>아니, 내 친구(남자)는 가지 않았어　No, he | **didn't(does not)**<br>didn't<br>didn't |

✓ 과거의문문은 문장의 앞에 'did' 를 붙이면 된다. 이 때 'did'는 조동사의 역할을 한다
✓ 대답은 긍정이든, 부정이든 관계없이 대답의 내용이 긍정이면 yes, 부정이면 no를 한다

- 영작 연습
    1. 그 여자가 학교에 갔어요?.
    2. 너 학교 가지 않았니?
    3. 너 체육관에 갔니?
    4. 당신은 영화관에 가지 않았어요?
    5. 당신 교회 갔어요?
    6. 내 여동생이 교회에 가지 않았나요?
    7. 우리가 미술관에 갔었나요?
    8. 우리가 미술관에 가지 않았나요?
    9. 그들은 고향에 갔습니까?
    10. 네 친구들은 고향에 가지 않았니?

## 1.1.4 과거진행형 (Pattern #1 – yes, no의 답을 원하는 의문문)

● I (나 – 1인칭 단수)를 주어로 하는 의문문

| | (의문사) + 주어 | 동사 | |
|---|---|---|---|
| 평서문 | 나는 학교에 가는 중이었어요<br>**I** | **was going** | to school |
| 부정문 | 나는 학교에 가고 있지 않았어요<br>**I** | **wasn't ( was not) going** | to school |
| 긍정 의문문 | 내가 학교로 가고 있었나요?<br>**Was   I** | **going** | **to school?** |
| 부정 의문문 | 내가 학교에 가는 중이 아니었나요?<br>**Wasn't (was not) I** | **going** | **to school?** |
| 대답 | 긍정 | 응, 넌 가고 있었어<br>**Yes,  you** | **were** |
| | 부정 | 아니, 넌 가고 있지 않았어<br>**No,   you** | **weren't(were not)** |

● You (너,너희들,we우리들,they그들 – 1,3인칭복수, 2인칭)를 주어로 하는 의문문

| | (의문사) + 주어 | 동사 | |
|---|---|---|---|
| 평서문 | 너는(너희들은) 학교로 가고 있었어<br>**You** | **were going** | to school |
| | 우리들은 학교 가는 중이었어요 We were  going  to school | | |
| 부정문 | 너는(너희들은) 학교로 가고 있지 않았어<br>**You** | **were not going** | to school |
| | 우리들은 학교 가고 있지 않았어 We were not going to school | | |
| 긍정 의문문 | 너(너희들은) 학교에 가는 중이었니?<br>**Were   you** | **going** | **to school?** |
| | 우리들이 학교에 가는 중이었나요?  Were we going to school? | | |
| 부정 의문문 | 너(너희들은) 학교에 가고 있지 않았니?<br>**Weren't(were not)   you** | **going** | **to school?** |
| | 우리들이 학교에 가는 중이 아니었니? Weren't we going  to school? | | |
| 대답 | 긍정 | 응, 난 가고 있었어<br>**Yes,  I** | **was** |
| | | 응, 우리는 가고 있었어 Yes, we  were | |
| | 부정 | 아니, 난 가고 있지 않았어<br>**No,   I** | **wasn't (was not)** |
| | | 아니 우리들은 가고 있지 않았어  No, we weren't | |

✓ 대답은 긍정이든, 부정이든 관계없이 대답의 내용이 긍정이면 yes, 부정이면 no를 한다

● he, she, my friend, Jane (그,그녀,내 친구,Jane - 3인칭 단수)를 주어로 하는 의문문

| | (의문사) + 주어 | 동사 | |
|---|---|---|---|
| 평서문 | 그는 학교에 가는 중이었어요<br>**He**<br>Jane은 학교에 가는 중이었어 Jane<br>내 친구는 학교에 가는 중이었어 My friend | *was going*<br>*was going*<br>*was going* | to school<br>to school<br>to school |
| 부정문 | 그녀는 학교로 가고 있지 않았어요<br>**She**<br>Jane은 학교에 가고 있지 않았어 Jane<br>내 친구는 학교에 가고 있지 않았어 My friend | *wasn't going*<br>*wasn't going*<br>*wasn't going* | to school<br>to school<br>to school |
| 긍정<br>의문문 | 그는 학교로 가는 중이었나요?<br>**Was he**<br>Jane은 학교에 가는 중이었니? Was Jane<br>내 친구가 학교에 가는 중이었니? Was my friend | *going*<br>*going*<br>*going* | to school?<br>to school?<br>to school? |
| 부정<br>의문문 | 그녀가 학교로 가고 있지 않았나요?<br>**Wasn't (was not) she**<br>Jane은 학교에 가고 있지 않았니? Wasn't Jane<br>내 친구가 학교로 가고 있지 않았나요? Wasn't my friend | *going*<br>*going*<br>*going* | to school?<br>to school?<br>to school? |
| 대답 | 긍정 | 응, 그녀는 가는 중이었어<br>**Yes, she**<br>응, Jane은 가고 있었어 Yes, she was<br>응, 내 친구(여자)는 가고 있었어 Yes, she was | **was** | |
| | 부정 | 아니, 그녀는 가고 있지 않았어<br>**No, she**<br>아니 Jane은 가고 있지 않았어 No, she wasn't (was not)<br>아니, 내 친구(남자)는 가고 있지 않았어 No, he wasn't (was not) | **wasn't(was not)** | |

✓ 대답은 긍정이든, 부정이든 관계없이 대답의 내용이 긍정이면 yes, 부정이면 no를 한다

● 영작 연습
1. 그녀가 학교로 가는 중이었나요?
2. 그는 집으로 가는 중이 아니었어요?
3. 너 교회 가는 중이었니?
4. 너 책 읽는 중이 아니었니?
5. 내 친구가 공원으로 가는 중이었나요?
6. 그녀가 집으로 가고 있지 않았나요?
7. 우리가 책을 읽는 중이었지요?
8. 우리가 학교로 가고 있지 않았니?
9. 그들은 교회로 가는 중이었나요?
10. 학생들이 학교에 가고 있지 않았나요?

## 1.1.5 현재완료형 (Pattern #1 – yes, no의 답을 원하는 의문문)

- I (나 – 1인칭 단수)를 주어로 하는 의문문

|  | (의문사) + 주어 | 동사 |  |
|---|---|---|---|
| 평서문 | 나는 서울에서 지금까지 쭉 살고 있어요<br>I | have lived | in Seoul |
| 부정문 | 나는 지금까지 쭉 서울에서 살고 있지 않아요<br>I | haven't (have not) lived | in Seoul |
| 긍정 의문문 | 내가 지금까지 쭉 서울에서 살고 있나요?<br>Have   I | lived | in Seoul? |
| 부정 의문문 | 내가 서울에서 쭉 살고 있지 않나요?<br>Haven't  I | lived | in Seoul? |
| 대답 긍정 | 응, 넌 쭉 살고 있어<br>Yes,  you | have |  |
| 대답 부정 | 아니, 넌 쭉 살고 있지 않아<br>No,  you | haven't(have not) |  |

- You (너,너희들,we우리들,they그들 – 1,3인칭복수, 2인칭)를 주어로 하는 의문문

|  | (의문사) + 주어 | 동사 |  |
|---|---|---|---|
| 평서문 | 너는(너희들은) 지금까지 쭉 서울에서 살고 있어<br>You | have lived | in Seoul |
|  | 우리들은 지금까지 쭉 서울에서 살고 있어요<br>We | have lived | in Seoul |
| 부정문 | 너는(너희들은) 지금까지 쭉 서울에서 살고 있지 않아<br>You | haven't lived | in Seoul |
|  | 우리들은 지금까지 쭉 서울에 살고 있지 않아요<br>We  haven't  lived   in Seoul |  |  |
| 긍정 의문문 | 넌(너희들은) 지금까지 쭉 서울에 살고 있니?<br>Have you | lived | in Seoul? |
|  | 우리들은 지금까지 쭉 서울에 살고 있니?  Have we lived in Seoul? |  |  |
| 부정 의문문 | 넌(너희들은) 지금까지 쭉 서울에 살고 있지 않니?<br>Haven't you | lived | in Seoul? |
|  | 우리들이 지금까지 쭉 서울에 살고 있지 않나요?<br>Haven't  we  lived  in Seoul? |  |  |
| 대답 긍정 | 응, 난 쭉 살고 있어<br>Yes,  I | have |  |
|  | 응, 우리는 살고 있어  Yes, we  have |  |  |
| 대답 부정 | 아니, 난 쭉 살고 있지 않아<br>No,  I | haven't (have not) |  |
|  | 아니 우리들은 살고 있지 않아  No, we haven't |  |  |

✓ 시점이 정해지지 않은 과거의 표현에도 현재완료형이 사용된다
✓ 결과, 경험, 과거부터 계속적인 상태에 현재완료형이 사용된다

- he, she, my friend, Jane (그,그녀,내 친구,Jane - 3인칭 단수)를 주어로 하는 의문문

| | (의문사) + 주어 | 동사 | |
|---|---|---|---|
| 평서문 | 그는 지금까지 쭉 서울에 살고 있어요<br>**He** | **has lived** | in Seoul |
| | Jane은 지금까지 쭉 서울에 살고 있어요 *Jane has lived in Seoul* | | |
| | 내 친구는 지금까지 쭉 서울에 살고 있어요 *My friend has lived in Seoul* | | |
| 부정문 | 그녀는 지금까지 쭉 서울에 살고 있지 않아요<br>**She** | **has not lived** | in Seoul |
| | Jane은 지금까지 서울에 살고 있지 않아요 *Jane has not lived in Seoul* | | |
| | 친구는 지금까지 서울에 살고 있지 않아요 *My friend hasn't lived in Seoul* | | |
| 긍정<br>의문문 | 그는 지금까지 쭉 서울에 살고 있나요?<br>**Has he** | **lived** | **in Seoul?** |
| | Jane은 지금까지 쭉 서울에 살고 있나요? *Has Jane lived in Seoul?* | | |
| | 내 친구가 지금까지 쭉 서울에 살고 있나요? *Has my friend lived in Seoul?* | | |
| 부정<br>의문문 | 그녀가 지금까지 쭉 서울에 살고 있지 않나요?<br>**Hasn't (has not) she** | **lived** | **in Seoul?** |
| | Jane은 지금까지 쭉 서울에 살고 있지 않나요? *Hasn't Jane lived in Seoul?* | | |
| | 내 친구가 지금까지 쭉 서울에 살고 있지 않나요?<br>*Hasn't my friend lived in Seoul?* | | |
| 대답 | 긍정 | 응, 그녀는 쭉 살고 있어<br>**Yes,  she** | **has** |
| | | 응, Jane은 쭉 살고 있어 *Yes, she has* | |
| | | 응, 내 친구(여자)는 쭉 살고 있어 *Yes, she has* | |
| | 부정 | 아니, 그녀는 쭉 살고 있지 않아<br>**No,  she** | **hasn't(has not)** |
| | | 아니 Jane은 쭉 살고 있지 않아 *No, she hasn't  (has not)* | |
| | | 아니, 내 친구(남자)는 쭉 살고 있지 않아 *No, he hasn't  (has not)* | |

✓ 대답은 긍정이든, 부정이든 관계없이 대답의 내용이 긍정이면 yes, 부정이면 no를 한다

- 영작 연습
    1. 당신은 서울에서 쭉 살고 있나요?
    2. 넌 미국에서 쭉 살고 있지 않니?
    3. 그는 지금까지 서울에서 살고 있나요?
    4. 너희들은 서울에서 살고 있지 않니?
    5. 선생님은 여전히 미국에서 살고 있지요?
    6. 그녀가 지금까지 계속해서 미국에 살고 있지 않나요?
    7. 넌 부산에서 여전히 살고 있지?
    8. 우리가 도시에 지금까지 쭉 살고 있지 않아요?
    9. 그들은 지금까지 고향에 살고 있나요?
    10. 넌 유럽에 지금도 머무르고 있지 않니?

## 1.1.6 과거완료형 (Pattern #1 – yes, no 의 답을 원하는 의문문)

● I (나 – 1인칭 단수)를 주어로 하는 의문문

| | | (의문사) + 주어 | 동사 | |
|---|---|---|---|---|
| 평서문 | | 나는 서울에서 산 적이 있어요<br>***I*** | ***had lived*** | in Seoul |
| 부정문 | | 나는 서울에서 산 적이 없어요<br>***I*** | ***hadn't (had not) lived*** | in Seoul |
| 긍정 의문문 | | 내가 서울에서 산 적이 있었나요?<br>***Had    I*** | ***lived*** | ***in Seoul?*** |
| 부정 의문문 | | 내가 서울에서 산 적이 있지 않나요?<br>***Hadn't  I*** | ***lived*** | ***in Seoul?*** |
| 대답 | 긍정 | 응, 넌 산 적이 있어<br>***Yes,  you*** | ***had*** | |
| | 부정 | 아니, 넌 산 적이 없어<br>***No,  you*** | ***hadn't(had not)*** | |

● You (너,너희들,we우리들,they그들 – 1,3인칭복수, 2인칭)를 주어로 하는 의문문

| | | (의문사) + 주어 | 동사 | |
|---|---|---|---|---|
| 평서문 | | 너는(너희들은) 서울에서 산 적이 있어<br>***You*** | ***had lived*** | in Seoul |
| | | 우리들은 서울에서 산 적이 있어요 *We had lived in Seoul* | | |
| 부정문 | | 너는(너희들은) 서울에서 산 적이 없어<br>***You*** | ***hadn't lived*** | in Seoul |
| | | 우리들은 서울에서 산 적이 없어요 *We hadn't lived in Seoul* | | |
| 긍정 의문문 | | 넌(너희들은) 서울에서 살아 본 적이 있니?<br>***Had you*** | ***lived*** | ***in Seoul?*** |
| | | 우리들은 서울에서 산 적이 있나요? *Had we lived in Seoul?* | | |
| 부정 의문문 | | 넌(너희들은) 서울에서 산 적이 없니?<br>***Hadn't you*** | ***lived*** | ***in Seoul?*** |
| | | 우리들은 서울에서 산 적이 없나요? *Hadn't   we   lived   in Seoul?* | | |
| 대답 | 긍정 | 응, 난 산 적이 있어<br>***Yes,  I*** | ***had*** | |
| | | 응, 우리는 산 적이 있어 *Yes, we   had* | | |
| | 부정 | 아니, 난 산 적이 없어<br>***No,  I*** | ***hadn't (had not)*** | |
| | | 아니 우리들은 산 적이 없어요 *No, we hadn't* | | |

✓ 대답은 긍정이든, 부정이든 관계없이 대답의 내용이 긍정이면 yes, 부정이면 no를 한다

● he, she, my friend, Jane (그,그녀,내 친구,Jane - 3인칭 단수)를 주어로 하는 의문문

| | (의문사) + 주어 | 동사 | |
|---|---|---|---|
| 평서문 | 그는 서울에서 산 적이 있어요<br>**He**<br>Jane은 서울에서 산 적이 있어요<br>내 친구는 서울에서 산 적이 있어요 | **had lived**<br>Jane had lived in Seoul<br>My friend had lived in Seoul | in Seoul |
| 부정문 | 그녀는 서울에서 산 적이 없어요<br>**She**<br>Jane은 서울에서 산 적이 없어요<br>내 친구는 서울에서 산 적이 없어요 | **had not lived**<br>Jane had not lived in Seoul<br>My friend hadn't lived in Seoul | in Seoul |
| 긍정<br>의문문 | 그는 서울에서 살아 본 적이 있나요?<br>**Had he**<br>Jane은 서울에서 산 적이 있나요?<br>내 친구가 서울에서 산 적이 있나요? | **lived**<br>Had Jane lived in Seoul?<br>Had my friend lived in Seoul? | **in Seoul?** |
| 부정<br>의문문 | 그녀는 서울에서 산 적이 없나요?<br>**Hadn't (had not) she**<br>Jane은 서울에서 산 적이 없나요? Hadn't Jane lived in Seoul?<br>내 친구가 서울에서 산 적이 없나요? Hadn't my friend lived in Seoul? | **lived** | **in Seoul?** |
| 대답 | 긍정 | 응, 그녀는 살아 본 적이 있어<br>**Yes, she**<br>응, Jane은 살아 본 적이 있어 Yes, she had<br>응, 내 친구(여자)는 산 적이 있어 Yes, she had | **had** |
| | 부정 | 아니, 그녀는 살아 본 적이 없어요<br>**No, she**<br>아니 Jane은 산 적이 없어요  No, she hadn't  (had not)<br>아니, 내 친구(남자)는 산 적이 없어요 No, he hadn't  (had not) | **hadn't(had not)** |

✓ 대답은 긍정이든, 부정이든 관계없이 대답의 내용이 긍정이면 yes, 부정이면 no를 한다


● 영작 연습
  1. 당신은 서울에 살아 본 적이 있으세요?
  2. 당신은 해외에서 살아 본 적이 있어요?
  3. 넌 뉴욕에서 살아 본 적이 있었니?
  4. 넌 그 책을 읽은 본 적이 있지 않았니?
  5. Tom은 서울에서 살아 본 적이 있었어요?
  6. 그녀가 뉴욕에서 살아 본 적이 있지 않았나요?
  7. 우리가 요즘 그녀를 만난 적이 있었나요?
  8. 우리가 부산에서 산 적이 없었나요?
  9. 그들은 그 아기를 본 적이 있었나요?
  10. 아기들이 엄마를 본 적이 없었나요?

## 1.1.7 미래형 (Pattern #1 – yes, no의 답을 원하는 의문문)

● I (나 – 1인칭 단수)를 주어로 하는 의문문

| | (의문사) + 주어 | 동사 | |
|---|---|---|---|
| 평서문 | 나는 서울에서 살 거에요<br>**I** | **will live** | in Seoul |
| 부정문 | 나는 서울에서 살지 않을 거에요<br>**I** | **won't (will not) live** | in Seoul |
| 긍정 의문문 | 내가 서울에서 살까요?<br>**Will I** | **live** | **in Seoul?** |
| 부정 의문문 | 내가 서울에서 살게 되지 않을까요?<br>**Won't (will not) I** | **live** | **in Seoul?** |
| 대답 긍정 | 응, 넌 살 거야<br>**Yes, you** | **will** | |
| 대답 부정 | 아니, 넌 살지 않을 거야<br>**No, you** | **won't(will not)** | |

● You (너,너희들,we우리들,they그들 – 1,3인칭복수, 2인칭)를 주어로 하는 의문문

| | (의문사) + 주어 | 동사 | |
|---|---|---|---|
| 평서문 | 너는(너희들은) 서울에서 살 거야<br>**You** | **will live** | in Seoul |
| | 우리들은 서울에서 살 거에요<br>**We** | **will live** | in Seoul |
| 부정문 | 너는(너희들은) 서울에서 살지 않을 거야<br>**You** | **won't (will not) live** | in Seoul |
| | 우리들은 서울에서 살지 않을 거에요<br>**We won't (will not) live in Seoul** | | |
| 긍정 의문문 | 넌(너희들은) 서울에서 살 거니?<br>**Will you** | **live** | **in Seoul?** |
| | 우리들은 서울에서 살 건가요? **Will we live in Seoul?** | | |
| 부정 의문문 | 넌(너희들은) 서울에서 살지 않을 거니?<br>**Won't you** | **live** | **in Seoul?** |
| | 우리들은 서울에서 살지 않을 거니?<br>**Won't we live in Seoul?** | | |
| 대답 긍정 | 응, 난 살 거야<br>**Yes, I** | **will** | |
| | 응, 우리는 살 거에요 **Yes, we will** | | |
| 대답 부정 | 아니, 난 살게 되지 않을 거야<br>**No, I** | **won't (will not)** | |
| | 아니 우리들은 살지 않을 거에요 **No, we won't (will not)** | | |

✓ 대답은 긍정이든, 부정이든 관계없이 대답의 내용이 긍정이면 yes, 부정이면 no를 한다

- he, she, my friend, Jane (그,그녀,내 친구,Jane - 3인칭 단수)를 주어로 하는 의문문

| | (의문사) + 주어 | 동사 | |
|---|---|---|---|
| 평서문 | 그는 서울에서 살 거에요<br>**He**<br>Jane은 서울에서 살 거에요<br>내 친구는 서울에서 살 거에요 | **will live**<br>Jane will live in Seoul<br>My friend will live in Seoul | in Seoul |
| 부정문 | 그녀는 서울에서 살지 않을 거에요<br>**She**<br>Jane은 서울에서 살지 않을 거에요<br>친구는 서울에서 살지 않을 거에요 | **will not live**<br>Jane will not live in Seoul<br>My friend will not live in Seoul | in Seoul |
| 긍정<br>의문문 | 그는 서울에서 살 건가요?<br>**Will  he**<br>Jane은 서울에서 살 건가요?<br>내 친구가 서울에서 살 건가요? | **live**<br>Will Jane live in Seoul?<br>Will my friend live in Seoul? | **in Seoul?** |
| 부정<br>의문문 | 그녀는 서울에서 살지 않을 건가요?<br>**Won't (will not) she**<br>Jane은 서울에서 살지 않을 건가요?<br>내 친구가 서울에서 살지 않을 건가요? | **live**<br>Won't Jane live in Seoul?<br>Won't my friend  live in Seoul? | **in Seoul?** |
| 대<br>답 | 긍정 | 응, 그녀는 살 거에요<br>**Yes,    she**<br>응, Jane은 살 거에요<br>응, 내 친구(여자)는 살 거에요 | **will**<br>Yes, she will<br>Yes, she will |
| | 부정 | 아니, 그녀는 살지 않을 거에요<br>**No,    she**<br>아니 Jane은 살지 않을 거에요<br>아니, 내 친구(남자)는 살지 않을 거에요 | **won't(will not)**<br>No, she won't   (will not)<br>No, he won't   (will not) |

✓ 대답은 긍정이든, 부정이든 관계없이 대답의 내용이 긍정이면 yes, 부정이면 no를 한다

- 영작 연습
    1. 당신은 서울에서 살 건가요?
    2. 당신은 서울에서 살지 않을 건가요?
    3. 넌 한국에서 살 예정이니?
    4. 너희들은 한국에서 살지 않을 거니?
    5. 미스터 김이 머무를까요?
    6. 그녀가 서울에서 살게 되지 않을까요?
    7. 우리가 서울에 머무르게 될까요?
    8. 우리가 제주도에서 살게 되지 않을까요?
    9. 농부들이 도시에서 살게 될까요?
    10. 농부들이 고향에서 살게 되지 않을까요?

## 1.1.8 미래진행형 (Pattern #1 – yes, no의 답을 원하는 의문문)

● I (나 – 1인칭 단수)를 주어로 하는 의문문

| | | (의문사) + 주어 | 동사 | |
|---|---|---|---|---|
| 평서문 | | 나는 서울에서 살고 있는 중일 거에요 | | |
| | | *I* | ***will be living*** | in Seoul |
| 부정문 | | 나는 서울에서 살고 있게 되지 않을 거에요 | | |
| | | *I* | ***won't (will not) be living*** | in Seoul |
| 긍정 의문문 | | 내가 꼭 서울에서 살려고 할까요? | | |
| | | ***Will    I*** | ***be living*** | ***in Seoul?*** |
| 부정 의문문 | | 내가 서울에서 꼭 살려고 하지 않을까요? | | |
| | | ***Won't (will not)   I*** | ***be living*** | ***in Seoul?*** |
| 대답 | 긍정 | 응, 넌 살고 있게 될 거야 | | |
| | | ***Yes,  you*** | ***will*** | |
| | 부정 | 아니, 넌 살고 있지 않게 될 거야 | | |
| | | ***No,   you*** | ***won't (will not)*** | |

● You (너,너희들,we우리들,they그들 – 1,3인칭복수, 2인칭)를 주어로 하는 의문문

| | | (의문사) + 주어 | 동사 | |
|---|---|---|---|---|
| 평서문 | | 너는(너희들은) 분명히 서울에서 살게 될 거야 | | |
| | | ***You*** | ***will be living*** | in Seoul |
| | | 우리들은 분명히 서울에서 살게 될 거야 | | |
| | | *We* | *will be living* | *in Seoul* |
| 부정문 | | 너는(너희들은) 분명히 서울에서 살지 않을 거야 | | |
| | | ***You*** | ***won't (will not) be living*** | in Seoul |
| | | 우리들은 확실히 서울에서 살지 않을 거에요 | | |
| | | *We   won't (will not) be living in Seoul* | | |
| 긍정 의문문 | | 넌(너희들은) 서울에서 분명히 살 거니? | | |
| | | ***Will you*** | ***be living*** | ***in Seoul?*** |
| | | 우린 서울에서 분명히 살려고 할까요? | | |
| | | *Will we be living in Seoul?* | | |
| 부정 의문문 | | 넌(너희들은) 서울에서 분명히 살지 않을 거니? | | |
| | | ***Won't you*** | ***be living*** | ***in Seoul?*** |
| | | 우리들은 서울에서 분명히 살려고 하지 않을까요? | | |
| | | *Won't   we  be living   in Seoul?* | | |
| 대답 | 긍정 | 응, 난 꼭 살 거야 | | |
| | | ***Yes,  I*** | ***will*** | |
| | | 응, 우리는 확실히 살 거에요    Yes, we will | | |
| | 부정 | 아니, 난 분명히 살게 되지 않을 거야 | | |
| | | ***No,   I*** | ***won't (will not)*** | |
| | | 아니 우리들은 확실히 살지 않을 거에요 | | |
| | | *No, we won't (will not)* | | |

✓ 대답은 긍정이든, 부정이든 관계없이 대답의 내용이 긍정이면 yes, 부정이면 no를 한다

- he, she, my friend, Jane (그,그녀,내 친구,Jane - 3인칭 단수)를 주어로 하는 의문문

|  | (의문사) + 주어 | 동사 |  |
|---|---|---|---|
| 평서문 | 그는 서울에서 확실히 살게 될 거에요<br>**He** | **will be living** | in Seoul |
|  | Jane은 서울에서 꼭 살 거에요 | Jane will be living in Seoul | |
|  | 내 친구는 서울에서 꼭 살 거에요 | My friend will be living in Seoul | |
| 부정문 | 그녀는 서울에서 분명히 살지 않을 거에요<br>**She** | **will not be living** | in Seoul |
|  | Jane은 서울에 확실히 살지 않을 거에요 | Jane won't be living in Seoul | |
|  | 친구는 서울에 확실히 살지 않을 거에요 | My friend won't be living in Seoul | |
| 긍정<br>의문문 | 그가 서울에서 확실히 살게 될까요?<br>**Will  he** | **be living** | **in Seoul?** |
|  | Jane은 서울에서 분명히 살 건가요? | Will Jane be living in Seoul? | |
|  | 내 친구가 서울에서 꼭 살 건가요? | Will my friend be living in Seoul? | |
| 부정<br>의문문 | 그녀가 서울에서 확실히 살게 되지 않을까요?<br>**Won't (will not) she** | **be living** | **in Seoul?** |
|  | Jane은 서울에서 꼭 살지 않은 건가요? | Won't Jane be living in Seoul? | |
|  | 내 친구가 서울에서 분명히 살지 않을 건가요?<br>Won't my friend  be living in Seoul? | | |
| 대답 / 긍정 | 응, 그녀는 살 거에요<br>**Yes,   she** | **will** | |
|  | 응, Jane은 살 거에요 | Yes, she will | |
|  | 응, 내 친구(여자)는 살 거에요 | Yes, she will | |
| 대답 / 부정 | 아니, 그녀는 살지 않을 거에요<br>**No,   she** | **won't(will not)** | |
|  | 아니 Jane은 살지 않을 거에요 | No, she won't   (will not) | |
|  | 아니, 내 친구(남자)는 살지 않을 거에요 | No, he won't   (will not) | |

✓ 강력한 의지에 표현 혹은 확실한 예정에 미래진행형이 사용된다

- 영작 연습
   1. 당신은 서울에서 꼭 살 건가요?
   2. 그가 서울에서 꼭 살게 되지 않을까요?
   3. 넌 미국에서 살려고 하지?
   4. 너희들은 한국에서 꼭 살게 되지 않겠니?
   5. 우리 아빠가 LA에서 확실히 살게 될까?
   6. Tom은 서울에서 확실히 살게 되지 않을까?
   7. 우린 분명히 여기에 머무르게 될까요?
   8. 우린 분명히 한국에서 살게 되지 않을까요?
   9. 그 학생들은 정말 뉴욕에서 살게 될까요?
   10. 그들이 분명 서울에 머무르게 되지 않을까요?

## 1.2  Pattern #2(2형식)의 의문문

### 1.2.1 현재형 (Pattern #2 – yes, no의 답을 원하는 의문문)

● I (나 – 1인칭 단수)를 주어로 하는 의문문

|   |   | (의문사) + 주어 | 동사 | 보어(주어 설명) |
|---|---|---|---|---|
| 평서문 | | 나는 학생이에요<br>**I** | **am** | **a student** |
| 부정문 | | 나는 학생이 아니에요<br>**I** | **am not** | **a student** |
| 긍정 의문문 | | 제가 학생인가요?<br>**Am I** | | **a student?** |
| 부정 의문문 | | 제가 학생이 아닌가요?<br>**Am not (Ain't) I** | | **a student?** |
| 대답 | 긍정 | 응, 넌 학생이야<br>**Yes, you** | **are** | |
| | 부정 | 아니, 넌 학생이 아니야<br>**No, you** | **aren't (are not)** | |

● You (1,3인칭복수, 2인칭)를 주어로 하는 의문문

|   |   | (의문사) + 주어 | 동사 | 보어 (주어 설명) |
|---|---|---|---|---|
| 평서문 | | 너는 학생이야<br>**You** | **are** | **a student** |
| | | 우리들은 학생이에요  *We  are students* | | |
| 부정문 | | 너는 학생이 아니야<br>**You** | **are not** | **a student** |
| | | 우리들은 학생이 아니야  *We  are  not  students* | | |
| 긍정 의문문 | | 넌 학생이니?<br>**Are you** | | **a student?** |
| | | 우리들은 학생이니?  *Are  we  students?* | | |
| 부정 의문문 | | 너 학생 아니니?<br>**Aren't (are not) you** | | **a student?** |
| | | 우리들은 학생 아니니?  *Aren't  we  students?* | | |
| 대답 | 긍정 | 네, 맞아요<br>**Yes, I** | **am** | |
| | | 네, 우리는 그래요  *Yes, we  are* | | |
| | 부정 | 아니요, 난 그렇지 않아요<br>**No, I** | **am not** | |
| | | 아니요, 우리들은 그렇지 않아요  *No, we are not* | | |

● he, she, my friend, Jane (3인칭 단수)를 주어로 하는 의문문

| | | (의문사) + 주어 | 동사 | 보어 (주어 설명) |
|---|---|---|---|---|
| 평서문 | | 그는 학생입니다.<br>***He*** | ***is*** | ***a student*** |
| | | Jane은 학생입니다  Jane | is | a student |
| | | 내 친구는 학생입니다  My friend | is | a student |
| 부정문 | | 그녀는 학생이 아닙니다<br>***She*** | ***is not*** | ***a student*** |
| | | Jane은 학생이 아닙니다  Jane | is not | a student |
| | | 내 친구는 학생이 아닙니다  My friend | is not | a student |
| 긍정<br>의문문 | | 그 아이는 학생이니?<br>***Is he*** | | ***a student?*** |
| | | Jane은 학생이니?  Is Jane | | a student? |
| | | 네 친구는 학생이니?  Is your friend | | a student? |
| 부정<br>의문문 | | 그 여자 아이는 학생이 아니지?<br>***Is not(isn't) she*** | | ***a student?*** |
| | | Jane은 학생 아니니?  Is not Jane | | a student? |
| | | 네 친구 학생 아니니?  Is not your friend | | a student? |
| 대<br>답 | 긍정 | 네, 그는 맞아요<br>***Yes, he*** | ***is*** | |
| | | 응, Jane은 맞아  Yes, she | is | |
| | | 응, 내 친구는 맞아  Yes, my friend | is | |
| | 부정 | 아니요, 그녀는 아니에요<br>***No, she*** | ***is not*** | |
| | | 아니 Jane은 학생 아니야  No, she | is not | |
| | | 아니, 내 친구는 학생 아니야  No, my friend is not | | |

● 영작 연습
1. 그녀는 학생인가요?
2. 그는 학생이 아닌가요?
3. 넌 학생이니?
4. 너희들 학생이 아니니?
5. 그 여자가 간호사인가요?
6. Jane은 간호사가 아닌가요?
7. 우리들은 선생님이지요?
8. 우리가 한국사람 아닌가요?
9. 그들은 축구 선수니?
10. 네 친구들은 학생이 아니니?

## 1.2.2 현재진행형 (Pattern #2 – yes, no의 답을 원하는 의문문)

● 3인칭 단수를 주어로 하는 의문문

|  | (의문사) + 주어 | 동사 | 보어 (주어 설명) |
|---|---|---|---|
| 평서문 | 그 강의는 재미 있습니다<br>**The lecture** | **is** | *interesting* |
| 부정문 | 그 강의는 재미 없습니다<br>**The lecture** | **is not** | *interesting* |
| 긍정 의문문 | 그 강의 재미 있니?<br>✓ **Is interesting?** | **the** | *lecture* |
| 부정 의문문 | 그 강의 재미 없니?<br>**Is not(isn't) the lecture** |  | *interesting?* |
| 대답 긍정 | 네, 그래요<br>**Yes, it** | **is** |  |
| 대답 부정 | 아니요, 그렇지 않아요<br>**No, it** | **is not** |  |

✓ 사물이 사람에게 영향을 끼칠 때는 현재분사형을 사용한다


## 1.2.3 과거형 (Pattern #2 – yes, no의 답을 원하는 의문문)

● I (나 – 1인칭 단수)를 주어로 하는 의문문

|  | (의문사) + 주어 | 동사 | 보어(주어 설명) |
|---|---|---|---|
| 평서문 | 나는 학생이었어요<br>**I** | **was** | *a student* |
| 부정문 | 나는 학생이 아니었어요<br>**I** | **wasn't(was not)** | *a student* |
| 긍정 의문문 | 제가 학생이었나요?<br>**Was I** |  | *a student?* |
| 부정 의문문 | 제가 학생이 아니었나요?<br>**Wasn't (was not) I** |  | *a student?* |
| 대답 긍정 | 응, 넌 학생이었어<br>**Yes, you** | **were** |  |
| 대답 부정 | 아니, 넌 학생이 아니었어<br>**No, you** | **weren't (were not)** |  |

● You (1,3인칭복수, 2인칭)를 주어로 하는 의문문

|  | (의문사) + 주어 | 동사 | 보어 (주어 설명) |
|---|---|---|---|
| 평서문 | 너는 학생이었어<br>**You** | **were** | *a student* |
|  | 우리들은 학생이었어요　*We　were* | | *students* |

| | | | | | |
|---|---|---|---|---|---|
| 부정문 | | 너는 학생이 아니었어 | | | |
| | | **You** | | **were not** | **a student** |
| | | 우리들은 학생이 아니었어 We were not students | | | |
| 긍정 의문문 | | 넌 학생이었니? | | | |
| | | **Were** | | **you** | **a student?** |
| | | 우리들은 학생이었니? Were we students? | | | |
| 부정 의문문 | | 너 학생 아니었니? | | | |
| | | **Weren't (were not)** | | **you** | **a student?** |
| | | 우리들이 학생 아니었니? Weren't we students? | | | |
| 대답 | 긍정 | 네, 그랬어요 | | | |
| | | **Yes, I** | | **was** | |
| | | 네, 우리는 그랬어요 Yes, we were | | | |
| | 부정 | 아니요, 그렇지 않았어요 | | | |
| | | **No, I** | | **wasn't (was not)** | |
| | | 아니요, 우리들은 그렇지 않았어요 No, we weren't | | | |

● he, she, my friend, Jane (3인칭 단수)를 주어로 하는 의문문

| | | (의문사) + 주어 | 동사 | 보어 (주어 설명) |
|---|---|---|---|---|
| 평서문 | | 그는 학생이었습니다. | | |
| | | **He** | **was** | **a student** |
| | | Jane은 학생이었어요  Jane was a student | | |
| | | 내 친구는 학생이었습니다  My friend was a student | | |
| 부정문 | | 그녀는 학생이 아니었어요 | | |
| | | **She** | **wasn't (was not)** | **a student** |
| | | Jane은 학생이 아니었어요  Jane wasn't(was not) a student | | |
| | | 내 친구는 학생이 아니었어요  My friend wasn't(was not) a student | | |
| 긍정 의문문 | | 그는 학생이었니? | | |
| | | **Was he** | | **a student?** |
| | | Jane은 학생이었니?  Was Jane a student? | | |
| | | 네 친구는 학생이었니?  Was your friend a student? | | |
| 부정 의문문 | | 그 여자는 학생이 아니었지? | | |
| | | **Wasn't(was not) she** | | **a student?** |
| | | Jane은 학생 아니었니?  Wasn't(was not) Jane a student? | | |
| | | 네 친구 학생 아니었니?  Wasn't(was not) your friend a student? | | |
| 대답 | 긍정 | 네, 그는 그랬어요 | | |
| | | **Yes, he** | **was** | |
| | | 응, Jane은 그랬어요  Yes, she was | | |
| | | 응, 내 친구는 그랬어요  Yes, my friend was | | |
| | 부정 | 아니요, 그 여자는 아니었어요 | | |
| | | **No, she** | **wasn't(was not)** | |
| | | 아니 Jane은 아니었어요  No, she wasn't(was not) | | |
| | | 아니, 내 친구는 아니었어요  No, my friend wasn't(was not) | | |

- 영작 연습
    1. 그녀는 행복했나요?
    2. 그는 행복하지 않았나요?
    3. 당신들은 행복했나요?
    4. 너 행복하지 않았니?
    5. 네 친구 축구 선수였니?
    6. Jane은 학생이 아니었나요?
    7. 그들이 축구 선수였나요?
    8. 그들은 요리사가 아니었나요?
    9. 네 친구들은 요리사였니?
    10. 그들은 피아니스트가 아니었나요?

## 1.2.4 과거진행형 (Pattern #2 – yes, no의 답을 원하는 의문문)

- 3인칭 단수를 주어로 하는 의문문

|  |  | (의문사) + 주어 | 동사 | 보어 (주어 설명) |
|---|---|---|---|---|
| 평서문 | | 파티가 너무 재미 있었습니다<br>The party | was | exciting |
| 부정문 | | 파티가 재미 없었습니다<br>The party | was not | exciting |
| 긍정<br>의문문 | | 파티가 재미 있었니?<br>Was the pary | | exciting? |
| 부정<br>의문문 | | 파티가 재미 없었니?<br>Was not(wsn't) the party | | exciting? |
| 대<br>답 | 긍정 | 네, 재미 있었어요<br>Yes, it | was | |
| | 부정 | 아니요, 그렇지 않았어요<br>No, it | was not | |

- 사물이 사람에게 영향을 끼칠 때는 현재분사형을 사용한다

## 1.2.5 현재완료형 (Pattern #2 – yes, no의 답을 원하는 의문문)

- I (나 – 1인칭 단수)를 주어로 하는 의문문

|  | (의문사) + 주어 | 동사 | 보어(주어 설명) |
|---|---|---|---|
| 평서문 | 나는 지금까지 쭉 피곤합니다<br>I | have been | tired |
| 부정문 | 나는 지금까지 쭉 피곤하지 않아요<br>I | have not been | tired |

| 긍정 의문문 | 제가 지금까지 쭉 피곤한가요? |
|---|---|
| | **Have I**           **been**           **tired?** |
| 부정 의문문 | 제가 지금까지 쭉 피곤하지 않나요? |
| | **Haven't (have not) I**     **been**         **tired?** |

| 대답 | 긍정 | 응, 넌 그래 |
|---|---|---|
| | | **Yes, you**           **have** |
| | 부정 | 아니, 넌 그렇지 않아 |
| | | **No, you**           **haven't (have not)** |

● You (1,3인칭복수, 2인칭)를 주어로 하는 의문문

| | (의문사) + 주어 | 동사 | 보어 (주어 설명) |
|---|---|---|---|
| 평서문 | 너는 지금까지 쭉 피곤해 | | |
| | **You** | **have been** | **tired** |
| | 우리들은 이제까지 쭉 피곤해요   We   have been   tired | | |
| 부정문 | 너는 지금까지 쭉 피곤하지 않아 | | |
| | **You** | **haven't(have not) been** | **tired** |
| | 우리들은 지금까지 쭉 피곤하지 않아 We haven't been tired | | |
| 긍정 의문문 | 넌 지금까지 쭉 피곤하니? | | |
| | **Have you** | **been** | **tired?** |
| | 우리들은 지금까지 쭉 피곤한가요?   Have we been tired? | | |
| 부정 의문문 | 너는 지금까지 쭉 피곤하지 않니? | | |
| | **Haven't (have not) you** | **been** | **tired?** |
| | 우리들은 지금까지 쭉 피곤하지 않니? Haven't we been tired? | | |

| 대답 | 긍정 | 네, 난 그래요 |
|---|---|---|
| | | **Yes, I**           **have** |
| | | 네, 우리는 그래요   Yes, we   have |
| | 부정 | 아니요, 난 그렇지 않아요 |
| | | **No, I**           **haven't( have not)** |
| | | 아니요, 우리들은 그렇지 않아요   No, we haven't( have not) |

● he, she, my friend, Jane (3인칭 단수)를 주어로 하는 의문문

| | (의문사) + 주어 | 동사 | 보어 (주어 설명) |
|---|---|---|---|
| 평서문 | 그는 지금까지 쭉 피곤해요 | | |
| | **He** | **has been** | **tired** |
| | Jane은 지금까지 쭉 피곤해요   Jane   has been   tired | | |
| | 내 친구는 지금까지 쭉 피곤해요   My friend has been   tired | | |
| 부정문 | 그녀는 지금까지 쭉 피곤하지 않아요 | | |
| | **She** | **has not been** | **tired** |
| | Jane은 지금까지 쭉 피곤하지 않아요   Jane has not been   tired | | |
| | 내 친구는 지금까지 쭉 피곤하지 않아요 My friend has not been   tired | | |

| | | | |
|---|---|---|---|
| 긍정 의문문 | 그는 지금까지 쭉 피곤한가요? **Has he been tired?** | | |
| | Jane은 지금까지 쭉 피곤한가요? Has Jane been tired? | | |
| | 네 친구는 지금까지 쭉 피곤한가요? Has your friend been tired? | | |
| 부정 의문문 | 그 여자는 지금까지 쭉 피곤하지 않나요? **Hasn't she been tired?** | | |
| | Jane은 지금까지 쭉 피곤하지 않나요? Hasn't Jane been tired? | | |
| | 네 친구는 지금까지 쭉 피곤하지 않니? Hasn't your friend been tired? | | |
| 대답 | 긍정 | 네, 그는 그래요 **Yes, he has** | |
| | | 응, Jane은 그래요 Yes, she has | |
| | | 응, 내 친구는 그래요 Yes, my friend has | |
| | 부정 | 아니요, 그 여자는 그렇지 않아요 **No, she hasn't** | |
| | | 아니 Jane은 그렇지 않아요 No, she hasn't | |
| | | 아니, 내 친구는 그렇지 않아요 No, my friend hasn't | |

● 영작 연습
  1. 당신은 지금까지 피곤한가요?
  2. 그는 지금까지 쭉 피곤해 하지 않은가요?
  3. 그녀는 쭉 피곤해 하지요?
  4. 너 지금까지 피곤하지 않니?
  5. 그녀가 지금까지 계속 피곤해 하지 않나요?
  6. Jane은 지금까지 피곤한가요?
  7. 그들은 지금까지 피곤한가요?
  8. 선생님들은 지금까지 쭉 피곤하지 않나요?
  9. 그들이 지금까지 계속해서 행복한가요?
  10. 내 친구들은 지금까지 행복하지 않나요?


## 1.2.6 과거완료형 (Pattern #2 – yes, no의 답을 원하는 의문문)

● I (나 – 1인칭 단수)를 주어로 하는 의문문

| | (의문사) + 주어 | 동사 | 보어(주어 설명) |
|---|---|---|---|
| 평서문 | 나는 피곤했던 적이 있었어요 *I* | had been | tired |
| 부정문 | 나는 피곤했던 적이 없었어요 *I* | had not been | tired |

| | | (의문사) + 주어 | 동사 | 보어 (주어 설명) |
|---|---|---|---|---|
| 긍정 의문문 | | 제가 피곤했던 적이 있었나요?<br>**Had I** | **been** | **tired?** |
| 부정 의문문 | | 제가 피곤했던 적이 있지 않았나요?<br>**Hadn't (had not) I** | **been** | **tired?** |
| 대답 | 긍정 | 응, 넌 그랬어<br>**Yes, you** | | **had** |
| | 부정 | 아니, 넌 그렇지 않았어<br>**No, you** | | **hadn't (had not)** |

● You (1,3인칭복수, 2인칭)를 주어로 하는 의문문

| | | (의문사) + 주어 | 동사 | 보어 (주어 설명) |
|---|---|---|---|---|
| 평서문 | | 너는 피곤했던 적이 있었어<br>**You** | **had been** | **tired** |
| | | 우리들은 피곤했던 적이 있어요  We had been tired | | |
| 부정문 | | 너는 피곤했던 적이 있지 않았어<br>**You** | **hadn't(had not) been** | **tired** |
| | | 우리들은 피곤했던 적이 있지 않았어 We hadn't been tired | | |
| 긍정 의문문 | | 넌 피곤했던 적이 있었니?<br>**Had you** | **been** | **tired?** |
| | | 우리들은 피곤했던 적이 있었나요 ?   Had we been    tired? | | |
| 부정 의문문 | | 너 피곤했던 적이 있지 않았었니?<br>**Hadn't (had not) you** | **been** | **tired?** |
| | | 우리들은 피곤했던 적이 있지 않나요? Hadn't we been tired? | | |
| 대답 | 긍정 | 네, 난 있었어요<br>**Yes, I** | | **had** |
| | | 네, 우리는 그랬어요  Yes, we  had | | |
| | 부정 | 아니요, 난 있지 않았어요<br>**No, I** | | **hadn't( had not)** |
| | | 아니요, 우리들은 있지 않았어요  No, we hadn't( had not) | | |

● he, she, my friend, Jane (3인칭 단수)를 주어로 하는 의문문

| | (의문사) + 주어 | 동사 | 보어 (주어 설명) |
|---|---|---|---|
| 평서문 | 그는 피곤했던 적이 있어<br>**He** | **had been** | **tired** |
| | Jane은 피곤했던 적이 있어요   Jane  had been    tired | | |
| | 내 친구는 피곤했던 적이 있어요   My friend  had been    tired | | |
| 부정문 | 그 여자는 피곤했던 적이 있지 않아요<br>**She** | **had not been** | **tired** |
| | Jane은 피곤했던 적이 있지 않아요   Jane  had not been    tired | | |
| | 내 친구는 피곤했던 적이 있지 않아요  My friend  had not been   tired | | |

| | | |
|---|---|---|
| 긍정 의문문 | 그 남자는 피곤했던 적이 있나요? **Had he been tired?** | |
| | Jane은 피곤했던 적이 있나요? | Had Jane been tired? |
| | 네 친구는 피곤했던 적이 있니? | Had your friend been tired? |
| 부정 의문문 | 그 여자는 피곤했던 적이 있지 않나요? **Hadn't she been tired?** | |
| | Jane은 피곤했던 적이 있지 않나요? | Hadn't Jane been tired? |
| | 네 친구는 피곤했던 적이 있지 않니? | Hadn't your friend been tired? |
| 대답 | 긍정 | 네, 그 남자는 있었어요 **Yes, he had** |
| | | 응, Jane은 있어요   Yes, she had |
| | | 응, 내 친구는 있어요   Yes, my friend had |
| | 부정 | 아니요, 그 여자는 있지 않았어요 **No, she hadn't** |
| | | 아니 Jane은 있지 않아요   No, she hadn't |
| | | 아니, 내 친구는 있지 않아요   No, my friend hadn't |

- 영작 연습
    1. 그가 피곤했던 적이 있었나요?
    2. 넌 피곤했던 적이 있었지 않니?
    3. 너 한 때 피곤했던 적이 있었지?
    4. 너희들은 불안했던 적이 있지 않니?
    5. 너의 엄마는 불안했던 적이 있었니?
    6. Jane은 불안했던 적이 있지 않나요?
    7. 우리들이 행복했던 적이 있었나요?
    8. 우리들이 피곤했던 적이 있지 않았나요?
    9. 그들이 불안했던 적이 있었나요?
    10. 내 친구가 피곤했던 적이 있지 않았나요?

## 1.2.7 미래형 (Pattern #2 – yes, no의 답을 원하는 의문문)

● I (나 – 1인칭 단수)를 주어로 하는 의문문

| | | (의문사) + 주어 | 동사 | 보어(주어 설명) |
|---|---|---|---|---|
| 평서문 | | 나는 피곤해질 거에요<br>I | will be | tired |
| 부정문 | | 나는 피곤해지지 않을 거에요<br>I | won't(will not) be | tired |
| 긍정 의문문 | | 제가 피곤해질까요?<br>Will I | be | tired? |
| 부정 의문문 | | 제가 피곤해지지 않을까요?<br>Won't (will not) I | be | tired? |
| 대답 | 긍정 | 응, 넌 그럴 거야<br>Yes, you | will | |
| | 부정 | 아니, 넌 그렇지 않을 거야<br>No, you | will not | |

● You (1,3인칭복수, 2인칭)를 주어로 하는 의문문

| | | (의문사) + 주어 | 동사 | 보어 (주어 설명) |
|---|---|---|---|---|
| 평서문 | | 너는 피곤해질 거야<br>You | will be | tired |
| | | 우리들은 피곤해질 거에요  We | will be | tired |
| 부정문 | | 너는 피곤해지지 않을 거야<br>You | won't(will not) be | tired |
| | | 우리들은 피곤해지지 않을 거야  We won't be tired | | |
| 긍정 의문문 | | 넌 피곤해질까?<br>Will you | be | tired? |
| | | 우리들이 피곤하게 될까요?  Will we | be | tired ? |
| 부정 의문문 | | 넌 피곤해지지 않을까?<br>Won't (will not) you | be | tired ? |
| | | 우리들은 피곤해지지 않을까요?  Won't we | be | tired ? |
| 대답 | 긍정 | 네, 난 그럴 거에요<br>Yes, I | will | |
| | | 네, 우리는 그럴 거에요  Yes, we will | | |
| | 부정 | 아니요, 그렇지 않을 거에요<br>No, I | will not | |
| | | 아니요, 우리들은 그렇지 않을 거에요  No, we will not | | |

- he, she, my friend, Jane (3인칭 단수)를 주어로 하는 의문문

| | (의문사) + 주어 | 동사 | 보어 (주어 설명) |
|---|---|---|---|
| 평서문 | 그는 피곤해 질 거야<br>**He**<br>Jane은 피곤해질 거야   Jane<br>내 친구는 피곤해질 거에요   My friend | **will be**<br>will be tired<br>will be tired | **tired** |
| 부정문 | 그 여자는 피곤해지지 않을 겁니다<br>**She**<br>Jane은 피곤해지지 않을 겁니다   Jane   won't(will not)be tired<br>내 친구는 피곤해지지 않을 거에요 My friend   won't(will not)be tired | **won't(will not) be** | **tired** |
| 긍정<br>의문문 | 그는 피곤해 질까요?<br>**Will he**<br>Jane은 피곤해 질까요?   Will Jane be tired?<br>네 친구는 피곤해 질까?   Will your friend  be tired? | **be** | **tired?** |
| 부정<br>의문문 | 그 여자는 피곤해지지 않을까?<br>**Won't  (will not )  she**<br><br>Jane은 피곤해지지 않을까?   Won't (will not) Jane be tired?<br>네 친구는 피곤해지지 않을까?  Won't (will not) your friend  be tired? | **be** | **tired?** |
| 대답 긍정 | 네, 그는 그럴 거에요<br>**Yes,   he**<br>응, Jane은 그럴 거에요    Yes, she will<br>응, 내 친구는 그럴 거에요  Yes, my friend  will | **will** | |
| 대답 부정 | 아니요, 그 여자는 그렇지 않을 거에요<br>**No, she**<br>아니 Jane은 그렇지 않을 거에요   No, she will not<br>아니, 내 친구는 그렇지 않을 거야   No, my friend will not | **will not** | |

- 영작 연습
  1. 그녀가 피곤해질까요?
  2. 그들은 피곤해지지 않을까요?
  3. 네가 피곤해질까?
  4. 너희들이 불안해지지 않을까?
  5. 그 여자가 불안하게 될까요?
  6. Jane은 피곤해지지 않을까?
  7. 우리들이 피곤해질까요?
  8. 우리들은 불안해지지 않을까요?
  9. 네 친구들이 피곤해질까?
  10. 그들이 행복해지지 않을까요?

## 1.3 Pattern #3(3 형식)의 의문문
### 1.3.1 현재형 (Pattern #3 – yes, no의 답을 원하는 의문문)

● I (나 – 1인칭 단수)를 주어로 하는 의문문

| | | (의문사) + 주어 | 동사 | 동사의 목적어 |
|---|---|---|---|---|
| 평서문 | | 나는 너를 좋아해<br>**I** | **like** | **you** |
| 부정문 | | 나는 너를 좋아하지 않아<br>**I** | **don't like** | **you** |
| 긍정 의문문 | | 내가 너를 좋아하니?<br>**Do   I** | **like** | **you?** |
| 부정 의문문 | | 내가 너를 좋아하지 않니?<br>**Don't   I** | **like** | **you?** |
| 대답 | 긍정 | 응, 넌 좋아해<br>**Yes,   you** | **do** | |
| | 부정 | 아니, 넌 좋아하지 않아<br>**No,   you** | **don't** | |

● You (1,3인칭복수, 2인칭)를 주어로 하는 의문문

| | | (의문사) + 주어 | 동사 | 동사의 목적어 |
|---|---|---|---|---|
| 평서문 | | 당신은 나를 좋아합니다<br>**You** | **like** | **me** |
| | | 우리들은 당신을 좋아해요   We  like you | | |
| 부정문 | | 당신은 나를 좋아하지 않습니다<br>**You** | **don't like** | **me** |
| | | 우리들은 당신을 좋아하지 않아요   We  don't like you | | |
| 긍정 의문문 | | 당신은 나를 좋아하세요?<br>**Do   you** | **like** | **me?** |
| | | 우리들이 당신을 좋아하나요?   Do we like you? | | |
| 부정 의문문 | | 당신은 나를 좋아하지 않으세요?<br>**Don't   you** | **like** | **me?** |
| | | 우리들은 당신을 좋아하지 않나요?   Don't we like you? | | |
| 대답 | 긍정 | 네, 맞아요<br>**Yes,   I** | **do** | |
| | | 네, 우리는 그래요   Yes, we  do | | |
| | 부정 | 아니요, 그렇지 않아요<br>**No,   I** | **don't** | |
| | | 아니요, 우리들은 그렇지 않아요   No, we don't | | |

- he, she, my friend, Jane (3인칭 단수)를 주어로 하는 의문문

| | | (의문사) + 주어 | 동사 | 동사의 목적어 |
|---|---|---|---|---|
| 평서문 | | 그분은 너를 좋아해<br>**He** | **likes** | **you** |
| | | Jane은 너를 좋아해  *Jane   likes you* | | |
| | | 내 친구는 너를 좋아해  *My friend   likes you* | | |
| 부정문 | | 그녀는 너를 좋아하지 않아<br>**She** | **doesn't (does not)  like** | **you** |
| | | Jane은 너를 좋아하지 않아  *Jane   doesn't like you* | | |
| | | 내 친구는 너를 좋아하지 않아  *My friend   doesn't like you* | | |
| 긍정<br>의문문 | | 그분은 당신을 좋아하나요?<br>**Does  he** | **like** | **you?** |
| | | Jane은 당신을 좋아하나요?  *Does Jane    like you?* | | |
| | | 당신 친구는 당신을 좋아하나요?  *Does your friend   like you?* | | |
| 부정<br>의문문 | | 그녀는 당신을 좋아하지 않나요?<br>**Doesn't  she** | **like** | **you?** |
| | | Jane은 당신을 좋아하지 않나요?  *Doesn't Jane   like you?* | | |
| | | 당신 친구는 당신을 좋아하지 않나요?  *Doesn't your friend   like you?* | | |
| 대<br>답 | 긍정 | 네, 그가 좋아해요<br>**Yes,   he** | | **does** |
| | | 응, Jane은 좋아해  *Yes, she    does* | | |
| | | 응, 내 친구는 좋아해  *Yes, she( my friend)   does* | | |
| | 부정 | 아니요, 그녀는 좋아하지 않아요<br>**No,  she** | | **doesn't** |
| | | 아니 Jane은 좋아하지 않아  *No, she    doesn't* | | |
| | | 아니, 내 친구는 좋아하지 않아  *No, she(my friend)  doesn't* | | |

- 영작 연습

  1. 그 사람이 너를 좋아하니?
  2. 넌 내가 좋지 않아?
  3. 당신은 저를 좋아하나요?
  4. 너희들은 내 남동생을 좋아하지 않니?
  5. 그녀가 저를 사랑할까요?
  6. Jane이 너를 사랑하지 않을까?
  7. 그들이 당신을 좋아하나요?
  8. 우리들이 당신들을 좋아하지 않나요?
  9. 내 친구들이 Jane을 사랑할까요?
  10. 그들이 선생님을 좋아하지 않을까요?

## 1.3.2 현재진행형 (Pattern #3 – yes, no의 답을 원하는 의문문)

- I (나 – 1인칭 단수)를 주어로 하는 의문문

| | | (의문사) + 주어 | 동사 | 동사의 목적어 |
|---|---|---|---|---|
| 평서문 | | 나는 너를 보는 중이야<br>I | am seeing | you |
| 부정문 | | 나는 너를 보는 중이 아니야<br>I | am not seeing | you |
| 긍정 의문문 | | 내가 너를 보는 중이니?<br>Am    I | seeing | you? |
| 부정 의문문 | | 내가 너를 안 보는 중이지?<br>Ain't (am not)  I | seeing | you? |
| 대답 | 긍정 | 응, 넌 그래<br>Yes,  you | are | |
| | 부정 | 아니, 넌 그렇지 않아<br>No,  you | aren't | |

- You (1,3인칭복수, 2인칭)를 주어로 하는 의문문

| | | (의문사) + 주어 | 동사 | 동사의 목적어 |
|---|---|---|---|---|
| 평서문 | | 당신은 나를 보는 중입니다<br>You | are seeing | me |
| | | 우리들은 당신을 보는 중이에요   We are seeing you | | |
| 부정문 | | 당신은 나를 보는 중이 아니에요<br>You | aren't seeing | me |
| | | 우리들은 당신을 보는 중이 아니에요   We  aren't seeing you | | |
| 긍정 의문문 | | 당신은 나를 보는 중인가요?<br>Are   you | seeing | me? |
| | | 우리들이 당신을 보는 중인가요?   Are we seeing you? | | |
| 부정 의문문 | | 당신은 나를 보는 중이 아닌가요?<br>Aren't  you | seeing | me? |
| | | 우리는 당신을 보는 중이 아닌가요?Aren't we seeing you? | | |
| 대답 | 긍정 | 네, 그래요<br>Yes,  I | am | |
| | | 네, 우리는 그래요  Yes, we   are | | |
| | 부정 | 아니요, 그렇지 않아요<br>No,  I | am not | |
| | | 아니요, 우리들은 그렇지 않아요  No, we aren't | | |

● he, she, my friend, Jane (3인칭 단수)를 주어로 하는 의문문

| | | (의문사) + 주어 | 동사 | 동사의 목적어 |
|---|---|---|---|---|
| 평서문 | | 그가 너를 보는 중이야<br>**He** | **is seeing** | **you** |
| | | Jane은 너를 보는 중이야 Jane | is seeing | you |
| | | 내 친구는 너를 보는 중이야 My friend | is seeing | you |
| 부정문 | | 그녀가 너를 보는 중이 아니야<br>**She** | **isn't (is not) seeing** | **you** |
| | | Jane은 너를 보는 중이 아니야 Jane | isn't (is not) seeing | you |
| | | 내 친구는 너를 보는 중이 아니야 My friend | isn't (is not) seeing | you |
| 긍정<br>의문문 | | 그는 당신을 보는 중인가요?<br>**Is he** | **seeing** | **you?** |
| | | Jane은 당신을 보는 중인가요? Is Jane | seeing | you? |
| | | 당신 친구는 당신을 보는 중인가요? Is your friend | seeing | you? |
| 부정<br>의문문 | | 그녀는 당신을 보는 중이 아닌가요?<br>**Isn't she** | **seeing** | **you?** |
| | | Jane은 당신을 보는 중이 아닌가요 ? Isn't Jane | seeing | you? |
| | | 당신 친구는 보는 중이 아닌가요? Isn't your friend | seeing | you? |
| 대<br>답 | 긍정 | 네, 그가 그래요<br>**Yes, he** | **is** | |
| | | 응, Jane은 그래요 Yes, she | is | |
| | | 응, 내 친구는 그래 Yes, she( my friend) | is | |
| | 부정 | 아니요, 그녀는 그렇지 않아요<br>**No, she** | **isn't** | |
| | | 아니 Jane은 그렇지 않아 No, she | isn't | |
| | | 아니, 내 친구는 그렇지 않아요 No, she(my friend) | isn't | |

● 영작 연습
1. 그가 그 나무를 보고 있는 중이니?
2. 넌 그 나무를 보고 있지 않니?
3. 당신은 지금 그 나무를 보고 있나요?
4. 너는 그 여자를 보고 있지 않니?
5. 그녀가 저를 보고 있나요?
6. Jane이 그 나무를 보고 있지 않니?
7. 그들이 너희들을 가르치고 있는 중이니?
8. 우리가 그를 가르치고 있는 중이 아닌가요?
9. 내 친구들이 Jane을 가르치고 중이니?
10. 그들이 지금 선생님을 보고 있는 중이 아닐까?

### 1.3.3 과거형 (Pattern #3 – yes, no의 답을 원하는 의문문)

● I (나 – 1인칭 단수)를 주어로 하는 의문문

|  |  | (의문사) + 주어 | 동사 | 동사의 목적어 |
|---|---|---|---|---|
| 평서문 | | 나는 너를 좋아했어<br>**I** | ***liked*** | ***you*** |
| 부정문 | | 나는 너를 좋아하지 않았어<br>**I** | ***didn't like*** | ***you*** |
| 긍정 의문문 | | 내가 너를 좋아했니?<br>**Did I** | ***like*** | ***you?*** |
| 부정 의문문 | | 내가 너를 좋아하지 않았니?<br>**Didn't I** | ***like*** | ***you?*** |
| 대답 | 긍정 | 응, 넌 좋아했어<br>**Yes, you** | ***did*** | |
| | 부정 | 아니, 넌 좋아하지 않았어<br>**No, you** | ***didn't*** | |

● You (1,3인칭복수, 2인칭)를 주어로 하는 의문문

|  |  | (의문사) + 주어 | 동사 | 동사의 목적어 |
|---|---|---|---|---|
| 평서문 | | 당신은 나를 좋아했습니다<br>**You** | ***liked*** | ***me*** |
| | | 우리들은 당신을 좋아했어요　***We liked you*** | | |
| 부정문 | | 넌 나를 좋아하지 않았어<br>**You** | ***didn't like*** | ***me*** |
| | | 우리들은 당신을 좋아하지 않았어요　***We didn't like you*** | | |
| 긍정 의문문 | | 당신은 나를 좋아했나요?<br>**Did you** | ***like*** | ***me?*** |
| | | 우리들이 당신을 좋아했나요?　***Did we like you?*** | | |
| 부정 의문문 | | 당신은 나를 좋아하지 않았나요?<br>**Didn't you** | ***like*** | ***me?*** |
| | | 우리들은 당신을 좋아하지 않았나요?　***Didn't we like you?*** | | |
| 대답 | 긍정 | 네, 그랬어요<br>**Yes, I** | ***did*** | |
| | | 네, 우리는 그랬어요　***Yes, we did*** | | |
| | 부정 | 아니요, 그렇지 않았어요<br>**No, I** | ***didn't*** | |
| | | 아니요, 우리들은 그렇지 않았어요　***No, we didn't*** | | |

- he, she, my friend, Jane (3인칭 단수)를 주어로 하는 의문문

| | | (의문사) + 주어 | 동사 | 동사의 목적어 |
|---|---|---|---|---|
| 평서문 | | 그는 너를 좋아했어<br>**He** | **liked** | **you** |
| | | Jane은 너를 좋아했어  Jane   liked  you | | |
| | | 내 친구는 너를 좋아했어  My friend  liked  you | | |
| 부정문 | | 그녀는 너를 좋아하지 않았어<br>**She** | **didn't (did not)  like** | **you** |
| | | Jane은 너를 좋아하지 않았어   Jane   didn't like you | | |
| | | 내 친구는 너를 좋아하지 않았어   My friend   didn't like you | | |
| 긍정<br>의문문 | | 그분(남자)은 당신을 좋아했나요?<br>**Did   he** | **like** | **you?** |
| | | Jane은 당신을 좋아했나요?    Did Jane    like you? | | |
| | | 당신 친구는 당신을 좋아했나요?  Did your friend   like you? | | |
| 부정<br>의문문 | | 그녀는 당신을 좋아하지 않았나요?<br>**Didn't  she** | **like** | **you?** |
| | | Jane은 당신을 좋아하지 않았나요?   Didn't Jane    like you? | | |
| | | 당신 친구는 당신을 좋아하지 않았나요?  Didn't your friend  like you? | | |
| 대답 | 긍정 | 네, 그가 좋아했어요<br>**Yes,   he** | **did** | |
| | | 응, Jane은 좋아했어    Yes, she     did | | |
| | | 응, 내 친구는 좋아했어  Yes, she( my friend)  did | | |
| | 부정 | 아니요, 그녀는 좋아하지 않았어요<br>**No,  she** | **didn't** | |
| | | 아니 Jane은 좋아하지 않았어   No, she    didn't | | |
| | | 아니, 내 친구는 좋아하지 않았어  No, she(my friend)  didn't | | |

- 영작 연습
    1. 네가 나를 좋아했니?
    2. 네가 그녀를 좋아하지 않았니?
    3. 당신들은 그 여자를 좋아했나요?
    4. 넌 그 영화를 보지 않았니?
    5. 그녀가 그 영화를 좋아했을까요?
    6. Jane이 너를 찾지 않았니?
    7. 그들이 그 영화를 좋아했나요?
    8. 우리들이 당신을 찾지 않았나요?
    9. 내 친구들이 영화 보는 것을 좋아했나요?
    10. 그들이 나를 좋아하지 않았나요?

## 1.3.4 과거진행형 (Pattern #3 – yes, no의 답을 원하는 의문문)

● I (나 – 1인칭 단수)를 주어로 하는 의문문

|  |  | (의문사) + 주어 | 동사 | 동사의 목적어 |
|---|---|---|---|---|
| 평서문 | | 나는 너를 보는 중이었어<br>I | was seeing | you |
| 부정문 | | 나는 너를 보는 중이 아니었어<br>I | wasn't seeing | you |
| 긍정 의문문 | | 내가 너를 보는 중이었니?<br>Was  I | seeing | you? |
| 부정 의문문 | | 내가 너를 보는 중이 아니었니?<br>Wasn't (was not)  I | seeing | you? |
| 대답 | 긍정 | 응, 넌 그랬어<br>Yes,  you | were | |
| | 부정 | 아니, 넌 그렇지 않았어<br>No,  you | weren't | |

● You (1,3인칭복수, 2인칭)를 주어로 하는 의문문

|  |  | (의문사) + 주어 | 동사 | 동사의 목적어 |
|---|---|---|---|---|
| 평서문 | | 당신은 나를 보는 중이었습니다<br>You | were seeing | me |
| | | 우리들은 당신을 보는 중이었어요  We were seeing you | | |
| 부정문 | | 당신은 나를 보는 중이 아니었어요<br>You | weren't seeing | me |
| | | 우리들은 보는 중이 아니었어요  We  weren't seeing you | | |
| 긍정 의문문 | | 당신은 나를 보는 중이었나요?<br>Were  you | seeing | me? |
| | | 우리들이 당신을 보는 중이었나요?  Were we seeing you? | | |
| 부정 의문문 | | 당신은 나를 보는 중이 아니었나요?<br>Weren't  you | seeing | me? |
| | | 우리가 너를 보는 중이 아니었니? Weren't we seeing you? | | |
| 대답 | 긍정 | 네,  그랬어요<br>Yes,  I | was | |
| | | 네, 우리는 그랬어요  Yes, we  were | | |
| | 부정 | 아니요, 그렇지 않았어요<br>No,  I | wasn't | |
| | | 아니요, 우리들은 그렇지 않았어요  No, we weren't | | |

- he, she, my friend, Jane (3인칭 단수)를 주어로 하는 의문문

| | | (의문사) + 주어 | 동사 | 동사의 목적어 |
|---|---|---|---|---|
| 평서문 | | 그는 너를 보는 중이었어<br>**He** | **was seeing** | **you** |
| | | Jane은 너를 보는 중이었어 Jane was seeing you | | |
| | | 내 친구는 너를 보는 중이었어 My friend was seeing you | | |
| 부정문 | | 그녀는 너를 보는 중이 아니었어<br>**She** | **wasn't (was not) seeing** | **you** |
| | | Jane은 너를 보는 중이 아니었어 Jane wasn't (was not) seeing you | | |
| | | 내 친구는 너를 보는 중이 아니었어 My friend wasn't seeing you | | |
| 긍정<br>의문문 | | 그는 당신을 보는 중이었나요?<br>**Was he** | **seeing** | **you?** |
| | | Jane은 당신을 보는 중이었나요? Was Jane seeing you? | | |
| | | 당신 친구는 당신을 보는 중이었나요? Was your friend seeing you? | | |
| 부정<br>의문문 | | 그분(여자)은 당신을 보는 중이 아니었나요?<br>**Wasn't she** | **seeing** | **you?** |
| | | Jane은 당신을 보는 중이 아니었나요 ? Wasn't Jane seeing you? | | |
| | | 당신 친구는 보는 중이 아니었나요? Wasn't your friend seeing you? | | |
| 대<br>답 | 긍정 | 네, 걔(남자)가 그랬어요<br>**Yes, he** | | **was** |
| | | 응, Jane은 그랬어요 Yes, she was | | |
| | | 응, 내 친구는 그랬어 Yes, she( my friend) was | | |
| | 부정 | 아니요, 걔(여자)는 그렇지 않았어요<br>**No, she** | | **wasn't** |
| | | 아니 Jane은 그렇지 않았어 No, she wasn't | | |
| | | 아니, 내 친구는 그렇지 않았어요 No, she(my friend) wasn't | | |

- 영작 연습
    1. 그 여자가 너를 찾는 중이었니?
    2. 그가 당신을 가르치는 중이었나요?
    3. 너희들은 하늘을 쳐다 보고 있었니?
    4. 당신은 그 영화를 보고 있지 않았나요?
    5. 그녀가 저를 보고 있는 중이었나요?
    6. Jane이 너를 보고 있는 중이었니?
    7. 우리가 너희들을 가르치고 있는 중이었니?
    8. 우리가 너희들을 가르치고 있는 중이 아니었니?
    9. 내 친구들이 그 여자를 보고 있었나요?
    10. 그들이 하늘을 보는 중이었나요?

## 1.3.5 현재완료형 (Pattern #3 – yes, no의 답을 원하는 의문문)

● I (나 – 1인칭 단수)를 주어로 하는 의문문

| | | (의문사) + 주어 | 동사 | 동사의 목적어 |
|---|---|---|---|---|
| 평서문 | | 나는 너를 지금까지 쭉 좋아하고 있어 | | |
| | | *I* | *have liked* | *you* |
| 부정문 | | 나는 너를 지금까지 쭉 좋아하지 않아 | | |
| | | *I* | *haven't liked* | *you* |
| 긍정 의문문 | | 내가 너를 지금까지 쭉 좋아하니? | | |
| | | *Have  I* | *liked* | *you?* |
| 부정 의문문 | | 내가 너를 지금까지 쭉 좋아하지 않았니? | | |
| | | *Haven't  I* | *liked* | *you?* |
| 대답 | 긍정 | 응, 넌 그래 | | |
| | | *Yes,  you* | *have* | |
| | 부정 | 아니, 넌 그렇지 않아 | | |
| | | *No,  you* | *haven't* | |

● You (1,3인칭복수, 2인칭)를 주어로 하는 의문문

| | | (의문사) + 주어 | 동사 | 동사의 목적어 |
|---|---|---|---|---|
| 평서문 | | 당신은 나를 지금까지 쭉 좋아하고 있습니다 | | |
| | | *You* | *have liked* | *me* |
| | | 우리들은 지금까지 쭉 너를 좋아하고 있어 *We have liked  you* | | |
| 부정문 | | 넌 나를 지금까지 쭉 좋아하지 않아 | | |
| | | *You* | *haven't liked* | *me* |
| | | 우리들은 너를 쭉 좋아해 오지 않아 *We haven't liked you* | | |
| 긍정 의문문 | | 당신은 나를 지금까지 쭉 좋아해오고 있나요? | | |
| | | *Have  you* | *liked* | *me?* |
| | | 우리들이 너를 지금까지 쭉 좋아해오고 있니?  *Have we liked you?* | | |
| 부정 의문문 | | 당신은 나를 지금까지 쭉 좋아해오고 있지 않나요? | | |
| | | *Haven't  you* | *liked* | *me?* |
| | | 우리들이 널 쭉 좋아해오고 있지 않았을까?  *Haven't we liked you?* | | |
| 대답 | 긍정 | 네,  난 그래요 | | |
| | | *Yes,  I* | *have* | |
| | | 네, 우리는 그래요  *Yes, we  have* | | |
| | 부정 | 아니요, 난 그렇지 않아요 | | |
| | | *No,  I* | *haven't* | |
| | | 아니요, 우리들은 그렇지 않아요  *No, we haven't* | | |

● he, she, my friend, Jane (3인칭 단수)를 주어로 하는 의문문

|  | (의문사) + 주어 | 동사 | 동사의 목적어 |
|---|---|---|---|
| 평서문 | 그는 지금까지 쭉 너를 좋아해<br>**He**<br>Jane은 지금까지 쭉 너를 좋아해 Jane<br>내 친구는 지금까지 쭉 너를 좋아해 My friend | **has liked**<br>has liked<br>has liked | **you**<br>you<br>you |
| 부정문 | 그녀는 쭉 너를 좋아해오고 있지 않아<br>**She**<br>Jane은 쭉 너를 좋아해오고 있지 않아 Jane<br>내 친구는 쭉 너를 좋아해오고 있지 않아 My friend | **hasn't (has not) liked**<br>hasn't liked<br>hasn't liked | **you**<br>you<br>you |
| 긍정<br>의문문 | 그는 당신을 쭉 좋아해오고 있나요?<br>**Has he**<br>Jane은 당신을 쭉 좋아해오고 있나요? Has Jane<br>당신 친구는 당신을 쭉 좋아해오고 있나요? Has your friend | **liked**<br>liked<br>liked | **you?**<br>you?<br>you? |
| 부정<br>의문문 | 그녀는 당신을 쭉 좋아해오고 있지 않나요?<br>**Hasn't she**<br>Jane은 너를 쭉 좋아해오고 있지 않니? Hasn't Jane<br>네 친구는 너를 쭉 좋아해오고 있지 않니? Hasn't your friend | **liked**<br>liked<br>liked | **you?**<br>you?<br>you? |
| 대답 긍정 | 네, 그는 그래요<br>**Yes, he**<br>응, Jane은 그래요 Yes, she<br>응, 내 친구는 그래요 Yes, she( my friend) | **has**<br>has<br>has | |
| 대답 부정 | 아니요, 그녀는 그렇지 않아요<br>**No, she**<br>아니 Jane은 그렇지 않아요 No, she<br>아니, 내 친구는 그렇지 않아 No, she(my friend) | **hasn't**<br>hasn't<br>hasn't | |

● 영작 연습
  1. 너 지금까지 나를 쭉 좋아해?
  2. 너 지금까지 쭉 나를 좋아하지 않았어?
  3. 당신은 그 여자를 지금까지 쭉 좋아하나요?
  4. 너 그 영화 본 적 있지 않니?
  5. 그녀가 그 영화를 지금까지 쭉 좋아하나요?
  6. Jane이 너를 만난 적이 있지 않니?
  7. 그들이 그 영화를 지금까지 좋아하고 있나요?
  8. 우리들이 당신들을 만난 적이 있지 않나요?
  9. 그들이 지금까지 나를 쭉 좋아하고 있나요?
  10. 내 친구들이 영화 보는 걸 지금까지 좋아하고 있나요?

## 1.3.6 과거완료형 (Pattern #3 – yes, no의 답을 원하는 의문문)

● I (나 – 1인칭 단수)를 주어로 하는 의문문

| | | (의문사) + 주어 | 동사 | 동사의 목적어 |
|---|---|---|---|---|
| 평서문 | | 나는 너를 좋아했던 적이 있어 | | |
| | | I | had liked | you |
| 부정문 | | 나는 너를 좋아했던 적이 있지 않아 | | |
| | | I | hadn't liked | you |
| 긍정 의문문 | | 내가 너를 좋아했던 적이 있니? | | |
| | | Had I | liked | you? |
| 부정 의문문 | | 내가 너를 좋아했던 적이 있지 않니? | | |
| | | Hadn't I | liked | you? |
| 대답 | 긍정 | 응, 넌 그랬어 | | |
| | | Yes, you | had | |
| | 부정 | 아니, 넌 그렇지 않았어 | | |
| | | No, you | hadn't | |

● You (1,3인칭복수, 2인칭)를 주어로 하는 의문문

| | | (의문사) + 주어 | 동사 | 동사의 목적어 |
|---|---|---|---|---|
| 평서문 | | 당신은 나를 좋아했던 적이 있어요 | | |
| | | You | had liked | me |
| | | 우리들은 너를 좋아했던 적이 있어 We had liked you | | |
| 부정문 | | 넌 나를 좋아했던 적이 있지 않아 | | |
| | | You | hadn't liked | me |
| | | 우리들은 너를 좋아했던 적이 있지 않아 We hadn't liked you | | |
| 긍정 의문문 | | 당신은 나를 좋아했던 적이 있나요? | | |
| | | Had you | liked | me? |
| | | 우리들이 너를 좋아했던 적이 있니? Had we liked you? | | |
| 부정 의문문 | | 당신은 나를 좋아했던 적이 있지 않았나요? | | |
| | | Hadn't you | liked | me? |
| | | 우리들이 널 안 좋아한 적이 있었니? Hadn't we liked you? | | |
| 대답 | 긍정 | 네, 난 그랬어요 | | |
| | | Yes, I | had | |
| | | 네, 우리는 그랬어요 Yes, we had | | |
| | 부정 | 아니요, 난 그렇지 않았어요 | | |
| | | No, I | hadn't | |
| | | 아니요, 우리들은 그렇지 않았어요 No, we hadn't | | |

- he, she, my friend, Jane (3인칭 단수)를 주어로 하는 의문문

| | (의문사) + 주어 | 동사 | 동사의 목적어 |
|---|---|---|---|
| 평서문 | 그분이 너를 좋아했던 적이 있어<br>**He** | **had liked** | **you** |
| | Jane은 너를 좋아했던 적이 있어   Jane | had liked | you |
| | 내 친구는 너를 좋아했던 적이 있어   My friend | had liked | you |
| 부정문 | 그녀는 너를 좋아했던 적이 있지 않아<br>**She** | **hadn't (had not) liked** | **you** |
| | Jane은 너를 좋아했던 적이 있지 않아   Jane | hadn't liked | you |
| | 내 친구는 너를 좋아했던 적이 있지 않아   My friend | hadn't liked | you |
| 긍정<br>의문문 | 그분이 당신을 좋아했던 적이 있나요?<br>**Had he** | **liked** | **you?** |
| | Jane은 당신을 좋아했던 적이 있나요?   Had Jane | liked | you? |
| | 당신 친구는 당신을 좋아했던 적이 있나요?  Had your friend | liked | you? |
| 부정<br>의문문 | 그 여자는 당신을 좋아했던 적이 있지 않나요?<br>**Hadn't she** | **liked** | **you?** |
| | Jane은 너를 좋아했던 적이 있지 않니?   Hadn't Jane | liked | you? |
| | 네 친구는 너를 좋아했던 적이 있지 않니?  Hadn't your friend | liked | you? |
| 대답 긍정 | 네, 그 분은 그랬어<br>**Yes, he** | **had** | |
| | 응, Jane은 그랬어요   Yes, she | had | |
| | 응, 내 친구는 그랬어요   Yes, she( my friend) | had | |
| 대답 부정 | 아니요, 그 여자는 그렇지 않았어요<br>**No, she** | **hadn't** | |
| | 아니 Jane은 그렇지 않았어요   No, she | hadn't | |
| | 아니, 내 친구는 그렇지 않았어요   No, she(my friend) | hadn't | |

- 영작 연습
    1. 그 사람이 너를 좋아했던 적이 있었니?
    2. 그녀가 너를 좋아했던 적이 있지 않았었니?
    3. 당신들은 그 여자를 좋아했던 적이 있었나요?
    4. 넌 그 영화를 보았던 적이 없었니?
    5. 그녀가 그 영화를 좋아했던 적이 있나요?
    6. Jane이 너를 사랑했던 적이 있지 않았었니?
    7. 우리가 그 영화를 좋아했던 적이 있었니?
    8. 우리들이 당신들을 보았던 적이 있지 않았나요?
    9. 그들이 나를 좋아했던 적이 있었었니?
    10. 내 친구들이 영화 보는 것을 좋아했던 적이 있었나요?

## 1.3.7 미래형 (Pattern #3 – yes, no의 답을 원하는 의문문)

● I (나 – 1인칭 단수)를 주어로 하는 의문문

|  |  | (의문사) + 주어 | 동사 | 동사의 목적어 |
|---|---|---|---|---|
| 평서문 | | 나는 너를 좋아할 거야<br>**I** | **will like** | **you** |
| 부정문 | | 나는 너를 좋아하지 않을 거야<br>**I** | **won't like** | **you** |
| 긍정 의문문 | | 내가 너를 좋아하게 될까?<br>**Will I** | **like** | **you?** |
| 부정 의문문 | | 내가 너를 좋아하게 되지 않을까?<br>**Won't I** | **like** | **you?** |
| 대답 | 긍정 | 응, 넌 그럴 거야<br>**Yes, you** | **will** | |
| | 부정 | 아니, 넌 그렇지 않을 거야<br>**No, you** | **will not** | |

● You (1,3인칭복수, 2인칭)를 주어로 하는 의문문

|  |  | (의문사) + 주어 | 동사 | 동사의 목적어 |
|---|---|---|---|---|
| 평서문 | | 당신은 나를 좋아할 겁니다<br>**You** | **will like** | **me** |
| | | 우리들은 당신을 좋아할 거에요 **We will like you** | | |
| 부정문 | | 당신은 나를 좋아하지 않을 거에요<br>**You** | **won't(will not) like** | **me** |
| | | 우리들은 당신을 좋아하지 않을 거에요 **We won't like you** | | |
| 긍정 의문문 | | 당신은 나를 좋아하게 될까요?<br>**Will you** | **like** | **me?** |
| | | 우리들이 당신을 좋아하게 될까요? **Will we like you?** | | |
| 부정 의문문 | | 당신은 나를 좋아하게 되지 않을까요?<br>**Won't you** | **like** | **me?** |
| | | 우리들은 당신을 좋아하게 되지 않을까요? **Won't we like you?** | | |
| 대답 | 긍정 | 네, 그럴 거에요<br>**Yes, I** | **will** | |
| | | 네, 우리는 그럴 거에요 **Yes, we will** | | |
| | 부정 | 아니요, 그렇지 않을 거에요<br>**No, I** | **will not** | |
| | | 아니요, 우리들은 그렇지 않을 거에요 **No, we will not** | | |

● he, she, my friend, Jane (3인칭 단수)를 주어로 하는 의문문

|  | | (의문사) + 주어 | 동사 | 동사의 목적어 |
|---|---|---|---|---|
| 평서문 | | 그 남자는 너를 좋아할 거야<br>**He** | **will like** | **you** |
| | | Jane은 너를 좋아할 거야     *Jane* | *will like* | *you* |
| | | 내 친구는 너를 좋아할 거야   *My friend* | *will like you* | |
| 부정문 | | 그녀는 너를 좋아하지 않을 거야<br>**She** | **won't (will not) like** | **you** |
| | | Jane은 너를 좋아하지 않을 거야   *Jane* | *won't like you* | |
| | | 내 친구는 너를 좋아하지 않을 거야   *My friend* | *won't like you* | |
| 긍정<br>의문문 | | 그 남자는 당신을 좋아하게 될까요?<br>**Will   he** | **like** | **you?** |
| | | Jane은 당신을 좋아하게 될까요?   *Will Jane* | *like you?* | |
| | | 네 친구는 너를 좋아하게 될까?   *Will your friend* | *like you?* | |
| 부정<br>의문문 | | 그녀는 당신을 좋아하게 되지 않을까요?<br>**Won't   she** | **like** | **you?** |
| | | Jane은 당신을 좋아하게 되지 않을까요?   *Won't Jane* | *like you?* | |
| | | 네 친구는 너를 좋아하게 되지 않을까?   *Won't your friend* | *like you?* | |
| 대답 | 긍정 | 네, 그 남자는 그럴 거에요<br>**Yes,   he** | **will** | |
| | | 응, Jane은 그럴 거야   *Yes, she  will* | | |
| | | 응, 내 친구는 그럴 거야   *Yes, she  will* | | |
| | 부정 | 아니요, 그녀는 그렇지 않을 거야<br>**No,   she** | **will not** | |
| | | 아니, Jane은 그렇지 않을 거야   *No, she  will not* | | |
| | | 아니, 내 친구는 그렇지 않을 거에요  *No, she  will not* | | |

● 영작 연습
1. 그녀가 너를 좋아하게 될까?
2. 그가 너를 좋아하게 되지 않을까?
3. 당신은 저를 좋아하게 될까요?
4. 당신은 바다를 보게 되지 않을까요?
5. 그녀는 그 영화를 보게 될까요?
6. Jane이 너를 좋아하게 되지 않을까?
7. 우리가 그 영화를 좋아하게 될까요?
8. 우리들이 당신들을 사랑하게 되지 않을까요?
9. 그들이 그 영화 보는 것을 좋아하게 될까요?
10. 그들이 책 읽는 것을 좋아하게 되지 않을까요?

## 1.3.8 미래진행형 (Pattern #3 – yes, no의 답을 원하는 의문문)

● I (나 – 1인칭 단수)를 주어로 하는 의문문

|  |  | (의문사) + 주어 | 동사 | 동사의 목적어 |
|---|---|---|---|---|
| 평서문 | | 나는 너를 정말로 볼 거야 **I** | **will be seeing** | **you** |
| 부정문 | | 나는 너를 정말로 보지 않을 거야 **I** | **won't be seeing** | **you** |
| 긍정 의문문 | | 내가 너를 정말로 보게 될까? **Will I** | **be seeing** | **you?** |
| 부정 의문문 | | 내가 너를 정말로 보게 되지 않을까? **Won't I** | **be seeing** | **you?** |
| 대답 | 긍정 | 응, 넌 그럴 거야 **Yes, you** | **will** | |
| | 부정 | 아니, 넌 그렇지 않을 거야 **No, you** | **will not** | |

● You (1,3인칭복수, 2인칭)를 주어로 하는 의문문

|  |  | (의문사) + 주어 | 동사 | 동사의 목적어 |
|---|---|---|---|---|
| 평서문 | | 당신은 나를 정말로 보게 될 겁니다 **You** | **will be seeing** | **me** |
| | | 우리들은 당신을 정말로 좋아할 거에요 *We will be seeing you* | | |
| 부정문 | | 당신은 나를 정말로 보지 않을 거에요 **You** | **won't(will not) be seeing** | **me** |
| | | 우리들은 널 정말로 보지 않을 거야 *We won't be seeing you* | | |
| 긍정 의문문 | | 당신은 나를 정말로 보게 될까요? **Will you** | **be seeing** | **me?** |
| | | 우리들이 당신을 정말로 보게 될까요? *Will we be seeing you?* | | |
| 부정 의문문 | | 당신은 나를 정말로 보게 되지 않을까요? **Won't you** | **be seeing** | **me?** |
| | | 우리들은 널 정말 보게 되지 않을까? *Won't we be seeing you?* | | |
| 대답 | 긍정 | 네, 그럴 거에요 **Yes, I** | **will** | |
| | | 네, 우리는 그럴 거에요 *Yes, we will* | | |
| | 부정 | 아니요, 그렇지 않을 거에요 **No, I** | **will not** | |
| | | 아니요, 우리들은 그렇지 않을 거에요 *No, we will not* | | |

- he, she, my friend, Jane (3인칭 단수)를 주어로 하는 의문문

| | | (의문사) + 주어 | 동사 | 동사의 목적어 |
|---|---|---|---|---|
| 평서문 | | 그는 너를 정말로 보게 될 거야 | | |
| | | He | will be seeing | you |
| | | Jane은 너를 정말로 보게 될 거야 | Jane will be seeing you | |
| | | 내 친구는 너를 정말로 보게 될 거야 | My friend will be seeing you | |
| 부정문 | | 그녀는 너를 정말로 보지 않을 거야 | | |
| | | She | won't (will not) be seeing | you |
| | | Jane은 너를 정말로 보지 않을 거야 | Jane won't be seeing you | |
| | | 내 친구는 너를 정말로 보지 않을 거야 | My friend won't be seeing you | |
| 긍정 의문문 | | 그는 당신을 정말로 보게 될까요? | | |
| | | Will he | be seeing | you? |
| | | Jane은 당신을 정말로 보게 될까요? | Will Jane be seeing you? | |
| | | 네 친구는 너를 정말로 보게 될까? | Will your friend be seeing you? | |
| 부정 의문문 | | 그녀는 당신을 정말로 보게 되지 않을까요? | | |
| | | Won't she | be seeing | you? |
| | | Jane은 당신을 정말로 보게 되지 않을까요? | Won't Jane be seeing you? | |
| | | 그는 너를 정말로 보게 되지 않을까? | Won't he be seeing you? | |
| 대답 | 긍정 | 네, 그는 그럴 거에요 | | |
| | | Yes, he | | will |
| | | 응, Jane은 그럴 거야 | Yes, she | will |
| | | 응, 내 친구는 그럴 거야 | Yes, she( my friend) | will |
| | 부정 | 아니요, 그녀는 그렇지 않을 거야 | | |
| | | No, she | | will not |
| | | 아니, Jane은 그렇지 않을 거야 | No, she | will not |
| | | 아니, 내 친구는 그렇지 않을 거에요 | No, she(my friend) | will not |

- 영작 연습
  1. 네가 나를 정말 보게 될까?
  2. 당신이 저를 정말 가르치게 되지 않을까요?
  3. 너희들은 정말로 하늘을 보게 될까?
  4. 당신이 정말 그 영화를 보게 되지 않을까요?
  5. 그녀가 저를 정말로 보게 될까요?
  6. Jane이 너를 정말로 보게 되지 않을까?
  7. 우리가 너희들을 정말 가르치게 될까?
  8. 우리가 너희들을 정말 가르치게 되지 않을까?
  9. 내 친구들이 그 여자를 정말 보게 될까?
  10. 내 친구들이 그녀를 정말 보게 되지 않을까요?

## 1.4  Pattern #4(4형식)의 의문문
### 1.4.1 현재형 (Pattern #4 – yes, no의 답을 원하는 의문문)

● I (나 – 1인칭 단수)를 주어로 하는 의문문

| | (의문사) + 주어 | 동사 | 목적어 1 | 목적어 2 |
|---|---|---|---|---|
| 평서문 | 내가 너에게 책을 보낸다<br>*I* | send | you | a book |
| 부정문 | 내가 너에게 책을 보내지 않는다<br>*I* | don't send | you | a book |
| 긍정 의문문 | 내가 너에게 책을 보내줄까?<br>*Do   I* | send | you | a book? |
| 부정 의문문 | 내가 너에게 책을 보내지 말까?<br>*Don't I* | send | you | a book? |
| 대답 긍정 | 응, 그래 보내줘<br>*Yes, you* | | do | |
| 대답 부정 | 아니, 보내지 마<br>*No,  you* | | don't | |

● You (1,3인칭복수, 2인칭)를 주어로 하는 의문문

| | (의문사) + 주어 | 동사 | 목적어 1 | 목적어 2 |
|---|---|---|---|---|
| 평서문 | 당신이 나에게 책을 보냅니다<br>*You* | send | me | a book |
| | 우리는 당신에게 책을 보냅니다 *We  send you a book* | | | |
| 부정문 | 당신은 나에게 책을 보내지 않습니다<br>*You* | don't send | me | a book |
| | 우리는 너에게 책을 보내지 않아 *We don't send you a book* | | | |
| 긍정 의문문 | 당신이 나에게 책을 보내나요?<br>*Do  you* | send | me | a book? |
| | 우리가 너에게 책을 보내니? *Do we send you a book?* | | | |
| 부정 의문문 | 당신은 나에게 책을 보내지 않나요?<br>*Don't  you* | send | me | a book? |
| | 우리가 너에게 책을 보내지 않니? *Don't we send you a book?* | | | |
| 대답 긍정 | 네, 맞아요<br>*Yes,  I* | | do | |
| | 네, 우리가 그래요 *Yes, we  do* | | | |
| 대답 부정 | 아니요, 그렇지 않아요<br>*No,  I* | | don't | |
| | 아니요, 우리는 그렇지 않아요 *No, we don't* | | | |

● he, she, my friend, Jane (3인칭 단수)를 주어로 하는 의문문

| | | (의문사) + 주어 | 동사 | 목적어 1 | 목적어 2 |
|---|---|---|---|---|---|
| 평서문 | | 그가 너에게 책을 보냅니다<br>***He*** | ***sends*** | ***you*** | ***a book*** |
| | | Jane이 너에게 책을 보내 *Jane sends you a book*<br>내 친구가 너에게 책을 보내 *My friend sends you a book* | | | |
| 부정문 | | 그녀가 너에게 책을 보내지 않아<br>***She*** | ***doesn't send*** | ***you*** | ***a book*** |
| | | Jane은 너에게 책을 보내지 않아 *Jane doesn't send you a book*<br>내 친구는 너에게 책을 보내지 않아 *My friend doesn't send you a book* | | | |
| 긍정<br>의문문 | | 그분이 당신에게 책을 보내나요?<br>***Does   he*** | ***send*** | ***you*** | ***a book?*** |
| | | Jane이 당신에게 책을 보내나요? *Does Jane send you a book?*<br>네 친구가 너에게 책을 보내니? *Does your friend send you a book?* | | | |
| 부정<br>의문문 | | 그녀가 너에게 책을 보내지 않니?<br>***Doesn't she*** | ***send*** | ***you*** | ***a book?*** |
| | | Jane은 너에게 책을 보내지 않니? *Doesn't Jane send you a book?*<br>네 친구가 너에게 책을 보내지 않니? *Doesn't your friend send you a book?* | | | |
| 대<br>답 | 긍정 | 네, 그가 보내요<br>***Yes,   he*** | | ***does*** | |
| | | 응, Jane이 보내 *Yes, she does*<br>응, 내 친구가 보내 *Yes, she does* | | | |
| | 부정 | 아니요, 그녀는 보내지 않아요<br>***No,   she*** | | ***does not*** | |
| | | 아니 Jane은 보내지 않아 *No, she doesn't*<br>아니, 내 친구는 보내지 않아 *No, she doesn't* | | | |

● 영작 연습
1. 네가 그 사람한테 책을 보내니?
2. 당신이 저에게 책을 보내지 않나요?
3. 당신이 내게 e-mail을 보내나요?
4. 당신이 그 여자에게 e-mail을 보내지 않나요?
5. 그녀가 우리에게 연필을 주나요?
6. Jane이 당신에게 책을 주지 않나요?
7. 우리가 그들에게 책을 보내나요?
8. 그들이 너희들에게 연필을 주지 않니?
9. 그 사람들이 아이들에게 소설책을 보냅니까?
10. 내 친구들이 학생들에게 책을 주지 않을까?

## 1.4.2 현재진행형 (Pattern #4 – yes, no의 답을 원하는 의문문)

- I (나 – 1인칭 단수)를 주어로 하는 의문문

| | (의문사) + 주어 | 동사 | 목적어 1 | 목적어 2 |
|---|---|---|---|---|
| 평서문 | 나는 너에게 책을 보내고 있는 중이야<br>I | am sending | you | a book |
| 부정문 | 나는 너에게 책을 보내고 있지 않아<br>I | am not sending | you | a book |
| 긍정 의문문 | 내가 너에게 책을 보내고 있는 중이니?<br>Am I | sending | you | a book? |
| 부정 의문문 | 내가 너에게 책을 보내고 있는 중이 아니니?<br>Ain't (am not) I | sending | you | a book? |
| 대답 긍정 | 응, 그래 넌 그러고 있어<br>Yes, you | are | | |
| 대답 부정 | 아니, 넌 그러고 있지 않아<br>No, you | aren't | | |

- You (1,3인칭복수, 2인칭)를 주어로 하는 의문문

| | (의문사) + 주어 | 동사 | 목적어 1 | 목적어 2 |
|---|---|---|---|---|
| 평서문 | 당신이 나에게 책을 보내고 있군요<br>You | are sending | me | a book |
| | 우리는 너에게 책을 보내고 있는 중이야<br>We are sending you a book | | | |
| 부정문 | 당신은 내게 책을 보내는 중이 아니에요<br>You | aren't sending | me | a book |
| | 우리는 너에게 책을 보내고 있지 않아<br>We aren't sending you a book | | | |
| 긍정 의문문 | 당신은 나에게 책을 보내는 중인가요?<br>Are you | sending | me | a book? |
| | 우리가 그에게 책을 보내는 중일까?<br>Are we sending him a book? | | | |
| 부정 의문문 | 당신은 나에게 책을 보내고 있지 않나요?<br>Aren't you | sending | me | a book? |
| | 우리가 그에게 책을 보내고 있지 않나요?<br>Aren't we sending him a book? | | | |
| 대답 긍정 | 네, 나는 그러고 있어요   Yes, I   am | | | |
| | 네, 우리가 그래요  Yes, we  are | | | |
| 대답 부정 | 아니요, 그렇지 않아요<br>No, I   am not | | | |
| | 아니요, 우리는 그렇지 않아요  No, we aren't | | | |

● he, she, my friend, Jane (3인칭 단수)를 주어로 하는 의문문

| | (의문사) + 주어 | 동사 | 목적어 1 | 목적어 2 |
|---|---|---|---|---|
| 평서문 | 그는 너에게 책을 보내고 있는 중이야<br>**He** | **is sending** | **you** | **a book** |
| | Jane이 너에게 책을 보내고 있는 중이야 | Jane is sending you a book | | |
| | 내 친구가 너에게 책을 보내고 있어 | My friend is sending you a book | | |
| 부정문 | 그녀는 너에게 책을 보내고 있지 않아<br>**She** | **isn't sending** | **you** | **a book** |
| | Jane은 너에게 책을 보내고 있지 않아 | Jane isn't sending you a book | | |
| | 그 남자는 네게 책을 보내고 있는 중이 아니야 | He isn't sending you a book | | |
| 긍정<br>의문문 | 그는 당신에게 책을 보내고 있는 중인가요?<br>**Is he** | **sending** | **you** | **a book?** |
| | Jane이 당신에게 책을 보내고 있나요? | Is Jane sending you a book? | | |
| | 네 친구가 너에게 책을 보내고 있니? | Is your friend sending you a book? | | |
| 부정<br>의문문 | 그녀가 너에게 책을 보내고 있는 중이 아니니?<br>**Isn't she** | **sending** | **you** | **a book?** |
| | Jane은 너에게 책을 보내고 있지 않니? | Isn't Jane sending you a book? | | |
| | 그는 너에게 책을 보내고 있는 중이 아니니? | Isn't he sending you a book? | | |
| 대답 | 긍정 | 네, 그는 그래요<br>**Yes, he is** | | |
| | | 응, Jane은 그래요   Yes, she is | | |
| | | 응, 그녀는 그래요   Yes, she( my friend) is | | |
| | 부정 | 아니요, 그녀는 그러지 않아요<br>**No, she isn't** | | |
| | | 아니 Jane은 그러지 않아   No, she isn't | | |
| | | 아니, 내 친구는 그러지 않아   No, she(my friend) isn't | | |

● 영작 연습
1. 네가 나에게 책을 보내고 있는 중이니?
2. 그 여자가 네 친구에게 책을 보내고 있는 중이 아니니?
3. 당신이 내게 e-mail을 보내는 중인가요?
4. 네가 그 여자에게 e-mail을 보내는 중이 아니니?
5. 그녀가 그 남자에게 연필을 주는 중인가요?
6. Jane이 Tom에게 책을 주는 중이 아닌가요?
7. 그들이 우리에게 책을 보내고 있는 중인가요?
8. 그들이 그 남자들에게 연필을 주고 있는 중이 아닌가요?
9. 그들은 아이들에게 소설책을 보내고 있는 중인가요?
10. 그들이 학생들에게 책을 주는 중이 아닌가요??

## 1.4.3 과거형 (Pattern #4 – yes, no의 답을 원하는 의문문)

● I (나 – 1인칭 단수)를 주어로 하는 의문문

| | | (의문사) + 주어 | 동사 | 목적어 1 | 목적어 2 |
|---|---|---|---|---|---|
| 평서문 | | 내가 너에게 책을 보냈어<br>**I** | **sent** | **you** | **a book** |
| 부정문 | | 내가 너에게 책을 보내지 않았어<br>**I** | **didn't send** | **you** | **a book** |
| 긍정 의문문 | | 내가 너에게 책을 보냈니?<br>**Did I** | **send** | **you** | **a book?** |
| 부정 의문문 | | 내가 너에게 책을 보내지 않았니?<br>**Didn't I** | **send** | **you** | **a book?** |
| 대답 | 긍정 | 응, 보냈어<br>**Yes, you** | **did** | | |
| | 부정 | 아니, 보내지 않았어<br>**No, you** | **didn't** | | |

● You (1,3인칭복수, 2인칭)를 주어로 하는 의문문

| | | (의문사) + 주어 | 동사 | 목적어 1 | 목적어 2 |
|---|---|---|---|---|---|
| 평서문 | | 당신이 나에게 책을 보냈어요<br>**You** | **sent** | **me** | **a book** |
| | | 우리가 너에게 책을 보냈어  We sent you the book | | | |
| 부정문 | | 당신은 나에게 책을 보내지 않았습니다<br>**You** | **didn't send** | **me** | **a book** |
| | | 우리는 너에게 책을 보내지 않았어  We didn't send you a book | | | |
| 긍정 의문문 | | 당신이 나에게 책을 보냈나요?<br>**Did you** | **send** | **me** | **a book?** |
| | | 우리가 너에게 책을 보냈니?  Did we send you a book? | | | |
| 부정 의문문 | | 당신은 나에게 책을 보내지 않았나요?<br>**Didn't you** | **send** | **me** | **a book?** |
| | | 우리가 너에게 책을 보내지 않았니? Didn't we send you a book? | | | |
| 대답 | 긍정 | 네, 그랬어요<br>**Yes, I** | **did** | | |
| | | 네, 우리가 그랬어요 Yes, we did | | | |
| | 부정 | 아니요, 그렇지 않았어요<br>**No, I** | **didn't** | | |
| | | 아니요, 우리는 그렇지 않았어요 No, we didn't | | | |

● he, she, my friend, Jane (3인칭 단수)를 주어로 하는 의문문

| | | (의문사) + 주어 | 동사 | 목적어 1 | 목적어 2 |
|---|---|---|---|---|---|
| 평서문 | | 그가 너에게 책을 보냈어 | | | |
| | | *He* | *sent* | *you* | *a book* |
| | | Jane이 너에게 책을 보냈어 | *Jane sent you a book* | | |
| | | 내 친구가 너에게 책을 보냈어 | *My friend sent you a book* | | |
| 부정문 | | 그녀가 너에게 책을 보내지 않았어 | | | |
| | | *She* | *didn't send* | *you* | *a book* |
| | | Jane은 너에게 책을 보내지 않았어 | *Jane didn't send you a book* | | |
| | | 내 친구는 너에게 책을 보내지 않았어 | *My friend didn't send you a book* | | |
| 긍정 의문문 | | 그가 당신에게 책을 보냈나요? | | | |
| | | *Did he* | *send* | *you* | *a book?* |
| | | Jane이 당신에게 책을 보냈나요? | *Did Jane send you a book?* | | |
| | | 네 친구가 당신에게 책을 보냈니? | *Did your friend send you a book?* | | |
| 부정 의문문 | | 그녀가 너에게 책을 보내지 않았니? | | | |
| | | *Didn't she* | *send* | *you* | *a book?* |
| | | Jane은 너에게 책을 보내지 않았니? | *Didn't Jane send you a book?* | | |
| | | 그 남자가 너에게 책을 보내지 않았니? | *Didn't he send you a book?* | | |
| 대답 | 긍정 | 네, 그가 보냈어요 | | | |
| | | *Yes, he* | *did* | | |
| | | 응, Jane이 보냈어 *Yes, she did* | | | |
| | | 응, 내 친구가 보냈어 *Yes, she did* | | | |
| | 부정 | 아니요, 그녀는 보내지 않았어요 | | | |
| | | *No, she* | *did not* | | |
| | | 아니 Jane은 보내지 않았어 *No, she didn't* | | | |
| | | 아니, 내 친구는 보내지 않았어 *No, she didn't* | | | |

● 영작 연습
1. 그 남자가 너에게 책 한 권을 보냈니?
2. 그 여자가 네 친구에게 책 한 권을 보내지 않았니?
3. 당신은 내게 e-mail을 보냈나요?
4. 넌 그 여자에게 e-mail을 보내지 않았니?
5. 그녀가 내게 연필을 줬나요?
6. Jane이 당신에게 책을 주지 않았나요?
7. 우리가 그들에게 책을 보내주었나요?
8. 우리가 너희들에게 연필을 안 주었니?
9. 그들이 아이들에게 소설책을 보냈나요?
10. 내 친구들이 학생들에게 책을 안 주었나요?

## 1.4.4 과거진행형 (Pattern #4 – yes, no 의 답을 원하는 의문문)

- I (나 – 1인칭 단수)를 주어로 하는 의문문

|   |   | (의문사) + 주어 | 동사 | 목적어 1 | 목적어 2 |
|---|---|---|---|---|---|
| 평서문 | | 나는 너에게 책을 보내고 있는 중이었어<br>I | was sending | you | a book |
| 부정문 | | 나는 너에게 책을 보내고 있는 중이 아니었어<br>I | was not sending | you | a book |
| 긍정 의문문 | | 내가 너에게 책을 보내고 있었을까?<br>Was　I | sending | you | a book? |
| 부정 의문문 | | 내가 너에게 책을 보내고 있지 않았을까?<br>Wasn't (was not) I | sending | you | a book? |
| 대답 | 긍정 | 응, 그래 넌 그러고 있었어<br>Yes, you | were | | |
| | 부정 | 아니, 넌 그러고 있는 중이 아니었어<br>No,　you | weren't | | |

- You (1,3인칭복수, 2인칭)를 주어로 하는 의문문

|   |   | (의문사) + 주어 | 동사 | 목적어 1 | 목적어 2 |
|---|---|---|---|---|---|
| 평서문 | | 당신은 나에게 책을 보내고 있었군요<br>You | were sending | me | a book |
| | | 우리는 너에게 책을 보내고 있는 중이었어<br>We　were sending you a book | | | |
| 부정문 | | 당신은 내게 책을 보내는 중이 아니었어요<br>You | weren't sending | me | a book |
| | | 우리는 너에게 책을 보내고 있는 중이 아니었어<br>We weren't sending you a book | | | |
| 긍정 의문문 | | 당신은 나에게 책을 보내는 중이었나요?<br>Were you | sending | me | a book? |
| | | 우리가 그에게 책을 보내는 중이였어요?<br>Were we sending him a book? | | | |
| 부정 의문문 | | 당신은 나에게 책을 보내고 있지 않았나요?<br>Weren't　you | sending | me | a book? |
| | | 우리가 그에게 책을 보내고 있지 않았나요?<br>Weren't we sending him　a book? | | | |
| 대답 | 긍정 | 네, 나는 그러고 있었어요　Yes, I　　was | | | |
| | | 네, 우리가 그랬어요　Yes, we　were | | | |
| | 부정 | 아니요, 그렇지 않아요<br>No,　I　　　was not | | | |
| | | 아니요, 우리는 그렇지 않아요　No, we weren't | | | |

- he, she, my friend, Jane (3인칭 단수)를 주어로 하는 의문문

| | | (의문사) + 주어 | 동사 | 목적어 1 | 목적어 2 |
|---|---|---|---|---|---|
| 평서문 | | 그는 너에게 책을 보내고 있는 중이었어 | | | |
| | | **He** | **was sending** | **you** | **a book** |
| | | Jane은 너에게 책을 보내고 있는 중이었어 | Jane was sending you a book | | |
| | | 내 친구가 너에게 책을 보내고 있었어 | My friend was sending you a book | | |
| 부정문 | | 그녀는 너에게 책을 보내고 있는 중이 아니었어 | | | |
| | | **She** | **wasn't sending** | **you** | **a book** |
| | | Jane은 너에게 책을 보내는 중이 아니었어 | Jane wasn't sending you a book | | |
| | | 그 남자는 네게 책을 보내는 중이 아니었어 | He wasn't sending you a book | | |
| 긍정 의문문 | | 그는 당신에게 책을 보내고 있는 중이었나요? | | | |
| | | **Was he** | **sending** | **you** | **a book?** |
| | | Jane이 당신에게 책을 보내고 있었나요? | Was Jane sending you a book? | | |
| | | 그가 너에게 책을 보내고 있었니? | Was he sending you a book? | | |
| 부정 의문문 | | 그녀가 너에게 책을 보내고 있는 중이 아니었니? | | | |
| | | **Wasn't she** | **sending** | **you** | **a book?** |
| | | Jane은 너에게 책을 보내고 있지 않았니? | Wasn't Jane sending you a book? | | |
| | | 그는 너에게 책을 보내고 있지 않았니? | Wasn't he sending you a book? | | |
| 대답 | 긍정 | 네, 그는 그랬어요 | | | |
| | | **Yes, he** | **was** | | |
| | | 응, Jane은 그랬어요 | Yes, she was | | |
| | | 응, 그녀는 그랬어요 | Yes, she(my friend) was | | |
| | 부정 | 아니요, 그녀는 그러지 않았어요 | | | |
| | | **No, she** | **wasn't** | | |
| | | 아니 Jane은 그러지 않았어 | No, she wasn't | | |
| | | 아니, 내 친구는 그러지 않았어 | No, she(my friend) wasn't | | |

- 영작 연습
    1. 그가 너에게 책을 보내고 있는 중이었니?
    2. 그 여자가 나에게 책을 보내고 있는 중이 아니었니?
    3. 당신은 내게 e-mail을 보내는 중이었나요?
    4. 넌 그 여자에게 e-mail을 보내는 중이지 않았니?
    5. 그녀가 그 남자에게 연필을 주고 있는 중이었나요?
    6. Jane이 Tom에게 책을 주고 있는 중이 아니었나요?
    7. 우리가 그들에게 책을 보내는 중이었나요?
    8. 우리가 그 남자들에게 연필을 주는 중이 아니었나요?
    9. 그들이 아이들에게 소설책을 보내는 중이었나요?
    10. 그들이 학생들에게 책을 주고 있는 중이 아니었나요?

## 1.4.5 현재완료형 (Pattern #4 – yes, no의 답을 원하는 의문문)

● I (나 – 1인칭 단수)를 주어로 하는 의문문

| | | (의문사) + 주어 | 동사 | 목적어 1 | 목적어 2 |
|---|---|---|---|---|---|
| 평서문 | | 난 너에게 지금까지 쭉 책을 보내고 있어<br>**I** | **have sent** | **you** | **books** |
| 부정문 | | 난 너에게 지금까지 쭉 책을 보내지 않고 있어<br>**I** | **haven't sent** | **you** | **books** |
| 긍정 의문문 | | 내가 너에게 책을 지금까지 쭉 보내주고 있을까?<br>**Have I** | **sent** | **you** | **books?** |
| 부정 의문문 | | 내가 너에게 지금까지 쭉 책을 보내고 있지 않을까?<br>**Haven't I** | **sent** | **you** | **books?** |
| 대답 | 긍정 | 응, 그래 넌 그러고 있어<br>**Yes, you** | **have** | | |
| | 부정 | 아니, 넌 그러고 있지 않아<br>**No, you** | | **haven't** | |

● You (1,3인칭복수, 2인칭)를 주어로 하는 의문문

| | | (의문사) + 주어 | 동사 | 목적어 1 | 목적어 2 |
|---|---|---|---|---|---|
| 평서문 | | 당신은 내게 지금까지 쭉 책을 보내고 있지요<br>**You** | **have sent** | **me** | **books** |
| | | 우리는 너에게 지금까지 쭉 책을 보내오고 있어<br>We have sent you books | | | |
| 부정문 | | 넌 나에게 지금까지 쭉 책을 보내고 있지 않았어<br>**You** | **haven't sent** | **me** | **books** |
| | | 우리는 너에게 지금까지 쭉 책을 보내고 있지 않아<br>We haven't sent you books | | | |
| 긍정 의문문 | | 당신이 나에게 책을 지금까지 쭉 보내고 있나요?<br>**Have you** | **sent** | **me** | **books?** |
| | | 우리가 너에게 지금까지 쭉 책을 보내고 있니?<br>Have we sent you books? | | | |
| 부정 의문문 | | 당신은 나에게 지금까지 쭉 책을 보내지 않나요?<br>**Haven't you** | **sent** | **me** | **books?** |
| | | 우리가 너에게 지금까지 쭉 책을 보내고 있지 않니?<br>Haven't we sent you books? | | | |
| 대답 | 긍정 | 네, 난 그렇게 해오고 있어요<br>**Yes, I** | | **have** | |
| | | 네, 우리는 그렇게 해오고 있어요 Yes, we have | | | |
| | 부정 | 아니요, 그렇게 하고 있지 않아요<br>**No, I** | | **haven't** | |
| | | 아니요, 우리는 그렇게 하고 있지 않아요 No, we haven't | | | |

● he, she, my friend, Jane (3인칭 단수)를 주어로 하는 의문문

| | | (의문사) + 주어 | 동사 | 목적어 1 | 목적어 2 |
|---|---|---|---|---|---|
| 평서문 | | 그는 너에게 지금까지 쭉 책을 보내고 있어<br>**He** | **has sent** | **you** | **books** |
| | | Jane은 너에게 지금까지 쭉 책을 보내고 있어 *Jane has sent you books* | | | |
| | | 그녀는 너에게 지금까지 쭉 책을 보내고 있어 *She has sent you books* | | | |
| 부정문 | | 그녀는 너에게 지금까지 쭉 책을 보내고 있지 않아<br>**She** | **hasn't sent** | **you** | **books** |
| | | Jane은 너에게 책을 지금까지 쭉 보내고 있지 않아<br>*Jane hasn't sent you books* | | | |
| | | 그는 너에게 지금까지 쭉 책을 보내고 있지 않아 *He hasn't sent you books* | | | |
| 긍정<br>의문문 | | 그가 당신에게 책을 지금까지 쭉 보내고 있나요?<br>**Has he** | **sent** | **you** | **books?** |
| | | Jane이 너에게 책을 지금까지 쭉 보내고 있니? *Has Jane sent you books?* | | | |
| | | 그녀는 너에게 지금까지 쭉 책을 보내고 있니? *Has she sent you books?* | | | |
| 부정<br>의문문 | | 그녀는 너에게 지금까지 쭉 책을 보내고 있지 않니?<br>**Hasn't she** | **sent** | **you** | **books?** |
| | | Jane은 너에게 지금까지 쭉 책을 보내고 있지 않니?<br>*Hasn't Jane sent you books?* | | | |
| | | 네 친구가 너에게 지금까지 쭉 책을 보내고 있지 않니?<br>*Hasn't your friend sent you books?* | | | |
| 대답 | 긍정 | 네, 그는 그렇게 해오고 있어요<br>**Yes, he** | **has** | | |
| | | 응, Jane이 그렇게 해오고 있어요  *Yes, she has* | | | |
| | | 응, 내 친구는 그렇게 해오고 있어요  *Yes, she( my friend) has* | | | |
| | 부정 | 아니요, 그녀는 그렇게 하고 있지 않아요<br>**No, she** | **has not** | | |
| | | 아니 Jane은 그렇게 하고 있지 않아요  *No, she hasn't* | | | |
| | | 아니, 내 친구는 그렇게 하고 있지 않아요  *No, she(my friend) hasn't* | | | |

● 영작 연습
1. 그가 너에게 지금까지 책을 쭉 보냈니?
2. 그녀가 너에게 지금까지 책을 쭉 보내지 않았니?
3. 당신이 내게 지금까지 e-mail을 보내고 있나요?
4. 네가 그녀에게 지금까지 e-mail을 보내지 않았니?
5. 그녀가 내게 지금까지 쭉 연필을 주고 있나요?
6. Jane이 너에게 지금까지 책을 주고 있지 않았니?
7. 우리가 그들에게 지금까지 책을 보내고 있나요?
8. 우리가 그에게 지금까지 연필을 주고 있지 않니?
9. 그들이 애들에게 지금까지 쭉 소설책을 보냈나요?
10. 그들이 학생들에게 지금까지 책을 주고 있지 않니?

## 1.4.6 과거완료형 (Pattern #4 – yes, no의 답을 원하는 의문문)

● I (나 – 1인칭 단수)를 주어로 하는 의문문

| | | (의문사) + 주어 | 동사 | 목적어 1 | 목적어 2 |
|---|---|---|---|---|---|
| 평서문 | | 난 너에게 책을 보낸 적이 있어 | | | |
| | | I | had sent | you | a book |
| 부정문 | | 난 너에게 책을 보낸 적이 없어 | | | |
| | | I | hadn't sent | you | a book |
| 긍정 의문문 | | 내가 너에게 책을 보낸 적이 있니? | | | |
| | | Had I | sent | you | a book? |
| 부정 의문문 | | 내가 너에게 책 보낸 적 없니? | | | |
| | | Hadn't I | sent | you | a book? |
| 대답 | 긍정 | 응, 그래 넌 그런 적 있어 | | | |
| | | Yes, you | | had | |
| | 부정 | 아니, 넌 그런 적 없어 | | | |
| | | No, you | | hadn't | |

● You (1,3인칭복수, 2인칭)를 주어로 하는 의문문

| | | (의문사) + 주어 | 동사 | 목적어 1 | 목적어 2 |
|---|---|---|---|---|---|
| 평서문 | | 당신은 내게 책을 보낸 적이 있어요 | | | |
| | | You | had sent | me | a book |
| | | 우리는 너에게 책을 보낸 적이 있어 | | | |
| | | We had sent you a book | | | |
| 부정문 | | 당신은 나에게 책을 보낸 적이 없어요 | | | |
| | | You | hadn't sent | me | a book |
| | | 우리는 너에게 책을 보낸 적이 없어 | | | |
| | | We hadn't sent you a book | | | |
| 긍정 의문문 | | 당신이 나에게 책을 보낸 적이 있나요? | | | |
| | | Had you | sent | me | a book? |
| | | 우리가 너에게 책을 보낸 적이 있니? | | | |
| | | Had we sent you a book? | | | |
| 부정 의문문 | | 당신은 나에게 책을 보낸 적이 있지 않나요? | | | |
| | | Hadn't you | sent | me | a book? |
| | | 우리가 당신에게 책을 보낸 적이 있지 않나요? | | | |
| | | Hadn't we sent you a book? | | | |
| 대답 | 긍정 | 네, 난 그런 적이 있어요 | | | |
| | | Yes, I | | had | |
| | | 네, 우리는 그런 적이 있어요 Yes, we had | | | |
| | 부정 | 아니요, 난 그런 적이 없어요 | | | |
| | | No, I | | hadn't | |
| | | 아니요, 우리는 그런 적이 없어요 No, we hadn't | | | |

- he, she, my friend, Jane (3인칭 단수)를 주어로 하는 의문문

| | | (의문사) + 주어 | 동사 | 목적어 1 | 목적어 2 |
|---|---|---|---|---|---|
| 평서문 | | 그는 너에게 책을 보낸 적이 있어 | | | |
| | | **He** | **had sent** | **you** | **a book** |
| | | Jane은 너에게 책을 보낸 적이 있어 | Jane had sent you a book | | |
| | | 그녀는 너에게 책을 보낸 적이 있어 | She had sent you a book | | |
| 부정문 | | 그녀는 너에게 책을 보낸 적이 없어 | | | |
| | | **She** | **hadn't sent** | **you** | **a book** |
| | | Jane은 너에게 책을 보낸 적이 없어 | Jane hadn't sent you a book | | |
| | | 그는 너에게 책을 보낸 적이 없어 | He hadn't sent you a book | | |
| 긍정 의문문 | | 그분이 당신에게 책을 보낸 적이 있나요? | | | |
| | | **Had he** | **sent** | **you** | **a book?** |
| | | Jane이 너에게 책을 보낸 적이 있니? | Had Jane sent you a book? | | |
| | | 그녀가 너에게 책을 보낸 적이 있니? | Had she sent you a book? | | |
| 부정 의문문 | | 그녀가 너에게 책을 보낸 적이 없니? | | | |
| | | **Hadn't she** | **sent** | **you** | **a book?** |
| | | Jane이 너에게 책을 보낸 적이 없었니? | Hadn't Jane sent you a book? | | |
| | | 네 친구가 너에게 책 보낸 적 없니? | Hadn't your friend sent you a book? | | |
| 대답 | 긍정 | 네, 그는 그런 적 있어요 | | | |
| | | **Yes, he** | **had** | | |
| | | 응, Jane은 그런 적 있어요 | Yes, she had | | |
| | | 응, 내 친구는 그런 적이 있어요 | Yes, she( my friend) had | | |
| | 부정 | 아니요, 그녀는 그런 적이 없어요 | | | |
| | | **No, she** | **had not** | | |
| | | 아니 Jane은 그런 적 없어요 | No, she hadn't | | |
| | | 아니, 내 친구는 그런 적 없어요 | No, she(my friend) hadn't | | |

- 영작 연습
    1. 그가 너에게 책을 보내준 적이 있었니?
    2. 그녀가 네 친구에게 책을 보낸 적이 없었니?
    3. 당신은 내게 e-mail을 보낸 적이 있었지요?
    4. 넌 그 여자에게 e-mail을 보낸 적이 없었니?
    5. 그녀가 내게 연필을 준 적이 있었나요?
    6. Jane이 당신에게 책을 준 적이 없었나요?
    7. 우리가 그들에게 책을 보낸 적이 있었나요?
    8. 우리가 너희들에게 연필을 준 적이 없었니?
    9. 그들이 아이들에게 소설책을 보낸 적이 있었나요?
    10. 내 친구들이 학생들에게 책을 준 적이 없었나요?

## 1.4.7 미래형 (Pattern #4 – yes, no의 답을 원하는 의문문)

- I (나 – 1인칭 단수)를 주어로 하는 의문문

|  |  | (의문사) + 주어 | 동사 | 목적어 1 | 목적어 2 |
|---|---|---|---|---|---|
| 평서문 | | 내가 너에게 책을 보낼 거야<br>I | will send | you | a book |
| 부정문 | | 난 너에게 책을 보내지 않을 거야<br>I | won't send | you | a book |
| 긍정 의문문 | | 내가 너에게 책을 보내줄까?<br>Will  I | send | you | a book? |
| 부정 의문문 | | 내가 너에게 책을 보내지 말까?<br>Won't I | send | you | a book? |
| 대답 | 긍정 | 응, 그래 그럴 거야<br>Yes,  you | will | | |
| | 부정 | 아니, 그러지 않을 거야<br>No,  you | won't | | |

- You (1,3인칭복수, 2인칭)를 주어로 하는 의문문

|  |  | (의문사) + 주어 | 동사 | 목적어 1 | 목적어 2 |
|---|---|---|---|---|---|
| 평서문 | | 당신은 나에게 책을 보낼 거에요<br>You | will send | me | a book |
| | | 우리는 당신에게 책을 보낼 거에요 We   will send you a book | | | |
| 부정문 | | 당신은 나에게 책을 보내지 않을 거에요<br>You | won't send | me | a book |
| | | 우리는 너에게 책을 보내지 않을 거야 We won't send you a book | | | |
| 긍정 의문문 | | 당신은 나에게 책을 보낼 건가요?<br>Will   you | send | me | a book? |
| | | 우리가 너에게 책을 보내줄까? Will we send you a book? | | | |
| 부정 의문문 | | 당신은 나에게 책을 보내지 않을 건가요?<br>Won't   you | send | me | a book? |
| | | 우리가 너에게 책을 보내게 되지 않을까?<br>Won't we send you a book? | | | |
| 대답 | 긍정 | 네, 난 그럴 거에요<br>Yes,  I | will | | |
| | | 네, 우리는 그럴 거에요  Yes, we   will | | | |
| | 부정 | 아니요, 그러지 않을 거에요<br>No,  I | will not | | |
| | | 아니요,  우리는 그러지 않을 거에요   No, we will not | | | |

● he, she, my friend, Jane (3인칭 단수)를 주어로 하는 의문문

| | (의문사) + 주어 | 동사 | 목적어 1 | 목적어 2 |
|---|---|---|---|---|
| 평서문 | 그가 너에게 책을 보낼 거야<br>**He**<br>Jane이 너에게 책을 보낼 거야 *Jane will send you a book*<br>내 친구가 너에게 책을 보낼 거야 *My friend will send you a book* | **will send** | **you** | **a book** |
| 부정문 | 그녀는 너에게 책을 보내지 않을 거야<br>**She**<br>Jane은 너에게 책을 보내지 않을 거야 *Jane won't send you a book*<br>내 친구는 너에게 책을 보내지 않을 거야 *My friend won't send you a book* | **won't send** | **you** | **a book** |
| 긍정<br>의문문 | 그가 당신에게 책을 보낼까요?<br>**Will  he**<br>Jane이 당신에게 책을 보낼까요? *Will Jane send you a book?*<br>네 친구가 당신에게 책을 보낼까? *Will your friend send you a book?* | **send** | **you** | **a book?** |
| 부정<br>의문문 | 그녀가 너에게 책을 보내지 않을까?<br>**Won't she**<br>Jane이 너에게 책을 보내지 않겠니? *Won't Jane send you a book?*<br>네 친구가 네게 책을 보내지 않을까? *Won't your friend send you a book?* | **send** | **you** | **a book?** |
| 대답 | 긍정 | 네, 그는 그걸 거에요<br>**Yes,  he   will**<br>응, Jane은 그럴 거야  *Yes, she        will*<br>응, 내 친구는 그럴 거야  *Yes, she( my friend)  will* | | |
| | 부정 | 아니요, 그녀는 그러지 않을 거에요<br>**No,  she   will not**<br>아니 Jane은 그러지 않을 거에요  *No, she will not*<br>아니, 내 친구는 그러지 않을 거에요  *No, she(my friend) will not* | | |

● 영작 연습
1. 그녀가 그 남자에게 책을 보낼까요?
2. 그녀가 네 친구에게 책을 보내지 않을까?
3. 당신이 내게 e-mail을 보낼 거지요?
4. 네가 나에게 e-mail을 보내지 않을 거니?
5. 그녀가 내게 연필을 주겠지요?
6. Jane이 당신에게 책을 안 줄 건가요?
7. 우리가 그들에게 책을 보낼 건가요?
8. 우리가 너희들에게 연필을 주지 않을까?
9. 그들이 아이들에게 소설책을 보내겠지요?
10. 그들이 학생들에게 책을 안 줄 건가요?

## 1.4.8 미래진행형 (Pattern #4 – yes, no의 답을 원하는 의문문)

● I (나 – 1인칭 단수)를 주어로 하는 의문문

|  |  | (의문사) + 주어 | 동사 | 목적어 1 | 목적어 2 |
|---|---|---|---|---|---|
| 평서문 | | 내가 너에게 정말로 책을 보낼 거야<br>*I* | *will be sending* | *you* | *a book* |
| 부정문 | | 난 너에게 정말로 책을 보내지 않을 거야<br>*I* | *won't be sending* | *you* | *a book* |
| 긍정 의문문 | | 내가 너에게 정말로 책을 보내주게 될까?<br>*Will     I* | *be sending* | *you* | *a book?* |
| 부정 의문문 | | 내가 너에게 정말로 책을 보내지 않게 될까?<br>*Won't I* | *be sending* | *you* | *a book?* |
| 대답 | 긍정 | 응, 그래 그럴 거야<br>*Yes,  you* | *will* | | |
| | 부정 | 아니, 그러지 않을 거야<br>*No,   you* | *won't* | | |

● You (1,3인칭복수, 2인칭)를 주어로 하는 의문문

|  |  | (의문사) + 주어 | 동사 | 목적어 1 | 목적어 2 |
|---|---|---|---|---|---|
| 평서문 | | 당신은 나에게 정말로 책을 보낼 거에요<br>*You* | *will be sending* | *me* | *a book* |
| | | 우리는 당신에게 정말로 책을 보낼 거에요<br>*We will be sending you a book* | | | |
| 부정문 | | 당신은 나에게 정말로 책을 보내지 않을 거에요<br>*You* | *won't be sending* | *me* | *a book* |
| | | 우리는 너에게 정말로 책을 보내지 않을 거야<br>*We won't be sending you a book* | | | |
| 긍정 의문문 | | 당신은 나에게 정말로 책을 보낼 건가요?<br>*Will you* | *be sending* | *me* | *a book?* |
| | | 우리가 너에게 정말로 책을 보내게 될까?<br>*Will we be sending you a book?* | | | |
| 부정 의문문 | | 당신은 나에게 정말로 책을 안 보낼 건가요?<br>*Won't  you* | *be sending* | *me* | *a book?* |
| | | 우리가 너에게 정말로 책을 보내게 되지 않을까?<br>*Won't we be sending you a book?* | | | |
| 대답 | 긍정 | 네, 난 그럴 거에요<br>*Yes,  I      will* | | | |
| | | 네, 우리는 그럴 거에요  *Yes, we  will* | | | |
| | 부정 | 아니요, 그러지 않을 거에요<br>*No,   I      will not* | | | |
| | | 아니요, 우리는 그러지 않을 거에요   *No, we will not* | | | |

● he, she, my friend, Jane (3인칭 단수)를 주어로 하는 의문문

| | | (의문사) + 주어 | 동사 | 목적어 1 | 목적어 2 |
|---|---|---|---|---|---|
| 평서문 | | 그는 너에게 정말로 책을 보낼 거야 | | | |
| | | **He** | **will be sending** | **you** | **a book** |
| | | Jane은 너에게 정말로 책을 보낼 거야   Jane will be sending you a book | | | |
| | | 내 친구는 너에게 정말로 책을 보낼 거야 | | | |
| | | My friend will be sending you a book | | | |
| 부정문 | | 그녀는 너에게 정말로 책을 보내지 않을 거야 | | | |
| | | **She** | **won't be sending** | **you** | **a book** |
| | | Jane은 너에게 정말 책을 보내지 않을 거야 | | | |
| | | Jane won't be sending you a book | | | |
| 긍정 의문문 | | 그분이 당신에게 정말로 책을 보낼까요? | | | |
| | | **Will   he** | **be sending** | **you** | **a book?** |
| | | Jane이 너에게 정말 책을 보낼까? Will Jane be sending you a book? | | | |
| | | 네 친구가 너에게 정말 책을 보낼까? | | | |
| | | Will your friend be sending you a book? | | | |
| 부정 의문문 | | 그녀가 너에게 정말로 책을 보내지 않을까? | | | |
| | | **Won't  she** | **be sending** | **you** | **a book?** |
| | | Jane은 너에게 정말로 책을 보내지 않을까? | | | |
| | | Won't Jane be sending you a book? | | | |
| | | 네 친구가 네게 정말로 책을 보내지 않을까? | | | |
| | | Won't your friend be sending you a book? | | | |
| 대답 | 긍정 | 네, 그는 그럴 거에요 | | | |
| | | **Yes,     he     will** | | | |
| | | 응, Jane은 그럴 거야   Yes, she              will | | | |
| | | 응, 내 친구는 그럴 거야  Yes, she( my friend)  will | | | |
| | 부정 | 아니요, 그녀는 그러지 않을 거에요 | | | |
| | | **No,   she         will not** | | | |
| | | 아니, Jane은 그러지 않을 거에요   No, she will not | | | |
| | | 아니, 내 친구는 그러지 않을 거에요  No, she(my friend) will not | | | |

● 영작 연습
1. 그녀가 그 남자에게 정말 책을 보내게 될까요?
2. 그녀가 그에게 책을 정말 보내게 되지 않을까요?
3. 당신이 내게 e-mail을 정말 보낼 건가요?
4. 넌 나에게 e-mail을 정말 보내지 않을 거니?
5. 그녀가 내게 연필을 정말 주겠지요?
6. Jane이 당신에게 책을 확실히 주게 되지 않을까요?
7. 우리가 그들에게 책을 확실히 보내게 될까요?
8. 우리가 그들에게 연필을 꼭 주게 되지 않을까요?
9. 그들은 아이들에게 소설책을 꼭 보내게 될까요?
10. 그들이 학생들에게 꼭 책을 주게 되지 않을까요?

## 1.5 Pattern #5(5형식)의 의문문
### 1.5.1 현재형 (Pattern #5 – yes, no의 답을 원하는 의문문)

● I (나 – 1인칭 단수)를 주어로 하는 의문문

|  | (의문사) + 주어 | 동사 | 목적어 1 | 목적보어 |
|---|---|---|---|---|
| 평서문 | 내가 널 행복하게 해<br>**I** | **make** | **you** | **happy** |
| 부정문 | 내가 널 행복하게 하지 않아<br>**I** | **don't make** | **you** | **happy** |
| 긍정 의문문 | 내가 널 행복하게 해줄까?<br>**Do I** | **make** | **you** | **happy?** |
| 부정 의문문 | 내가 널 행복하게 하지 않나?<br>**Don't I** | **make** | **you** | **happy?** |
| 대답 긍정 | 응, 넌 그래<br>**Yes, you** | **do** | | |
| 대답 부정 | 아니, 넌 그러지 않아<br>**No, you** | **don't** | | |

● You (1,3인칭복수, 2인칭)를 주어로 하는 의문문

|  | (의문사) + 주어 | 동사 | 목적어 1 | 목적보어 |
|---|---|---|---|---|
| 평서문 | 당신은 나를 행복하게 합니다<br>**You** | **make** | **me** | **happy** |
| | 우리가 너를 행복하게 해 We **make you happy** | | | |
| 부정문 | 당신은 나를 행복하게 하지 않습니다<br>**You** | **don't make** | **me** | **happy** |
| | 우리는 너를 행복하게 하지 않아 We **don't make you happy** | | | |
| 긍정 의문문 | 당신이 나를 행복하게 하나요?<br>**Do you** | **make** | **me** | **happy?** |
| | 우리가 너를 행복하게 하니? Do **we make you happy?** | | | |
| 부정 의문문 | 당신이 나를 행복하게 하지 않나요?<br>**Don't you** | **make** | **me** | **happy?** |
| | 우리가 너를 행복하게 하지 않니? Don't **we make you happy?** | | | |
| 대답 긍정 | 네, 맞아요<br>**Yes, I** | **do** | | |
| | 네, 우리가 그래요 Yes, **we do** | | | |
| 대답 부정 | 아니요, 그렇지 않아요<br>**No, I** | **don't** | | |
| | 아니요, 우리는 그렇지 않아요 No, **we don't** | | | |

● he, she, my friend, Jane (3인칭 단수)를 주어로 하는 의문문

|  |  | (의문사) + 주어 | 동사 | 목적어 1 | 목적보어 |
|---|---|---|---|---|---|
| 평서문 | | 그가 당신을 행복하게 합니다<br>**He** | **makes** | **you** | **happy** |
| | | Jane이 너를 행복하게 해 | Jane | makes you happy | |
| | | 내 친구가 너를 행복하게 해 | My friend | makes you happy | |
| 부정문 | | 그녀가 너를 행복하게 하지 않아<br>**She** | **doesn't make** | **you** | **happy** |
| | | Jane은 너를 행복하게 하지 않아 | Jane | doesn't make you happy | |
| | | 내 친구는 너를 행복하게 하지 않아 | My friend | doesn't make you happy | |
| 긍정<br>의문문 | | 그분이 당신을 행복하게 하나요?<br>**Does** **he** | **make** | **you** | **happy?** |
| | | Jane이 당신을 행복하게 하나요? | Does Jane make | you | happy? |
| | | 네 친구가 너를 행복하게 하니? | Does your friend make | you | happy? |
| 부정<br>의문문 | | 그녀가 너를 행복하게 하지 않니?<br>**Doesn't** **she** | **make** | **you** | **happy?** |
| | | Jane은 너를 행복하게 하지 않니? | Doesn't Jane make you happy? | | |
| | | 네 친구가 널 행복하게 하지 않니? | Doesn't your friend make you happy? | | |
| 대<br>답 | 긍정 | 네, 그가 그래요<br>**Yes,** **he** | | | **does** |
| | | 응, Jane이 그렇게 해 Yes, she | | | does |
| | | 응, 내 친구가 그렇게 해 Yes, she( my friend) | | | does |
| | 부정 | 아니요, 그녀는 그렇게 하지 않아요<br>**No,** **she** | | **does not** | |
| | | 아니 Jane은 그렇게 하지 않아 No, she | | | doesn't |
| | | 아니, 내 친구가 그렇게 하지 않아 No, she(my friend) | | | doesn't |

● 영작 연습
1. 당신이 날 행복하게 해주나요?
2. 내가 널 행복하게 하지 않니?
3. 당신이 그 남자를 울리나요?
4. 넌 네 여동생을 행복하게 하지 않니?
5. 그 남자가 아내를 행복하게 하나요?
6. 그녀가 남편을 울리지 않나요?
7. 우리가 아이들을 행복하게 하나요?
8. 우리가 선생님을 행복하게 하지 않나요?
9. 그들이 영어 선생님을 울리니?
10. 네 친구들이 널 울리지 않니?

## 1.5.2 현재진행형 (Pattern #5 – yes, no의 답을 원하는 의문문)

● I (나 – 1인칭 단수)를 주어로 하는 의문문

|  | | (의문사) + 주어 | 동사 | 목적어 1 | 목적보어 |
|---|---|---|---|---|---|
| 평서문 | | 난 널 행복하게 하고 있어<br>*I* | *am making* | *you* | *happy* |
| 부정문 | | 난 널 행복하게 하고 있지 않아<br>*I* | *am not making* | *you* | *happy* |
| 긍정 의문문 | | 내가 널 행복하게 하고 있니?<br>*Am I* | *making* | *you* | *happy?* |
| 부정 의문문 | | 내가 널 행복하게 하고 있지 않니?<br>*Ain't I* | *making* | *you* | *happy?* |
| 대답 | 긍정 | 응, 넌 그래<br>***Yes, you*** | | ***are*** | |
|  | 부정 | 아니, 넌 그러지 않아<br>***No, you*** | | ***aren't*** | |

● You (1,3인칭복수, 2인칭)를 주어로 하는 의문문

|  | | (의문사) + 주어 | 동사 | 목적어 1 | 목적보어 |
|---|---|---|---|---|---|
| 평서문 | | 당신은 나를 행복하게 하고 있어요<br>***You*** | ***are making*** | ***me*** | ***happy*** |
|  | | 우리가 너를 행복하게 하고 있어요 *We are making you happy* | | | |
| 부정문 | | 당신은 나를 행복하게 하고 있지 않아요<br>***You*** | ***aren't making*** | ***me*** | ***happy*** |
|  | | 우리는 너를 행복하게 하고 있지 않아<br>*We aren't making you happy* | | | |
| 긍정 의문문 | | 당신이 나를 행복하게 하고 있나요?<br>***Are you*** | ***making*** | ***me*** | ***happy?*** |
|  | | 우리가 너를 행복하게 하고 있니? *Are we making you happy?* | | | |
| 부정 의문문 | | 당신이 나를 행복하게 하고 있지 않나요?<br>***Aren't you*** | ***making*** | ***me*** | ***happy?*** |
|  | | 우리가 너를 행복하게 하고 있지 않니?<br>*Aren't we making you happy?* | | | |
| 대답 | 긍정 | 네, 난 그래요<br>***Yes, I*** | | ***am*** | |
|  |  | 네, 우리는 그래요 *Yes, we are* | | | |
|  | 부정 | 아니요, 그렇지 않아요<br>***No, I*** | | ***am not*** | |
|  |  | 아니요, 우리는 그렇지 않아요 *No, we aren't* | | | |

● he, she, my friend, Jane (3인칭 단수)를 주어로 하는 의문문

| | | (의문사) + 주어 | 동사 | 목적어 1 | 목적보어 |
|---|---|---|---|---|---|
| 평서문 | | 그가 너를 행복하게 하고 있어 | | | |
| | | He | is making | you | happy |
| | | Jane은 너를 행복하게 하고 있어 | Jane is making you happy | | |
| | | 내 친구가 너를 행복하게 하고 있구나 | My friend is making you happy | | |
| 부정문 | | 그녀는 너를 행복하게 하고 있지 않아 | | | |
| | | She | isn't making | you | happy |
| | | Jane은 너를 행복하게 하고 있지 않아 | Jane isn't making you happy | | |
| | | 내 친구는 너를 행복하게 하고 있지 않아 | My friend isn't making you happy | | |
| 긍정 의문문 | | 그분(남자)이 당신을 행복하게 하고 있나요? | | | |
| | | Is he | making | you | happy? |
| | | Jane이 당신을 행복하게 하고 있나요? | Is Jane making you happy? | | |
| | | 네 친구가 너를 행복하게 하고 있니? | Is your friend making you happy? | | |
| 부정 의문문 | | 그녀가 너를 행복하게 하고 있지 않니? | | | |
| | | Isn't she | making | you | happy? |
| | | Jane은 너를 행복하게 하고 있지 않니? | Isn't Jane making you happy? | | |
| | | 네 친구가 널 행복하게 하고 있지 않니? | | | |
| | | Isn't your friend making you happy? | | | |
| 대답 | 긍정 | 네, 그가 그래요 | | | |
| | | Yes, he | | is | |
| | | 응, Jane이 그래요  Yes, she | | is | |
| | | 응, 내 친구가 그래요  Yes, she( my friend) | | is | |
| | 부정 | 아니요, 그녀는 그렇지 않아요 | | | |
| | | No, she | | is not | |
| | | 아니 Jane은 그렇지 않아  No, she | | isn't | |
| | | 아니, 내 친구가 그렇지 않아  No, she(my friend) | | isn't | |

● 영작 연습
1. 당신이 날 행복하게 하고 있나요?
2. 내가 당신을 행복하게 하고 있지 않나요?
3. 당신이 그 남자를 울게 하고 있나요?
4. 넌 네 여동생을 행복하게 하고 있지 않니?
5. 그 남자가 아내를 행복하게 하고 있나요?
6. 그녀가 남편을 울리고 있지 않나요?
7. 우리가 아이들을 행복하게 하고 있나요?
8. 우리가 선생님을 울게 하고 있지 않나요?
9. 그들이 영어선생님을 울게 하고 있나요?
10. 네 친구들이 널 행복하게 하고 있지 않니?

### 1.5.3 과거형 (Pattern #5 – yes, no의 답을 원하는 의문문)

● I (나 – 1인칭 단수)를 주어로 하는 의문문

|  |  | (의문사) + 주어 | 동사 | 목적어 1 | 목적보어 |
|---|---|---|---|---|---|
| 평서문 | | 내가 널 행복하게 했어<br>*I* | *made* | *you* | *happy* |
| 부정문 | | 내가 널 행복하게 하지 않았어<br>*I* | *didn't make* | *you* | *happy* |
| 긍정 의문문 | | 내가 널 행복하게 했니?<br>*Did    I* | *make* | *you* | *happy?* |
| 부정 의문문 | | 내가 널 행복하게 하지 않았니?<br>*Didn't I* | *make* | *you* | *happy?* |
| 대답 | 긍정 | 응, 넌 그랬어<br>***Yes,  you*** | ***did*** | | |
| | 부정 | 아니, 넌 그러지 않았어<br>***No,   you*** | ***didn't*** | | |

● You (1,3인칭복수, 2인칭)를 주어로 하는 의문문

|  |  | (의문사) + 주어 | 동사 | 목적어 1 | 목적보어 |
|---|---|---|---|---|---|
| 평서문 | | 당신은 나를 행복하게 했습니다<br>***You*** | ***made*** | ***me*** | ***happy*** |
| | | 우리가 너를 행복하게 했어 *We made you happy* | | | |
| 부정문 | | 당신은 나를 행복하게 하지 않았습니다<br>***You*** | ***didn't make*** | ***me*** | ***happy*** |
| | | 우리는 너를 행복하게 하지 않았어 *We didn't make you happy* | | | |
| 긍정<br>의문문 | | 당신이 나를 행복하게 했나요?<br>***Did   you*** | ***make*** | ***me*** | ***happy?*** |
| | | 우리가 너를 행복하게 했니? *Did we make you happy?* | | | |
| 부정<br>의문문 | | 당신이 나를 행복하게 하지 않았나요?<br>***Didn't  you*** | ***make*** | ***me*** | ***happy?*** |
| | | 우리가 너를 행복하게 하지 않았니?<br>*Didn't we make you happy?* | | | |
| 대답 | 긍정 | 네, 그랬어요<br>***Yes,  I***　　　***did*** | | | |
| | | 네, 우리가 그랬어요 *Yes, we  did* | | | |
| | 부정 | 아니요, 그렇지 않았어요<br>***No,  I***　　　***didn't*** | | | |
| | | 아니요, 우리는 그렇지 않았어요 *No, we didn't* | | | |

- he, she, my friend, Jane (3인칭 단수)를 주어로 하는 의문문

| | | (의문사) + 주어 | 동사 | 목적어 1 | 목적보어 |
|---|---|---|---|---|---|
| 평서문 | | 그가 너를 행복하게 했어 *He made you happy*<br>Jane이 너를 행복하게 했어 *Jane made you happy*<br>내 친구가 너를 행복하게 했어 *My friend made you happy* | | | |
| 부정문 | | 그녀가 너를 행복하게 하지 않았어 *She didn't make you happy*<br>Jane은 너를 행복하게 하지 않았어 *Jane didn't make you happy*<br>내 친구는 너를 행복하게 하지 않았어 *My friend didn't make you happy* | | | |
| 긍정<br>의문문 | | 그분이 당신을 행복하게 했나요? *Did he make you happy?*<br>Jane이 당신을 행복하게 했나요? *Did Jane make you happy?*<br>네 친구가 너를 행복하게 했니? *Did your friend make you happy?* | | | |
| 부정<br>의문문 | | 그녀가 너를 행복하게 하지 않았어? *Didn't she make you happy?*<br>Jane은 너를 행복하게 하지 않니? *Didn't Jane make you happy?*<br>네 친구가 널 행복하게 하지 않았니? *Didn't your friend make you happy?* | | | |
| 대답 | 긍정 | 네, 그가 그랬어요 *Yes, he did*<br>응, Jane이 그렇게 했어 *Yes, she did*<br>응, 내 친구가 그렇게 했어 *Yes, she( my friend) did* | | | |
| | 부정 | 아니요, 그녀는 그렇게 하지 않았어요 *No, she did not*<br>아니 Jane은 그렇게 하지 않았어 *No, she didn't*<br>아니, 내 친구가 그렇게 하지 않았어 *No, she(my friend) didn't* | | | |

- 영작 연습
    1. 그가 널 행복하게 해 주었니?
    2. 그가 널 행복하게 하지 않았니?
    3. 당신이 그 남자를 울게 했나요?
    4. 넌 네 여동생을 행복하게 하지 않았니?
    5. 그 남자가 아내를 행복하게 했나요?
    6. 그녀가 남편을 울리지 않았나요?
    7. 우리가 아이들을 행복하게 했나요?
    8. 우리가 선생님을 행복하게 하지 않았나요?
    9. 그들이 영어선생님을 울게 했니?
    10. 네 친구들이 널 울리지 않았니?

## 1.5.4 과거진행형 (Pattern #5 – yes, no의 답을 원하는 의문문)

- I (나 – 1인칭 단수)를 주어로 하는 의문문

| | | (의문사) + 주어 | 동사 | 목적어 1 | 목적보어 |
|---|---|---|---|---|---|
| 평서문 | | 난 널 행복하게 하고 있었어<br>I | was making | you | happy |
| 부정문 | | 난 널 행복하게 하고 있지 않았어<br>I | was not making | you | happy |
| 긍정 의문문 | | 내가 널 행복하게 하고 있었니?<br>Was I | making | you | happy? |
| 부정 의문문 | | 내가 널 행복하게 하고 있지 않았니?<br>Wasn't I | making | you | happy? |
| 대답 | 긍정 | 응, 넌 그랬어<br>Yes, you | | | were |
| | 부정 | 아니, 넌 그러지 않았어<br>No, you | | | weren't |

- You (1,3인칭복수, 2인칭)를 주어로 하는 의문문

| | | (의문사) + 주어 | 동사 | 목적어 1 | 목적보어 |
|---|---|---|---|---|---|
| 평서문 | | 당신은 나를 행복하게 하고 있었어요<br>You | were making | me | happy |
| | | 우리가 너를 행복하게 하고 있었어요 We were making you happy | | | |
| 부정문 | | 당신은 나를 행복하게 하고 있지 않았어요<br>You | weren't making | me | happy |
| | | 우리는 너를 행복하게 하고 있지 않았어<br>We weren't making you happy | | | |
| 긍정 의문문 | | 당신이 나를 행복하게 하고 있었나요?<br>Were you | making | me | happy? |
| | | 우리가 너를 행복하게 하고 있었니? Were we making you happy? | | | |
| 부정 의문문 | | 당신이 나를 행복하게 하고 있지 않았나요?<br>Weren't you | making | me | happy? |
| | | 우리가 너를 행복하게 하고 있지 않았니?<br>Weren't we making you happy? | | | |
| 대답 | 긍정 | 네, 난 그랬어요<br>Yes, I | | | was |
| | | 네, 우리는 그랬어요 Yes, we were | | | |
| | 부정 | 아니요, 그렇지 않았어요<br>No, I | | | wasn't |
| | | 아니요, 우리는 그렇지 않았어요 No, we weren't | | | |

● he, she, my friend, Jane (3인칭 단수)를 주어로 하는 의문문

| | (의문사) + 주어 | 동사 | 목적어 1 | 목적보어 |
|---|---|---|---|---|
| 평서문 | 그가 너를 행복하게 하고 있었어<br>**He** | **was making** | **you** | **happy** |
| | Jane은 너를 행복하게 하고 있었어 *Jane was making you happy* | | | |
| | 내 친구가 너를 행복하게 하고 있었구나 *My friend was making you happy* | | | |
| 부정문 | 그녀는 너를 행복하게 하고 있지 않았어<br>**She** | **wasn't making** | **you** | **happy** |
| | Jane은 너를 행복하게 하고 있지 않았어 *Jane wasn't making you happy* | | | |
| | 내 친구는 너를 행복하게 하고 있지 않았어 *My friend wasn't making you happy* | | | |
| 긍정 의문문 | 그분이 당신을 행복하게 하고 있었나요?<br>**Was he** | **making** | **you** | **happy?** |
| | Jane이 당신을 행복하게 하고 있었나요? *Was Jane making you happy?* | | | |
| | 네 친구가 너를 행복하게 하고 있었니? *Was your friend making you happy?* | | | |
| 부정 의문문 | 그녀가 너를 행복하게 하고 있지 않았니?<br>**Wasn't she** | **making** | **you** | **happy?** |
| | Jane은 너를 행복하게 하고 있지 않았니? *Wasn't Jane making you happy?* | | | |
| | 네 친구가 널 행복하게 하고 있지 않았니?<br>*Wasn't your friend making you happy?* | | | |
| 대답 / 긍정 | 네, 그가 그랬어요<br>**Yes, he** | | | **was** |
| | 응, Jane이 그랬어요 *Yes, she* | | | *was* |
| | 응, 내 친구가 그랬어요 *Yes, she( my friend)* | | | *was* |
| 대답 / 부정 | 아니요, 그녀는 그렇지 않았어요<br>**No, she** | | | **was not** |
| | 아니 Jane은 그렇지 않았어 *No, she* | | | *wasn't* |
| | 아니, 내 친구가 그렇지 않았어 *No, she(my friend)* | | | *wasn't* |

● 영작 연습
  1. 그가 널 행복하게 하고 있었니?
  2. 그녀 널 행복하게 하고 있지 않았니?
  3. 당신이 그 남자를 울게 하고 있었나요?
  4. 넌 그를 행복하게 하고 있지 않았니?
  5. 그 남자가 아내를 행복하게 하고 있었나요?
  6. 그녀가 남편을 울리고 있지 않았나요?
  7. 우리가 아이들을 행복하게 하고 있었나요?
  8. 우리가 선생님을 울게 하고 있지 않았나요?
  9. 그들이 선생님을 울게 하고 있었나요?
  10. 친구들이 널 행복하게 하고 있지 않았니?

## 1.5.5 현재완료형 (Pattern #5 – yes, no의 답을 원하는 의문문)

● I (나 – 1인칭 단수)를 주어로 하는 의문문

| | | (의문사) + 주어 | 동사 | 목적어 1 | 목적보어 |
|---|---|---|---|---|---|
| 평서문 | | 나는 너를 지금까지 쭉 행복하게 하고 있어 | | | |
| | | I | have made | you | happy |
| 부정문 | | 나는 너를 지금까지 쭉 행복하게 하고 있지 않아 | | | |
| | | I | haven't made | you | happy |
| 긍정 의문문 | | 내가 널 지금까지 쭉 행복하게 해주고 있니? | | | |
| | | Have I | made | you | happy? |
| 부정 의문문 | | 내가 널 지금까지 쭉 행복하게 해주고 있지 않니? | | | |
| | | Haven't I | made | you | happy? |
| 대답 | 긍정 | 응, 넌 그래 | | | |
| | | Yes, you | have | | |
| | 부정 | 아니, 넌 그러지 않아 | | | |
| | | No, you | haven't | | |

● You (1,3인칭복수, 2인칭)를 주어로 하는 의문문

| | | (의문사) + 주어 | 동사 | 목적어 1 | 목적보어 |
|---|---|---|---|---|---|
| 평서문 | | 당신은 나를 지금까지 쭉 행복하게 하고 있어요 | | | |
| | | You | have made | me | happy |
| | | 우리는 너를 지금까지 쭉 행복하게 하고 있어 | | | |
| | | We have made you happy | | | |
| 부정문 | | 당신은 나를 지금까지 쭉 행복하게 하고 있지 않아요 | | | |
| | | You | haven't made | me | happy |
| | | 우리는 너를 지금까지 쭉 행복하게 하고 있지 않아 | | | |
| | | We haven't made you happy | | | |
| 긍정 의문문 | | 당신은 나를 지금까지 쭉 행복하게 하고 있나요? | | | |
| | | Have you | made | me | happy? |
| | | 우리가 너를 지금까지 쭉 행복하게 하고 있니? | | | |
| | | Have we made you happy? | | | |
| 부정 의문문 | | 당신은 나를 지금까지 쭉 행복하게 하고 있지 않나요? | | | |
| | | Haven't you | made | me | happy? |
| | | 우리가 너를 지금까지 쭉 행복하게 하고 있지 않니? | | | |
| | | Haven't we made you happy? | | | |
| 대답 | 긍정 | 네, 그래요 | | | |
| | | Yes, I | have | | |
| | | 네, 우리가 그래요   Yes, we have | | | |
| | 부정 | 아니요, 그렇지 않아요 | | | |
| | | No, I | haven't | | |
| | | 아니요, 우리는 그렇지 않아요   No, we haven't | | | |

● he, she, my friend, Jane (3인칭 단수)를 주어로 하는 의문문

| | (의문사) + 주어 | 동사 | 목적어 1 | 목적보어 |
|---|---|---|---|---|
| 평서문 | 그는 너를 지금까지 쭉 행복하게 해<br>**He** | **has made** | **you** | **happy** |
| | Jane이 너를 지금까지 쭉 행복하게 하는구나   Jane has made you happy<br>내 친구가 너를 지금까지 쭉 행복하게 해   My friend has made you happy | | | |
| 부정문 | 그녀가 너를 지금까지 쭉 행복하게 하지 않아<br>**She** | **hasn't made** | **you** | **happy** |
| | Jane은 너를 지금까지 쭉 행복하게 하지 않아 Jane hasn't made you happy<br>내 친구는 너를 지금까지 쭉 행복하게 하지 않아<br>My friend   hasn't made you happy | | | |
| 긍정<br>의문문 | 그분이 당신을 지금까지 쭉 행복하게 하나요?<br>**Has   he** | **made** | **you** | **happy?** |
| | Jane이 당신을 지금까지 쭉 행복하게 하나요? Has Jane made you happy?<br>네 친구가 너를 지금까지 쭉 행복하게 하니?<br>Has your friend made you happy? | | | |
| 부정<br>의문문 | 그녀가 너를 지금까지 쭉 행복하게 하지 않니?<br>**Hasn't  she** | **made** | **you** | **happy?** |
| | Jane은 너를 지금까지 쭉 행복하게 하지 않니?<br>Hasn't Jane made you happy?<br>네 친구가 널 지금까지 쭉 행복하게 하지 않니?<br>Hasn't your friend made you happy? | | | |
| 대답 긍정 | 네, 그는 그래요<br>**Yes,    he** | | **has** | |
| | 응, Jane이 그렇게 해요   Yes, she           has<br>응, 내 친구는 그렇게 해   Yes, she(my friend)  has | | | |
| 대답 부정 | 아니요, 그녀는 그렇게 하지 않아요<br>**No,  she** | | **has not** | |
| | 아니 Jane은 그렇게 하지 않아   No, she           hasn't<br>아니, 내 친구가 그렇게 하지 않아 No, she(my friend) hasn't | | | |

● 영작 연습
1. 당신이 그녀를 지금까지 쭉 행복하게 해주고 있어요?
2. 당신은 그 남자를 지금까지 행복하게 해주고 있지 않아요?
3. 당신이 그 남자를 지금까지 쭉 울리고 있나요?
4. 넌 네 여동생을 계속 행복하게 하고 있지 않아?
5. 그 남자가 지금까지 쭉 아내를 행복하게 하나요?
6. 그녀가 남편을 계속 울리고 있지 않나요?
7. 우리가 아이들을 지금까지 행복하게 하고 있나요?
8. 우리가 선생님을 지금까지 행복하게 하고 있지 않나요?
9. 그들이 영어선생님을 지금까지 쭉 울게 만들고 있나요?
10. 네 친구들이 널 지금까지 울리고 있지 않니?

## 1.5.6 과거완료형 (Pattern #5 – yes, no의 답을 원하는 의문문)

- I (나 – 1인칭 단수)를 주어로 하는 의문문

|  |  | (의문사) + 주어 | 동사 | 목적어 1 | 목적보어 |
|---|---|---|---|---|---|
| 평서문 |  | 나는 너를 행복하게 한 적이 있었어<br>I | had made | you | happy |
| 부정문 |  | 나는 너를 행복하게 한 적이 없었어<br>I | hadn't made | you | happy |
| 긍정 의문문 |  | 내가 널 행복하게 한 적이 있었니?<br>Had   I | made | you | happy? |
| 부정 의문문 |  | 내가 널 행복하게 한 적이 있지 않았니?<br>Hadn't I | made | you | happy? |
| 대답 | 긍정 | 응, 넌 그런 적이 있었어<br>Yes, you | had | | |
| | 부정 | 아니, 넌 그런 적이 없었어<br>No, you | hadn't | | |

- You (1,3인칭복수, 2인칭)를 주어로 하는 의문문

|  |  | (의문사) + 주어 | 동사 | 목적어 1 | 목적보어 |
|---|---|---|---|---|---|
| 평서문 |  | 당신은 나를 행복하게 한 적이 있었어요<br>You | had made | me | happy |
|  |  | 우리는 너를 행복하게 한 적이 있었어<br>We had made you happy | | | |
| 부정문 |  | 당신은 나를 행복하게 한 적이 없었어요<br>You | hadn't made | me | happy |
|  |  | 우리는 너를 행복하게 한 적이 없었어<br>We hadn't made you happy | | | |
| 긍정 의문문 |  | 당신은 나를 행복하게 한 적이 있었나요?<br>Had   you | made | me | happy? |
|  |  | 우리가 너를 행복하게 한 적이 있었니?<br>Had we made you happy? | | | |
| 부정 의문문 |  | 당신은 나를 행복하게 한 적이 있었지 않나요?<br>Hadn't  you | made | me | happy? |
|  |  | 우리가 너를 행복하게 한 적이 있었지 않니?<br>Hadn't we made you happy? | | | |
| 대답 | 긍정 | 네, 그런 적이 있었어요<br>Yes,  I | had | | |
|  |  | 네, 우리가 그런 적이 있었어요   Yes, we had | | | |
|  | 부정 | 아니요, 그런 적이 없었어요<br>No,  I | hadn't | | |
|  |  | 아니요, 우리는 그런 적이 없었어요   No, we hadn't | | | |

- he, she, my friend, Jane (3인칭 단수)를 주어로 하는 의문문

| | | (의문사) + 주어 | 동사 | 목적어 1 | 목적보어 |
|---|---|---|---|---|---|
| 평서문 | | 그는 너를 행복하게 한 적이 있었어<br>**He** | **had made** | **you** | **happy** |
| | | Jane이 너를 행복하게 한 적이 있었어 | Jane had made you happy | | |
| | | 내 친구가 너를 행복하게 한 적이 있었어 | My friend had made you happy | | |
| 부정문 | | 그녀는 너를 행복하게 한 적이 없었어<br>**She** | **hadn't made** | **you** | **happy** |
| | | Jane은 너를 행복하게 한 적이 없었어 | Jane hadn't made you happy | | |
| | | 내 친구는 너를 행복하게 한 적이 없었어 | My friend hadn't made you happy | | |
| 긍정<br>의문문 | | 그분이 당신을 행복하게 한 적이 있나요?<br>**Had** | **he** | **made** | **you** | **happy?** |
| | | Jane이 당신을 행복하게 한 적이 있었나요? | Had Jane made you happy? | | |
| 부정<br>의문문 | | 그녀가 너를 행복하게 한 적이 없었니?<br>**Hadn't she** | **made** | **you** | **happy?** |
| | | Jane은 너를 행복하게 한 적이 없었니? | Hadn't Jane made you happy? | | |
| 대답 | 긍정 | 네, 그는 그런 적이 있었어요<br>**Yes,** | **he** | **had** | | |
| | | 응, Jane은 그런 적이 있었어 | Yes, she had | | |
| | | 응, 내 친구는 그런 적이 있었어 | Yes, she(my friend) had | | |
| | 부정 | 아니요, 그녀는 그런 적이 없었어요<br>**No,** | **she** | **had not** | | |
| | | 아니 Jane은 그런 적이 없었어요 | No, she hadn't | | |
| | | 아니, 내 친구는 그런 적이 없었어요 | No, she(my friend) hadn't | | |

- 영작 연습
    1. 내가 한 때 널 행복하게 해 준 적이 있었니?
    2. 그녀가 한 때 널 행복하게 하지 않았었니?
    3. 당신이 그 남자를 울리게 한 적이 있었나요?
    4. 넌 네 여동생을 행복하게 한 적이 없었니?
    5. 그 남자가 아내를 행복하게 한 적이 있었나요?
    6. 그녀가 남편을 한 때 울린 적이 있었나요?
    7. 우리가 아이들을 한 때 행복하게 한 적이 있었나요?
    8. 우리가 선생님을 행복하게 한 적이 없었나요?
    9. 그들이 영어선생님을 한 때 울게 한 적이 있었니?
    10. 네 친구들이 널 한 때 울린 적이 없었니?

## 1.5.7 미래형 (Pattern #5 – yes, no 의 답을 원하는 의문문)

● I (나 – 1인칭 단수)를 주어로 하는 의문문

| | | (의문사) + 주어 | 동사 | 목적어 1 | 목적보어 |
|---|---|---|---|---|---|
| 평서문 | | 난 널 행복하게 할 거야 | | | |
| | | *I* | *will make* | *you* | *happy* |
| 부정문 | | 난 널 행복하게 하지 않을 거야 | | | |
| | | *I* | *won't make* | *you* | *happy* |
| 긍정 의문문 | | 내가 널 행복하게 해 줄까? | | | |
| | | *Will   I* | *make* | *you* | *happy?* |
| 부정 의문문 | | 내가 널 행복하게 하지 않을까? | | | |
| | | *Won't I* | *make* | *you* | *happy?* |
| 대답 | 긍정 | 응, 넌 그럴 거야 | | | |
| | | *Yes, you* | | *will* | |
| | 부정 | 아니, 넌 그러지 않을 거야 | | | |
| | | *No, you* | | *won't* | |

● You (1,3인칭복수, 2인칭)를 주어로 하는 의문문

| | | (의문사) + 주어 | 동사 | 목적어 1 | 목적보어 |
|---|---|---|---|---|---|
| 평서문 | | 당신은 나를 행복하게 할 거에요 | | | |
| | | *You* | *will make* | *me* | *happy* |
| | | 우리가 너를 행복하게 할 거야 *We   will make you happy* | | | |
| 부정문 | | 당신은 나를 행복하게 하지 않을 거에요 | | | |
| | | *You* | *won't make* | *me* | *happy* |
| | | 우리는 너를 행복하게 하지 않을 거야 | | | |
| | | *We won't make you happy* | | | |
| 긍정 의문문 | | 당신은 나를 행복하게 할 건가요? | | | |
| | | *Will   you* | *make* | *me* | *happy?* |
| | | 우리가 너를 행복하게 할까? *Will we make you happy?* | | | |
| 부정 의문문 | | 당신이 나를 행복하게 하지 않을 건가요? | | | |
| | | *Won't   you* | *make* | *me* | *happy?* |
| | | 우리가 너를 행복하게 만들지 않겠니? | | | |
| | | *Won't we make you happy?* | | | |
| 대답 | 긍정 | 네, 난 그럴 거에요 | | | |
| | | *Yes,   I* | | *will* | |
| | | 네, 우리가 그럴 거에요 *Yes, we   will* | | | |
| | 부정 | 아니요, 그렇지 않을 거에요 | | | |
| | | *No,   I* | | *won't* | |
| | | 아니요, 우리는 그렇지 않을 거에요 *No, we won't* | | | |

● he, she, my friend, Jane (3인칭 단수)를 주어로 하는 의문문

| | | (의문사) + 주어 | 동사 | 목적어 1 | 목적보어 |
|---|---|---|---|---|---|
| 평서문 | | 그는 너를 행복하게 할 거에요<br>**He**        **will make**        **you**        **happy** | | | |
| | | Jane이 너를 행복하게 할 거야    *Jane will make you happy* | | | |
| | | 내 친구가 너를 행복하게 할 거야    *My friend will make you happy* | | | |
| 부정문 | | 그녀는 너를 행복하게 하지 않을 거야<br>**She**        **won't make**        **you**        **happy** | | | |
| | | Jane은 너를 행복하게 하지 않을 거야    *Jane won't make you happy* | | | |
| | | 내 친구는 너를 행복하게 하지 않을 거야 *My friend won't make you happy* | | | |
| 긍정<br>의문문 | | 그분(남자)이 당신을 행복하게 할 건가요?<br>**Will**        **he**        **make**        **you**        **happy?** | | | |
| | | Jane이 당신을 행복하게 할 건가요?    *Will Jane make you happy?* | | | |
| | | 네 친구가 너를 행복하게 하겠니?    *Will your friend make you happy?* | | | |
| 부정<br>의문문 | | 그녀가 너를 행복하게 하지 않겠니?<br>**Won't she**        **make**        **you**        **happy?** | | | |
| | | Jane은 너를 행복하게 하지 않겠니?    *Won't Jane make you happy?* | | | |
| | | 네 친구가 널 행복하게 하지 않겠니? *Won't your friend make you happy?* | | | |
| 대<br>답 | 긍정 | 네, 그는 그럴 거에요<br>**Yes,**        **he**        **will** | | | |
| | | 응, Jane은 그럴 거야        *Yes, she    will* | | | |
| | | 응, 내 친구는 그럴 거야    *Yes, she( my friend) will* | | | |
| | 부정 | 아니요, 그녀는 그렇지 않을 거에요<br>**No,**        **she**        **will not** | | | |
| | | 아니 Jane은 그럴 거야        *No, she        will not* | | | |
| | | 아니, 내 친구는 그렇지 않을 거야 *No, she(my friend)    will not* | | | |

● 영작 연습

1. 당신이 나를 행복하게 할까요?
2. 당신이 날 행복하게 해주지 않을까요?
3. 당신이 그 남자를 울릴까요?
4. 넌 네 여동생을 행복하게 해주지 않을까?
5. 그 남자가 아내를 행복하게 해 줄까요?
6. 그녀가 남편을 울리지 않을까요?
7. 우리가 아이들을 행복하게 할까요?
8. 우리가 선생님을 울게 하지 않을까요?
9. 그들이 영어선생님을 울릴까요?
10. 네 친구들이 널 울리지 않을까?

## 1.5.8 미래진행형 (Pattern #5 – yes, no의 답을 원하는 의문문)

● I (나 – 1인칭 단수)를 주어로 하는 의문문

| | (의문사) + 주어 | 동사 | 목적어 1 | 목적보어 |
|---|---|---|---|---|
| 평서문 | 난 널 정말 행복하게 할 거야<br>I | will be making | you | happy |
| 부정문 | 난 널 정말 행복하게 하지 않을 거야<br>I | won't be making | you | happy |
| 긍정 의문문 | 내가 널 정말 행복하게 만들지 않을까?<br>Will I | be making | you | happy? |
| 부정 의문문 | 내가 널 정말 행복하게 만들지 않겠니?<br>Won't I | be making | you | happy? |
| 대답 긍정 | 응, 넌 그럴 거야<br>Yes, you | will | | |
| 대답 부정 | 아니, 넌 그러지 않을 거야<br>No, you | won't | | |

● You (1,3인칭복수, 2인칭)를 주어로 하는 의문문

| | (의문사) + 주어 | 동사 | 목적어 1 | 목적보어 |
|---|---|---|---|---|
| 평서문 | 당신은 나를 정말 행복하게 할 거에요<br>You | will be making | me | happy |
| | 우리가 너를 정말 행복하게 할 거야 We will be making you happy | | | |
| 부정문 | 당신은 나를 정말 행복하게 하지 않을 거에요<br>You | won't be making | me | happy |
| | 우리는 너를 정말 행복하게 하지 않을 거야<br>We won't be making you happy | | | |
| 긍정 의문문 | 당신이 나를 정말 행복하게 할 건가요?<br>Will you | be making | me | happy? |
| | 우리가 너를 정말 행복하게 하게 될까? Will we be making you happy? | | | |
| 부정 의문문 | 당신이 나를 정말 행복하게 하지 않을 건가요?<br>Won't you | be making | me | happy? |
| | 우리가 너를 정말 행복하게 만들지 않겠니?<br>Won't we be making you happy? | | | |
| 대답 긍정 | 네, 난 그럴 거에요<br>Yes, I | will | | |
| | 네, 우리가 그럴 거에요 Yes, we will | | | |
| 대답 부정 | 아니요, 그렇지 않을 거에요<br>No, I | won't | | |
| | 아니요, 우리는 그렇지 않을 거에요 No, we won't | | | |

- he, she, my friend, Jane (3인칭 단수)를 주어로 하는 의문문

|  |  | (의문사) + 주어 | 동사 | 목적어 1 | 목적보어 |
|---|---|---|---|---|---|
| 평서문 | | 그는 너를 정말 행복하게 할 거야<br>**He** | **will be making** | **you** | **happy** |
| | | Jane이 너를 정말 행복하게 할 거야  *Jane  will be making you happy* | | | |
| | | 내 친구가 너를 정말 행복하게 할 거야 *My friend will be making you happy* | | | |
| 부정문 | | 그녀는 너를 정말 행복하게 하지 않을 거야<br>**She** | **won't be making** | **you** | **happy** |
| | | Jane은 널 정말 행복하게 하지 않을 거야 *Jane won't be making you happy* | | | |
| 긍정<br>의문문 | | 그분이 당신을 정말 행복하게 할까요?<br>**Will   he** | **be making** | **you** | **happy?** |
| | | Jane이 당신을 정말 행복하게 할까요? *Will Jane be making you  happy?* | | | |
| 부정<br>의문문 | | 그녀가 너를 정말 행복하게 하지 않겠니?<br>**Won't   she** | **be making** | **you** | **happy?** |
| | | Jane은 널 정말 행복하게 하지 않겠니? *Won't Jane be making you happy?* | | | |
| 대<br>답 | 긍정 | 네, 그는 그럴 거에요<br>**Yes,   he** | | | **will** |
| | | 응, Jane은 그럴 거야       *Yes, she       will* | | | |
| | | 응, 내 친구는 그럴 거야   *Yes, she( my friend)   will* | | | |
| | 부정 | 아니요, 그녀는 그렇지 않을 거에요<br>**No,   she** | | | **will not** |
| | | 아니 Jane은 그럴 거야         *No, she           will not* | | | |
| | | 아니, 내 친구는 그렇지 않을 거야 *No, she(my friend)  will not* | | | |

- 영작 연습
    1. 네가 날 정말 행복하게 할까?
    2. 네가 날 정말 행복하게 해주지 않을까?
    3. 당신이 그 남자를 정말로 울게 만들 건가요?
    4. 넌 그를 정말로 행복하게 해주지 않을까?
    5. 그 남자가 아내를 확실히 행복하게 해줄까요?
    6. 그녀가 남편을 정말 울리지 않을까요?
    7. 우리가 아이들을 정말 행복하게 해 줄까요?
    8. 우리가 선생님을 정말로 울게 하지 않을까요?
    9. 그들이 선생님을 정말로 울게 할까요?
    10. 네 친구들이 정말 널 울리지 않겠니?

# Chapter 2. 내용을 묻는 의문문

## 2.1 What 의문문
### 2.1.1 What 의문문 현재형

● I (나 – 1인칭 단수)를 주어로 하는 의문문

|            | 의문사 + 조동사 + 주어 | 동사 | 보어 or 목적어 | 목적어 or 목적보어 |
|------------|---------------------|------|--------------|------------------|
| Pattern #2 | 나는 학생입니다<br>**I**<br>나는 뭘 하는 사람인가요?<br>**What** | **am**<br><br>**am** | **a student**<br><br>**I?** | |
| Pattern #3 | 난 책 읽는 것이 좋아<br>**I**<br>난 무엇을 좋아하지요?<br>**What do I** | **like**<br><br>**like?** | **reading books** | |
| Pattern #4 | 내가 너한테 책을 준다<br>**I**<br>내가 너에게 뭘 줄까?<br>**What do I** | **give**<br><br>**give** | **you**<br><br>**you?** | **a book** |

● You (1,3인칭복수, 2인칭)를 주어로 하는 의문문

|            | 의문사 + 조동사 + 주어 | 동사 | 보어 or 목적어 | 목적어 or 목적보어 |
|------------|---------------------|------|--------------|------------------|
| Pattern #2 | 당신은 학생입니다<br>**You**<br>당신은 뭘 하는 사람인가요?<br>**What**<br>우리는 학생입니다<br>**We**<br>우리는 뭘 하는 사람인가요?<br>**What**<br>그들은 학생입니다<br>**They**<br>그들은 뭘 하는 사람인가요?<br>**What** | **are**<br><br>**are**<br><br>**are**<br><br>**are**<br><br>**are**<br><br>**are** | **a student**<br><br>**you?**<br><br>**students**<br><br>**we?**<br><br>**students**<br><br>**they?** | |
| Pattern #3 | 넌 책 읽는 것을 좋아해<br>**You**<br>넌 무엇을 좋아하지?<br>**What do you**<br>우리는 책 읽는 것을 좋아해<br>**We**<br>우리는 뭘 좋아하지?<br>**What do we** | **like**<br><br>**like?**<br><br>**like**<br><br>**like?** | **reading books**<br><br><br><br>**reading books** | |

| | | | | |
|---|---|---|---|---|
| | 그들은 책 읽는 것을 좋아해<br>**They**      **like**      **reading books**<br>그들은 뭘 좋아하지?<br>**What do they**      **like?** | | | |
| Pattern #4 | 네가 나에게 책을 준다<br>**You**      **give**      **me**      **a book**<br>네가 나에게 뭘 주지?<br>**What do you**      **give**      **me?** | | | |
| | 우리가 너에게 책을 준다<br>**We**      **give**      **you**      **a book**<br>우리가 너에게 뭘 주지?<br>**What do we**      **give**      **you?** | | | |
| | 그들이 너에게 책을 준다<br>**They**      **give**      **you**      **a book**<br>그들이 너에게 무엇을 주지?<br>**What do they**      **give**      **you?** | | | |

● he, she, Jane (3인칭 단수)를 주어로 하는 의문문

| | 의문사 + 조동사<br>+ 주어 | 동사 | 보어 or<br>목적어 | 목적어 or<br>목적보어 |
|---|---|---|---|---|
| Pattern #2 | 그는 학생입니다<br>**He**      **is**      **a student**<br>그는 뭘 하는 사람인가요?<br>**What**      **is**      **he**<br>Jane은 학생입니다<br>**Jane**      **is**      **a student**<br>Jane은 뭘 하는 사람인가요?<br>**What**      **is**      **Jane?** | | | |
| Pattern #3 | 그녀는 책 읽는 것을 좋아해<br>**She**      **likes**      **reading books**<br>그녀는 무엇을 좋아하지요?<br>**What does she**      **like?**<br>Jane은 책 읽는 것을 좋아해<br>**Jane**      **likes**      **reading books**<br>Jane은 뭘 좋아하지?<br>**What does Jane**      **like?** | | | |
| Pattern #4 | 그가 그녀에게 책을 준다<br>**He**      **gives**      **her**      **a book?**<br>그가 그녀에게 뭘 주지?<br>**What does he**      **give**      **her?**<br>Jane이 나에게 책을 준다<br>**Jane**      **gives**      **me**      **a book**<br>Jane이 나에게 뭘 주지?<br>**What does Jane**      **give**      **me?** | | | |

● What을 주어로 하는 의문문

| | |
|---|---|
| Pattern #2 | 이 것은 책 입니다<br>***This         is         a book***<br>이 것은 무엇이지요?<br>***What         is         this?*** |
| Pattern #3 | 뱀은 개구리를 먹습니다<br>***The snake         eats         the frog***<br>무엇이 개구리를 먹나요?<br>***What         eats         the frog?*** |
| Pattern #5 | 슬픈 영화가 그 여자를 울려요<br>***The sad movie         makes         her         cry***<br>무엇이 그녀를 울게 하나요?<br>***What         makes         her         cry?*** |
| 그 밖의<br>What<br>의문문 | 몇 시에요?<br>***What time is it?***<br><br>이름이 뭔가요?<br>***What is your name?***<br><br>오늘이 무슨 요일인가요?<br>***What day is today?***<br><br>어떤 종류의 책을 좋아하나요?<br>***What kind of book do you like?***<br><br>이 색깔은 무슨 색깔인가요?<br>***What color is this?***<br><br>무슨 일이에요?<br>***What happen?***<br><br>그 동안 어떻게 지냈니?<br>***What have you been up to you?*** |

● 영작 연습
1. 당신은 어떤 일을 하시나요?
2. 그녀는 무엇을 좋아하지요?
3. 네가 나에게 무엇을 주니?
4. 넌 무엇을 좋아하니?
5. 그녀는 어떤 음악을 좋아하나요?
6. 그 남자가 그 여자에게 무엇을 주나요?
7. 이것은 무엇인가요?
8. 무슨 영화가 그 학생을 슬프게 하나요?
9. 네 친구 이름이 뭐니?
10. 저 필통 색깔이 뭔가요?

## 2.1.2 What 의문문 현재진행형

● I (나 - 1인칭 단수)를 주어로 하는 의문문

|  | 의문사 + 조동사 + 주어 | 동사 | 보어 or 목적어 | 목적어 or 목적보어 |
|---|---|---|---|---|
| Pattern #2 | 나는 의사가 되려고 해요<br>*I*<br>나는 무엇이 되려고 할까요?<br>***What*** | *am being*<br>*am* | *a doctor*<br>*I being?* | |
| Pattern #3 | 난 책 읽는 것을 생각하고 있어<br>*I*<br>내가 생각하고 있는 것은 무엇일까요?<br>***What am I*** | *am thinking*<br>*thinking?* | *reading books* | |
| Pattern #4 | 내가 너한테 책을 주고 있어<br>*I*<br>내가 너에게 주고 있는 것은 뭘까?<br>***What am I*** | *am giving*<br>*giving* | *you*<br>*you?* | *a book* |

● You (1,3인칭복수, 2인칭)를 주어로 하는 의문문

|  | 의문사 + 조동사 + 주어 | 동사 | 보어 or 목적어 | 목적어 or 목적보어 |
|---|---|---|---|---|
| Pattern #2 | 당신은 의사가 되려고 합니다<br>*You*<br>당신은 뭘 하는 사람이 되려고 하나요?<br>***What***<br>우리는 의사가 되려고 해요<br>*We*<br>우리는 어떤 사람이 되려고 하나요?<br>***What***<br>그들은 의사가 되려고 해요<br>*They*<br>그들은 어떤 사람이 되려고 하나요?<br>***What*** | *are being*<br>*are*<br>*are being*<br>*are*<br>*are being*<br>*are* | *a doctor*<br>*you being?*<br>*doctors*<br>*we being?*<br>*doctors*<br>*they being?* | |
| Pattern #3 | 넌 책 읽는 것을 생각하고 있어<br>*You*<br>넌 무엇을 생각하고 있니?<br>***What are you***<br>우리는 책 읽는 것을 생각하고 있어<br>*We*<br>우리는 뭘 생각하고 있지?<br>***What are we***<br>그들은 책 읽는 것을 생각하고 있어<br>*They*<br>그들은 뭘 생각하고 있니?<br>***What are they*** | *are thinking*<br>*thinking?*<br>*are thinking*<br>*thinking?*<br>*are thinking*<br>*thinking?* | *reading books*<br>*reading books*<br>*reading books* | |

| | | | | |
|---|---|---|---|---|
| Pattern #4 | 네가 나에게 책을 주고 있어<br>**You** are giving me a book<br>네가 나에게 뭘 주고 있니?<br>**What are you** giving me? | | | |
| | 우리가 너에게 책을 주고 있어<br>**We** are giving you a book<br>우리가 너에게 뭘 주고 있지?<br>**What are we** giving you? | | | |
| | 그들이 너에게 책을 주고 있단다<br>**They** are giving you a book<br>그들이 너에게 무엇을 주고 있지?<br>**What are they** giving you? | | | |

● he, she, Jane (3인칭 단수)를 주어로 하는 의문문

| | 의문사 + 조동사<br>+ 주어 | 동사 | 보어 or<br>목적어 | 목적어 or<br>목적보어 |
|---|---|---|---|---|
| Pattern #2 | 그는 의사가 되려고 해요<br>**He**<br>그는 무엇이 되려고 할까요?<br>**What** | is being<br>is | a doctor<br>he being? | |
| | Jane은 의사가 되려고 해요<br>**Jane**<br>Jane은 무엇이 되려고 할까요?<br>**What** | is being<br>is | a doctor<br>Jane being? | |
| Pattern #3 | 그녀는 책 읽는 것을 생각하고 있어요<br>**She**<br>그녀는 무엇을 생각하고 있나요?<br>**What is she** | is thinking<br>thinking? | reading a book | |
| | Jane은 책 읽는 것을 생각하고 있어요<br>**Jane**<br>Jane은 뭘 생각하고 있나요?<br>**What is Jane** | is thinking<br>thinking? | reading a book | |
| Pattern #4 | 그가 그녀에게 책을 주고 있어요<br>**He**<br>그가 그녀에게 뭘 주고 있지?<br>**What is he** | is giving<br>giving | her<br>her? | a book |
| | Jane이 나에게 책을 주고 있어요<br>**Jane**<br>Jane이 나에게 뭘 주고 있나요?<br>**What is Jane** | is giving<br>giving | me<br>me? | a book |

● What을 주어로 하는 의문문

| | | | | |
|---|---|---|---|---|
| Pattern #2 | 이 것은 책 입니다<br>**This** | **is** | **a book** | |
| | 이 것은 무엇이지요?<br>**What** | **is** | **this?** | |
| Pattern #3 | 뱀은 개구리를 먹고 있는 중이에요<br>**The snake** | **is eating** | **the frog** | |
| | 무엇이 개구리를 먹고 있나요?<br>**What** | **is eating** | **the frog?** | |
| Pattern #5 | 슬픈 영화가 그 여자를 울리고 있어요<br>**The sad movie** | **is making** | **her** | **cry** |
| | 무엇이 그녀를 울게 하고 있나요?<br>**What** | **is making** | **her** | **cry?** |

● 영작 연습
1. 너 지금 뭘 보고 있니?
2. 네가 지금 내 남동생에게 주고 있는 것은 뭐니?
3. 당신은 저에게 무엇을 보여주고 있지요?
4. 넌 무엇을 찾는 중이니?
5. 그녀는 무엇을 보고 있나요?
6. 그 남자가 그 여자에게 무엇을 주고 있나요?
7. 개구리가 먹고 있는 것은 무엇인가요?
8. 무슨 영화가 그 여자를 울리고 있나요?
9. 첫 번째 공연은 몇 시에 시작하나요?
10. Tom이 쓰고 있는 것은 무엇인가요?


## 2.1.3 What 의문문 과거형

● I (나 – 1인칭 단수)를 주어로 하는 의문문

| | 의문사 + 조동사<br>+ 주어 | 동사 | 보어 or<br>목적어 | 목적어 or<br>목적보어 |
|---|---|---|---|---|
| Pattern #2 | 나는 학생이었습니다<br>***I*** | **was** | **a student** | |
| | 나는 뭘 하는 사람이었나요?<br>**What** | **was** | **I?** | |
| Pattern #3 | 난 책 읽는 것이 좋았어요<br>***I*** | **liked** | **reading books** | |
| | 난 무엇을 좋아했었나요?<br>**What did I** | **like?** | | |

| Pattern | | 의문사 + 조동사 + 주어 | 동사 | 보어 or 목적어 | 목적어 or 목적보어 |
|---|---|---|---|---|---|
| Pattern #4 | 내가 너한테 책을 주었어요 | *I* | *gave* | *you* | *a book* |
| | 내가 너에게 뭘 주었을까? | | | | |
| | | *What did I* | *give* | *you?* | |

● You (1,3인칭복수, 2인칭)를 주어로 하는 의문문

| | | 의문사 + 조동사 + 주어 | 동사 | 보어 or 목적어 | 목적어 or 목적보어 |
|---|---|---|---|---|---|
| Pattern #2 | 당신은 학생이었습니다 | *You* | *were* | *a student* | |
| | 당신은 뭘 하는 사람이었나요? | *What* | *were* | *you?* | |
| | 우리는 학생이었습니다 | *We* | *were* | *students* | |
| | 우리는 뭘 하는 사람이었나요? | *What* | *were* | *we?* | |
| | 그들은 학생이었습니다 | *They* | *were* | *students* | |
| | 그들은 뭘 하는 사람이었나요? | *What* | *were* | *they?* | |
| Pattern #3 | 넌 책 읽는 것을 좋아했어 | *You* | *liked* | *reading books* | |
| | 넌 무엇을 좋아했지? | *What did you* | *like?* | | |
| | 우리는 책 읽는 것을 좋아했어 | *We* | *liked* | *reading books* | |
| | 우리는 뭘 좋아했지? | *What did we* | *like?* | | |
| | 그들은 책 읽는 것을 좋아했어 | *They* | *liked* | *reading books* | |
| | 그들은 뭘 좋아했지? | *What did they* | *like?* | | |
| Pattern #4 | 네가 나에게 책을 주었어 | *You* | *gave* | *me* | *a book* |
| | 네가 나에게 뭘 주었지? | *What did you* | *give* | *me?* | |
| | 우리가 너에게 책을 주었어 | *We* | *gave* | *you* | *a book* |
| | 우리가 너에게 뭘 주었지? | *What did we* | *give* | *you?* | |
| | 그들이 너에게 책을 주었어 | *They* | *gave* | *you* | *a book* |
| | 그들이 너에게 무엇을 주었지? | *What did they* | *give* | *you?* | |

● he, she, Jane (3인칭 단수)를 주어로 하는 의문문

| | 의문사 + 조동사 + 주어 | 동사 | 보어 or 목적어 | 목적어 or 목적보어 |
|---|---|---|---|---|
| Pattern #2 | 그는 학생이었습니다<br>**He**<br>그는 뭘 하는 사람이었나요?<br>**What**<br>Jane은 학생이었습니다<br>**Jane**<br>Jane은 뭘 하는 사람이었나요?<br>**What** | **was**<br><br>**was**<br><br>**was**<br><br>**was** | *a student*<br><br>*he*<br><br>*a student*<br><br>*Jane?* | |
| Pattern #3 | 그녀는 책 읽는 것을 좋아했어요<br>**She**<br>그녀는 무엇을 좋아했나요?<br>**What did she**<br>Jane은 책 읽는 것을 좋아했어요<br>**Jane**<br>Jane은 뭘 좋아했지?<br>**What did Jane** | **liked**<br><br>**like?**<br><br>**liked**<br><br>**like?** | *reading books*<br><br><br><br>*reading books* | |
| Pattern #4 | 그가 그녀에게 책을 주었어요<br>**He**<br>그가 그녀에게 뭘 주었지?<br>**What did he**<br>Jane이 나에게 책을 주었어요<br>**Jane**<br>Jane이 나에게 뭘 주었지?<br>**What did Jane** | **gave**<br><br>**give**<br><br>**gave**<br><br>**give** | *her*<br><br>*her?*<br><br>*me*<br><br>*me?* | *a book?*<br><br><br><br>*a book* |

● What을 주어로 하는 의문문

| | | | | |
|---|---|---|---|---|
| Pattern #2 | 이 것은 책 이었습니다<br>**This**<br>이 것은 무엇이었지요?<br>**What** | **was**<br><br>**was** | *a book*<br><br>*this?* | |
| Pattern #3 | 뱀은 개구리를 먹었습니다<br>**The snake**<br>무엇이 개구리를 먹었나요?<br>**What** | **ate**<br><br>**ate** | *the frog*<br><br>*the frog?* | |
| Pattern #5 | 슬픈 영화가 그 여자를 울렸어요<br>**The sad movie**<br>무엇이 그녀를 울게 했나요?<br>**What** | **made**<br><br>**made** | *her*<br><br>*her* | *cry*<br><br>*cry?* |
| 그 밖의 What 의문문 | 몇 시였나요?<br>**What time was it?**<br>이름이 무엇이었나요?<br>**What was your name?** | | | |

| 어제가 무슨 요일이었나요?
***What day was yesterday?***

어떤 종류의 책을 좋아했나요?
***What kind of book did you like?***

이 색깔은 무슨 색깔이었나요?
***What color was this?***

무슨 일이었어요?
***What happened?***

내게 어떤 직업이 가장 좋았을까요?
***What job was the best for me?***

● 영작 연습
1. 당신은 어떤 일을 했었나요?
2. 그녀는 무엇을 좋아했지요?
3. 네가 나에게 준 게 뭐니?
4. 넌 무엇을 좋아했니?
5. 그녀는 어떤 음악을 좋아했나요?
6. 그 남자가 너에게 무엇을 주었지요?
7. 이 것은 무엇이었나요?
8. 무슨 영화가 그 학생을 슬프게 했나요?
9. 당신의 별명이 뭐였나요?
10. 저 필통이 무슨 색이었나요?

## 2.1.4 What 의문문 과거진행형

● I (나 – 1인칭 단수)를 주어로 하는 의문문

|  | 의문사 + 조동사 + 주어 | 동사 | 보어 or 목적어 | 목적어 or 목적보어 |
|---|---|---|---|---|
| Pattern #2 | 나는 의사가 되려고 했어요<br>***I***<br>나는 무엇이 되려고 했을까요?<br>***What*** | ***was being***<br><br>***was*** | ***a doctor***<br><br>***I being?*** | |
| Pattern #3 | 난 책 읽는 것을 생각하고 있었어<br>***I***<br>내가 생각하고 있는 것은 무엇이었을까요?<br>***What was I*** | ***was thinking***<br><br>***thinking?*** | ***reading books*** | |
| Pattern #4 | 내가 너한테 책을 주고 있었어<br>***I***<br>내가 너에게 주고 있는 것은 무엇이었을까?<br>***What was I*** | ***was giving***<br><br>***giving*** | ***you***<br><br>***you?*** | ***books*** |

● You (1,3인칭복수, 2인칭)를 주어로 하는 의문문

| | 의문사 + 조동사 + 주어 | 동사 | 보어 or 목적어 | 목적어 or 목적보어 |
|---|---|---|---|---|
| Pattern #2 | 당신은 의사가 되려고 했어요<br>**You**<br>당신은 뭘 하는 사람이 되려고 했었나요?<br>**What** | **were being**<br>**were** | **a doctor**<br>**you being?** | |
| | 우리는 의사가 되려고 했어요<br>**We**<br>우리는 어떤 사람이 되려고 했었나요?<br>**What** | **were being**<br>**were** | **doctors**<br>**we being?** | |
| | 그들은 의사가 되려고 했어요<br>**They**<br>그들은 어떤 사람이 되려고 했었나요?<br>**What** | **were being**<br>**were** | **doctors**<br>**they being?** | |
| Pattern #3 | 넌 책 읽는 것을 생각하고 있었어<br>**You**<br>넌 무엇을 생각하고 있었니?<br>**What were you** | **were thinking**<br>**thinking?** | **reading books** | |
| | 우리는 책 읽는 것을 생각하고 있었어<br>**We**<br>우리는 뭘 생각하고 있었지?<br>**What were we** | **were thinking**<br>**thinking?** | **reading books** | |
| | 그들은 책 읽는 것을 생각하고 있었어<br>**They**<br>그들은 뭘 생각하고 있었니?<br>**What were they** | **were thinking**<br>**thinking?** | **reading books** | |
| Pattern #4 | 네가 나에게 책을 주고 있었어<br>**You**<br>네가 나에게 뭘 주고 있었니?<br>**What were you** | **were giving**<br>**giving** | **me**<br>**me?** | **a book** |
| | 우리가 너에게 책을 주고 있었어<br>**We**<br>우리가 너에게 뭘 주고 있었지?<br>**What were we** | **were giving**<br>**giving** | **you**<br>**you?** | **books** |
| | 그들이 너에게 책을 주고 있었단다<br>**They**<br>그들이 너에게 무엇을 주고 있었지?<br>**What were they** | **were giving**<br>**giving** | **you**<br>**you?** | **books** |

● he, she, Jane (3인칭 단수)를 주어로 하는 의문문

|  | 의문사 + 조동사 + 주어 | 동사 | 보어 or 목적어 | 목적어 or 목적보어 |
|---|---|---|---|---|
| Pattern #2 | 그는 의사가 되려고 했어요<br>**He**<br>그는 무엇이 되려고 했을까요?<br>**What**<br>Jane은 의사가 되려고 했어요<br>**Jane**<br>Jane은 무엇이 되려고 했을까요?<br>**What** | **was being**<br><br>**was**<br><br>**was being**<br><br>**was** | *a doctor*<br><br>*he being?*<br><br>*a doctor*<br><br>*Jane being?* |  |
| Pattern #3 | 그녀는 책 읽는 것을 생각하고 있었어요<br>**She**<br>그녀는 무엇을 생각하고 있었나요?<br>**What was she**<br>Jane은 책 읽는 것을 생각하고 있었어요<br>**Jane**<br>Jane은 뭘 생각하고 있었나요?<br>**What was Jane** | **was thinking**<br><br>**thinking?**<br><br>**was thinking**<br><br>**thinking?** | *reading books*<br><br><br><br>*reading books* |  |
| Pattern #4 | 그가 그녀에게 책을 주고 있었어요<br>**He**<br>그가 그녀에게 뭘 주고 있었지?<br>**What was he**<br>Jane이 나에게 책을 주고 있었어요<br>**Jane**<br>Jane이 나에게 뭘 주고 있었나요?<br>**What was Jane** | **was giving**<br><br>**giving**<br><br>**was giving**<br><br>**giving** | *her*<br><br>*her?*<br><br>*me*<br><br>*me?* | *books*<br><br><br><br>*books* |

● What을 주어로 하는 의문문

|  |  |  |  |  |
|---|---|---|---|---|
| Pattern #2 | 이 것은 책 이었습니다<br>**This**<br>이 것은 무엇이지요?<br>**What** | **was**<br><br>**was** | *a book*<br><br>*this?* |  |
| Pattern #3 | 뱀은 개구리를 먹고 있는 중이었어요<br>**The snake**<br>무엇이 개구리를 먹고 있었나요?<br>**What** | **was eating**<br><br>**was eating** | *the frog*<br><br>*the frog?* |  |
| Pattern #5 | 슬픈 영화가 그 여자를 울리고 있었어요<br>**The sad movie**<br>무엇이 그녀를 울게 하고 있었나요?<br>**What** | **was making**<br><br>**was making** | *her*<br><br>*her* | *cry*<br><br>*cry?* |
| 그 밖의<br>What<br>의문문 | 몇 시였어요?<br>**What time was it?**<br><br>이름이 뭐였지요?<br>**What was your name?** |  |  |  |

그날이 무슨 요일이었지요?
**What day was that day?**

어떤 종류의 책을 좋아했나요?
**What kind of book did you like?**

이 색깔은 무슨 색깔이었지요?
**What color was this?**

무슨 일이에요?
**What happen?**

내게 어떤 직업이 가장 좋을까요?
**What job is the best for me?**

- 영작 연습
  1. 넌 무엇을 보는 중이었니?
  2. 네가 내 남동생에게 뭘 주는 중이었니?
  3. 네가 나에게 무엇을 보여주고 있었니?
  4. 넌 무엇을 찾고 있었니?
  5. 그녀는 무엇을 보고 있었나요?
  6. 그 남자가 그 여자에게 무엇을 주고 있었나요?
  7. 개구리가 먹고 있는 것은 무엇이었나요?
  8. 어떤 영화가 그 여자를 울리고 있었나요?
  9. 몇 시에 첫 번째 공연이 시작했지요?
  10. Tom이 뭘 쓰고 있었지요?

## 2.1.5 What 의문문 현재완료형

- I (나 – 1인칭 단수)를 주어로 하는 의문문

| | 의문사 + 조동사 + 주어 | 동사 | 보어 or 목적어 | 목적어 or 목적보어 |
|---|---|---|---|---|
| Pattern #2 | 나는 지금까지 쭉 학생으로 있습니다 (나는 여전히 학생입니다) I | have been | a student myself | |
| | 나는 지금까지 쭉 뭘 하는 사람인가요? What have I | been? | | |
| Pattern #3 | 난 지금까지 쭉 책 읽는 것을 좋아해요 I | have liked | reading books | |
| | 내가 지금까지 쭉 좋아한 것이 무엇인가요? What have I | liked? | | |
| Pattern #4 | 내가 너한테 지금까지 쭉 책을 주고 있어 I | have given | you | books |
| | 내가 너에게 지금까지 쭉 뭘 주고 있니? What have I | given | you? | |

● You (1,3인칭복수, 2인칭)를 주어로 하는 의문문

| | 의문사 + 조동사 + 주어 | 동사 | 보어 or 목적어 | 목적어 or 목적보어 |
|---|---|---|---|---|
| Pattern #2 | 너는 지금까지 쭉 학생이야 (너는 여전히 학생이구나)<br>　　**You**　　　**have been**　　　**a student**<br>당신은 지금까지 쭉 뭘 하는 사람인가요?<br>**What have you　been?** | | | |
| | 우리는 지금까지 쭉 학생으로 있습니다 (우리는 여전히 학생입니다)<br>　　**We**　　　**have been**　　　**students**<br>우리는 지금까지 쭉 뭘 하는 사람인가요?<br>**What have we　　been?** | | | |
| | 그들은 지금까지 쭉 학생으로 있습니다 (그들은 여전히 학생입니다)<br>　　**They**　　　**have been**　　　**students**<br>그들은 지금까지 쭉 뭘 하는 사람인가요?<br>**What have they　been?** | | | |
| Pattern #3 | 넌 지금까지 쭉 책 읽는 것을 좋아하고 있구나<br>　　**You**　　　**have liked**　　　**reading books**<br>넌 지금까지 쭉 무엇을 좋아하니?<br>**What have you　　liked?** | | | |
| | 우리는 지금까지 쭉 책 읽는 것을 좋아해요<br>　　**We**　　　**have liked**　　　**reading books**<br>우리는 지금까지 쭉 뭘 좋아하지?<br>**What have we　　liked?** | | | |
| | 그들은 지금까지 쭉 책 읽는 것을 좋아해요<br>　　**They**　　　**have liked**　　　**reading books**<br>그들은 지금까지 쭉 뭘 좋아하나요?<br>**What have they　　liked?** | | | |
| Pattern #4 | 네가 나에게 지금까지 쭉 책을 주고 있어<br>　　**You**　　**have given**　　**me**　　**books**<br>네가 나에게 지금까지 쭉 뭘 주고 있니?<br>**What have you　given　　me?** | | | |
| | 우리가 너에게 지금까지 쭉 책을 주고 있어<br>　　**We**　　**have given**　　**you**　　**books**<br>우리가 너에게 지금까지 쭉 뭘 주었고 있지?<br>**What have we　given　　you?** | | | |
| | 그들이 너에게 지금까지 쭉 책을 주고 있구나<br>　　**They**　　**have given**　　**you**　　**books**<br>그들이 너에게 지금까지 쭉 무엇을 주고 있지?<br>**What have they　given　　you?** | | | |

● he, she, Jane (3인칭 단수)를 주어로 하는 의문문

| | 의문사 + 조동사 + 주어 | 동사 | 보어 or 목적어 | 목적어 or 목적보어 |
|---|---|---|---|---|
| Pattern #2 | 그는 지금까지 쭉 학생으로 있습니다 (그는 여전히 학생입니다) **He** | **has been** | **a student** | |
| | 그는 지금까지 쭉 뭘 하는 사람인가요? **What has he** | **been?** | | |
| | Jane은 지금까지 쭉 학생으로 있습니다 (Jane은 여전히 학생입니다) **Jane** | **has been** | **a student** | |
| | Jane은 지금까지 쭉 뭘 하는 사람인가요? **What has Jane** | **been?** | | |
| Pattern #3 | 그녀는 지금까지 쭉 책 읽는 것을 좋아해요 **She** | **has liked** | **reading books** | |
| | 그녀는 지금까지 쭉 무엇을 좋아하나요? **What has she** | **liked?** | | |
| | Jane은 지금까지 쭉 책 읽는 것을 좋아해요 **Jane** | **has liked** | **reading books** | |
| | Jane은 지금까지 쭉 무엇을 좋아하나요? **What has Jane** | **liked?** | | |
| Pattern #4 | 그가 그녀에게 지금까지 쭉 책을 주고 있어요 **He** | **has given** | **her** | **books?** |
| | 그가 그녀에게 지금까지 쭉 뭘 주고 있나요? **What has he** | **given** | **her?** | |
| | Jane이 나에게 지금까지 쭉 책을 주어요 **Jane** | **has given** | **me** | **books** |
| | Jane이 나에게 지금까지 쭉 뭘 주고 있지? **What has Jane** | **given** | **me?** | |

● What을 주어로 하는 의문문

| | | | | |
|---|---|---|---|---|
| Pattern #2 | 이 것은 지금까지 쭉 책입니다 **This** | **has been** | **a book** | |
| | 이 것은 이제껏 무엇인가요? **What has this** | **been?** | | |
| Pattern #3 | 뱀은 이제까지 쭉 개구리를 먹습니다 **The snake** | **has eaten** | **the frog** | |
| | 이제까지 쭉 뱀이 먹고 있는 것은 무엇인가요? **What has the snake** | **eaten?** | | |
| Pattern #5 | 슬픈 영화가 이제까지 쭉 그 여자를 울리고 있어요 **The sad movie** | **has made** | **her** | **cry** |
| | 이제까지 쭉 그 영화가 그 여자를 어떻게 하고 있나요? **What has the sad movie** | **made** | **her?** | |

● 영작 연습
  1. 당신은 지금까지 무슨 일을 하고 있습니까?
  2. 넌 지금까지 무엇을 좋아하고 있었니?
  3. 네가 지금까지 나에게 주고 있는 것은 무엇이니?
  4. 넌 지금까지 무엇을 좋아하고 있니?
  5. 그녀는 지금까지 쭉 어떤 음악을 좋아하고 있나요?
  6. 그 남자가 나에게 지금까지 주고 있는 것이 뭐죠?
  7. 이 것은 지금까지 무엇이었나요?
  8. 지금까지 뱀이 먹은 건 무엇인가요?
  9. Tom은 무슨 운동을 해오고 있니?
  10. 넌 어떤 과일을 먹어 왔지?

## 2.1.6 What 의문문 과거완료형

● I (나 – 1인칭 단수)를 주어로 하는 의문문

|  | 의문사 + 조동사 + 주어 | 동사 | 보어 or 목적어 | 목적어 or 목적보어 |
|---|---|---|---|---|
| Pattern #2 | 나는 학생이었던 적이 있어요<br>　　*I*<br>나는 뭘 했던 사람인가요?<br>***What had I*** | ***had been***<br><br>***been?*** | *a student* |  |
| Pattern #3 | 난 책 읽는 걸 좋아한 적이 있어요<br>　　*I*<br>내가 무엇을 좋아했었나요?<br>***What had I*** | ***had liked***<br><br>***liked?*** | *reading books* |  |
| Pattern #4 | 내가 너한테 책을 준 적이 있어<br>　　*I*<br>내가 너에게 무엇을 주었던 적이 있니?<br>***What had I*** | ***had given***<br><br>***given*** | *you*<br><br>*you?* | *a book* |

● You (1,3인칭복수, 2인칭)를 주어로 하는 의문문

|  | 의문사 + 조동사 + 주어 | 동사 | 보어 or 목적어 | 목적어 or 목적보어 |
|---|---|---|---|---|
| Pattern #2 | 너는 학생이었던 적이 있어<br>　　*You*<br>당신은 뭘 하는 사람이었던가요?<br>***What had you　been?***<br>우리는 학생이었던 적이 있어요<br>　　*We*<br>우리는 뭘 하는 사람이었었나요?<br>***What had we　been?*** | ***had been***<br><br><br><br>***had been*** | *a student*<br><br><br><br>*students* |  |

|  |  |
|---|---|
|  | 그들은 학생이었던 적이 있어요<br>    ***They        had been       students***<br>그들은 뭘 하는 사람이었었나요?<br>    ***What had they    been?*** |
| Pattern #3 | 넌 책 읽는 것을 좋아했던 적이 있어<br>    ***You        had liked      reading books***<br>네가 좋아했던 게 뭐니?<br>    ***What had you    liked?*** |
|  | 우리는 책 읽는 것을 좋아했던 적이 있어요<br>    ***We        had liked      reading books***<br>우리가 좋아했던 게 무엇일까?<br>    ***What had we    liked?*** |
|  | 그들은 책 읽는 것을 좋아했던 적이 있어요<br>    ***They       had liked      reading books***<br>그들은 좋아했던 게 뭔가요?<br>    ***What had they    liked?*** |
| Pattern #4 | 네가 나에게 책을 준 적이 있어<br>    ***You       had given      me      a book***<br>네가 나에게 무엇을 주었었니?<br>    ***What had you    given    me?*** |
|  | 우리가 너에게 책을 준 적이 있지<br>    ***We        had given      you      a book***<br>우리가 너에게 무엇을 주었었니?<br>    ***What had we    given    you?*** |
|  | 그들은 너에게 책을 준 적이 있어<br>    ***They       had given      you      a book***<br>그들이 너에게 무엇을 주었었니?<br>    ***What had they    given    you?*** |

● he, she, Jane (3인칭 단수)를 주어로 하는 의문문

|  | 의문사 + 조동사<br>+ 주어 | 동사 | 보어 or<br>목적어 | 목적어 or<br>목적보어 |
|---|---|---|---|---|
| Pattern #2 | 그는 학생이었던 적이 있어요<br>    ***He        had been      a student***<br>그는 뭘 했던 사람인가요?<br>    ***What had he   been?*** | | | |
|  | Jane은 학생이었던 적이 있어요<br>    ***Jane      had been      a student***<br>Jane은 뭘 했던 사람인가요?<br>    ***What had Jane   been?*** | | | |
| Pattern #3 | 그녀는 책 읽는 것을 좋아했던 적이 있어요<br>    ***She       had liked      reading books***<br>그녀는 무엇을 좋아했었나요?<br>    ***What had she    liked?*** | | | |

| | |
|---|---|
| | Jane은 책 읽는 것을 좋아했던 적이 있어요<br>    **Jane**      **had liked**      **reading books**<br>Jane은 무엇을 좋아했나요?<br>    **What had Jane    liked?** |
| Pattern #4 | 그가 그녀에게 책을 주었던 적이 있어요<br>    **He**      **had given**      **her**      **a book?**<br>그가 그녀에게 주었던 게 뭔가요?<br>    **What had he    given    her?**<br>Jane이 나에게 책을 준 적이 있어요<br>    **Jane**      **had given**      **me**      **a book**<br>Jane이 나에게 주었던 게 뭔가요?<br>    **What had Jane    given    me?** |

● What을 주어로 하는 의문문

| | |
|---|---|
| Pattern #3 | 뱀이 개구리를 먹은 적이 있어요<br>    **The snake**      **had eaten**      **the frog**<br>뱀이 먹었던 것은 무엇인가요?<br>    **What had the snake    eaten?** |
| Pattern #5 | 슬픈 영화가 그 여자를 울린 적이 있어요<br>    **The sad movie**      **had made**      **her**      **cry**<br>그 영화가 그 여자를 어떻게 했었나요?<br>    **What had the sad movie    made    her?** |

● 영작 연습

1. 당신은 한 때 뭘 하는 사람이었었나요?
2. 그가 한 때 좋아했던 것은 무엇이었나요?
3. 네가 한 때 내게 주었던 것은 뭐였었니?
4. 네가 한 때 좋아했던 건 뭐였었니?
5. 그녀는 한 때 어떤 음악을 좋아했었나요?
6. 그 남자가 한 때 내게 주었던 게 뭐였나요?
7. 이 것은 한 때 무엇이었나요?
8. 뱀이 한 때 먹었던 건 무엇이었나요?
9. Tom이 한 때 했던 운동은 무엇이었나요?
10. 네가 한 때 먹었던 과일이 뭐였니?

## 2.1.7 What 의문문 미래형

● I (나 – 1인칭 단수)를 주어로 하는 의문문

| | 의문사 + 조동사 + 주어 | 동사 | 보어 or 목적어 | 목적어 or 목적보어 |
|---|---|---|---|---|
| Pattern #2 | 나는 의사가 되려고 해요<br>    **I**<br>나는 무엇이 될까요?<br>**What will I** | **will be**<br><br>**be?** | a doctor | |
| Pattern #3 | 난 책 읽는 것을 좋아하게 될 거야<br>    **I**<br>내가 무엇을 좋아하게 될까?<br>**What will I** | **will like**<br><br>**like?** | reading books | |
| Pattern #4 | 난 네게 책을 줄 거야<br>    **I**<br>내가 너에게 뭘 주게 될까?<br>**What will I** | **will give**<br><br>**give** | you<br><br>you? | a book |

● You (1,3인칭복수, 2인칭)를 주어로 하는 의문문

| | 의문사 + 조동사 + 주어 | 동사 | 보어 or 목적어 | 목적어 or 목적보어 |
|---|---|---|---|---|
| | 당신은 의사가 될 거에요<br>    **You**<br>당신은 뭘 하는 사람이 될 건가요?<br>**What will you** | **will be**<br><br>**be?** | a doctor | |
| Pattern #2 | 우리는 의사가 될 거에요<br>    **We**<br>우리는 어떤 사람이 될까요?<br>**What will we** | **will be**<br><br>**be?** | doctors | |
| | 그들은 의사가 될 거에요<br>    **They**<br>그들은 어떤 사람이 될까요?<br>**What will they** | **will be**<br><br>**be?** | doctors | |
| | 넌 책 읽는 것을 좋아 할 거야<br>    **You**<br>넌 무엇을 좋아하게 될까?<br>**What will you** | **will like**<br><br>**like?** | reading books | |
| Pattern #3 | 우리는 책 읽는 것을 좋아할 거에요<br>    **We**<br>우리는 뭘 좋아하게 될까요?<br>**What will we** | **will like**<br><br>**like?** | reading books | |
| | 그들은 책 읽는 것을 좋아할 거에요<br>    **They**<br>그들은 뭘 좋아하게 될까요?<br>**What will they** | **will like**<br><br>**like?** | reading books | |

| | | | | |
|---|---|---|---|---|
| Pattern #4 | 네가 나에게 책을 줄 거야<br>　　　***You*** 　　　***will give*** 　　　***me*** 　　　***a book***<br>네가 나에게 뭘 주게 될까?<br>　　***What will you*** 　　***give*** 　　***me?*** | | | |
| | 우리가 너에게 책을 줄 거야<br>　　　***We*** 　　　***will give*** 　　　***you*** 　　　***a book***<br>우리가 너에게 뭘 주게 될까?<br>　　***What will we*** 　　***give*** 　　***you?*** | | | |
| | 그들이 너에게 책을 줄 거야<br>　　　***They*** 　　　***will give*** 　　　***you*** 　　　***a book***<br>그들이 너에게 무엇을 주게 될까?<br>　　***What will they*** 　　***give*** 　　***you?*** | | | |

● he, she, Jane (3인칭 단수)를 주어로 하는 의문문

| | 의문사 + 조동사<br>+ 주어 | 동사 | 보어 or<br>목적어 | 목적어 or<br>목적보어 |
|---|---|---|---|---|
| Pattern #2 | 그는 의사가 될 거에요<br>　　　***He*** 　　　***will be*** 　　　***a doctor***<br>그는 뭘 하는 사람이 될까요?<br>　　***What will he*** 　　***be?*** | | | |
| | Jane은 의사가 될 거에요<br>　　　***Jane*** 　　　***will be*** 　　　***a doctor***<br>Jane은 뭘 하는 사람이 될까요?<br>　　***What will Jane*** 　　***be?*** | | | |
| Pattern #3 | 그녀는 책 읽는 것을 좋아 할 거에요<br>　　　***She*** 　　　***will like*** 　　　***reading books***<br>그녀는 무엇을 좋아하게 될까요?<br>　　***What will she*** 　　***like?*** | | | |
| | Jane은 책 읽는 것을 좋아할 거에요<br>　　　***Jane*** 　　　***will like*** 　　　***reading books***<br>Jane은 뭘 좋아하게 될까요?<br>　　***What will Jane*** 　　***like?*** | | | |
| Pattern #4 | 그가 그녀에게 책을 줄 거에요<br>　　　***He*** 　　　***will give*** 　　　***her*** 　　　***a book***<br>그가 그녀에게 뭘 주게 될까요?<br>　　***What will he*** 　　***give*** 　　***her?*** | | | |
| | Jane이 나에게 책을 줄 거야<br>　　　***Jane*** 　　　***will give*** 　　　***me*** 　　　***a book***<br>Jane이 나에게 뭘 주게 될까요?<br>　　***What will Jane*** 　　***give*** 　　***me?*** | | | |

● What을 주어로 하는 의문문

| Pattern #2 | 이 것은 책이 될 거에요<br>**This**          **will be**          **a book**<br>이 것은 무엇이 될까요?<br>**What will**       **this**         **be?** |
|---|---|
| Pattern #3 | 뱀은 개구리를 먹을 거야<br>**The snake**     **will eat**      **the frog**<br>뱀은 무엇을 먹게 될까요?<br>**What will the snake**    **eat?** |
| Pattern #5 | 슬픈 영화가 그 여자를 울릴 거에요<br>**The sad movie**    **will make**     **her**     **cry**<br>슬픈 영화는 그 여자를 어떻게 만들까요?<br>**What will the sad movie**    **make**     **her?** |

● 영작 연습
1. 당신은 무엇이 될까요?
2. 그는 무엇을 좋아하게 될까요?
3. 넌 내게 뭘 줄거니?
4. 넌 무엇을 좋아할 거니?
5. 그녀는 어떤 음악을 좋아하게 될까요?
6. 그 남자는 내게 무엇을 주게 될까요?
7. 이 것은 무엇이 될까요?
8. 뱀은 뭘 먹게 될까요?
9. Tom이 어떤 운동을 할 건가요?
10. 당신은 어떤 과일을 먹으려고 하십니까?

## .1.8 What 의문문 미래진행형

● I (나 – 1인칭 단수)를 주어로 하는 의문문

| | 의문사 + 조동사<br>+ 주어 | 동사 | 보어 or<br>목적어 | 목적어 or<br>목적보어 |
|---|---|---|---|---|
| Pattern #2 | 나는 정말 의사가 되려고 해요<br>**I**       **will be**      **being a doctor**<br>나는 정말 무엇이 될까요?<br>**What will I**    **be being?** | | | |
| Pattern #3 | 난 정말 책 읽는 것을 생각하게 될 거야<br>**I**      **will be thinking**    **reading books**<br>내가 무엇을 정말로 생각하게 될까?<br>**What will I**      **be thinking?** | | | |
| Pattern #4 | 난 네게 정말로 책을 줄 거야<br>**I**      **will be giving**     **you**     **a book**<br>내가 너에게 정말로 뭘 주게 될까?<br>**What will I**     **be giving**     **you?** | | | |

- You (1,3인칭복수, 2인칭)를 주어로 하는 의문문

| | 의문사 + 조동사 + 주어 | 동사 | 보어 or 목적어 | 목적어 or 목적보어 |
|---|---|---|---|---|
| Pattern #2 | 당신은 정말로 의사가 될 거에요<br>**You**<br>당신은 정말로 뭘 하는 사람이 될 건가요?<br>**What will you**<br>그들은 정말로 의사가 될 거에요<br>**They**<br>그들은 정말로 어떤 사람이 될까요?<br>**What will they** | **will be being**<br>**be being?**<br>**will be being**<br>**be being?** | **a doctor**<br><br>**doctors** | |
| Pattern #3 | 넌 정말로 책 읽는 것을 생각하게 될 거야<br>**You**<br>넌 정말로 무엇을 생각하게 될까?<br>**What will you**<br>우리는 정말로 책 읽는 것을 생각할 거에요<br>**We**<br>우리는 정말로 뭘 생각하게 될까요?<br>**What will we**<br>그들은 정말로 책 읽는 것을 생각할 거에요<br>**They**<br>그들은 정말로 뭘 생각하게 될까?<br>**What will they** | **will be thinking**<br>**be thinking?**<br>**will be thinking**<br>**be thinking?**<br>**will be thinking**<br>**be thinking?** | **reading books**<br><br>**reading books**<br><br>**reading books** | |
| Pattern #4 | 넌 나에게 정말로 책을 줄 거야<br>**You**<br>네가 나에게 정말로 뭘 주게 될까?<br>**What will you**<br>우리가 너에게 정말로 책을 줄 거야<br>**We**<br>우리가 너에게 정말로 뭘 주게 될까?<br>**What will we**<br>그들이 너에게 정말로 책을 줄 거야<br>**They**<br>그들이 너에게 정말로 무엇을 주게 될까?<br>**What will they** | **will be giving**<br>**be giving**<br>**will be giving**<br>**be giving**<br>**will be giving**<br>**be giving** | **me**<br>**me?**<br>**you**<br>**you?**<br>**you**<br>**you?** | **books**<br><br>**books**<br><br>**books** |

- he, she, Jane (3인칭 단수)를 주어로 하는 의문문

| | 의문사 + 조동사 + 주어 | 동사 | 보어 or 목적어 | 목적어 or 목적보어 |
|---|---|---|---|---|
| Pattern #2 | 그는 정말로 의사가 될 거에요<br>**He**<br>그는 정말로 뭘 하는 사람이 될까요?<br>**What will he** | **will be being**<br>**be being?** | **a doctor** | |

| | |
|---|---|
| | Jane은 정말로 의사가 될 거에요<br>　　*Jane　　will be being　　a doctor*<br>Jane은 정말로 뭘 하는 사람이 될까요?<br>　　*What will Jane　be being?* |
| Pattern #3 | 그녀는 정말로 책 읽는 것을 생각하게 될 거에요<br>　　*She　　will be thinking　　reading books*<br>그녀는 정말로 무엇을 생각하게 될까요?<br>　　*What will she　　be thinking?*<br>Jane은 정말로 책 읽는 것을 생각하게 될 거에요<br>　　*Jane　　will be thinking　　reading books*<br>Jane은 정말로 뭘 생각하게 될까요?<br>　　*What will Jane　　be thinking?* |
| Pattern #4 | 그가 그녀에게 정말로 책을 줄 거에요<br>　　*He　　will be giving　　her　　a book*<br>그가 그녀에게 정말로 뭘 주게 될까요?<br>　　*What will he　　be giving　　her?*<br>Jane이 나에게 정말로 책을 줄 거야<br>　　*Jane　　will be giving　　me　　a book*<br>Jane이 나에게 정말로 뭘 주게 될까요?<br>　　*What will Jane　　be giving　　me?* |

● What을 주어로 하는 의문문

| | |
|---|---|
| Pattern #3 | 뱀은 정말로 개구리를 먹을 거야<br>　　*The snake　　will be eating　　the frog*<br>뱀은 정말로 무엇을 먹게 될까요?<br>　　*What will the snake　be eating?* |
| Pattern #5 | 슬픈 영화가 정말로 그 여자를 울릴 거에요<br>　　*The sad movie　　will be making　　her　　cry*<br>슬픈 영화는 정말로 그 여자를 어떻게 만들까요?<br>　　*What will the sad movie　　be making　　her?* |

● 영작 연습

1. 당신은 뭘 보려고 하는 거지요?
2. 당신이 내 남동생에게 무엇을 주려고 하는 건가요?
3. 네가 나에게 무엇을 보여주려고 하는 거지?
4. 넌 무엇을 찾으려고 하는 거지?
5. 그녀는 확실히 보게 될 것은 무엇인가요?
6. 그 남자가 그 여자에게 주려고 하는 것은 무엇인가요?
7. 개구리는 무엇을 먹고 있게 될까요?
8. 어떤 영화가 그 여자를 울리고 있게 될까요?
9. 그는 어떤 종류의 운동을 하려고 하는 거지요?
10. Tom이 쓰려고 하고 있는 것은 무엇인가요?

## 2.1  Who 의문문
### 2.2.1 Who 의문문 현재형

● I (나 – 1인칭 단수)를 주어로 하는 의문문

|  | 의문사 + 조동사 + 주어 | 동사 | 보어 or 목적어 | 목적어 or 목적보어 |
|---|---|---|---|---|
| Pattern #2 | 나는 학생입니다<br>　　*I*<br>나는 누구인가요?<br>　　*Who* | *am*<br><br>*am* | *a student*<br><br>*I?* |  |
| Pattern #3 | 난 널 좋아해<br>　　*I*<br>내가 누구를 좋아하지?<br>　*Who do I* | *like*<br><br>*like?* | *you*<br><br> |  |
| Pattern #4 | 내가 너한테 책을 준다<br>　　*I*<br>내가 누구한테 책을 주지?<br>　*Who do I* | *give*<br><br>*give* | *you*<br><br> | *a book*<br><br>*a book?* |

● You (1,3인칭복수, 2인칭)를 주어로 하는 의문문

|  | 의문사 + 조동사 + 주어 | 동사 | 보어 or 목적어 | 목적어 or 목적보어 |
|---|---|---|---|---|
| Pattern #2 | 너는 학생이야<br>　　*You*<br>넌 누구지?<br>　　*Who*<br>우리는 학생입니다<br>　　*We*<br>우리는 누구지요?<br>　　*Who* | *are*<br><br>*are*<br><br>*are*<br><br>*are* | *a student*<br><br>*you?*<br><br>*students*<br><br>*we?* |  |
| Pattern #3 | 넌 나를 좋아해<br>　　*You*<br>넌 누구를 좋아하지?<br>　*Who do you*<br>우리는 너를 좋아해<br>　　*We*<br>우리는 누구를 좋아하지?<br>　*Who do we* | *like*<br><br>*like?*<br><br>*like*<br><br>*like?* | *me*<br><br><br><br>*you*<br><br> |  |
| Pattern #4 | 네가 나에게 책을 준다<br>　　*You*<br>넌 누구한테 책을 주지?<br>　*Who do you*<br>우리가 너에게 책을 준다<br>　　*We* | *give*<br><br>*give*<br><br>*give* | *me*<br><br>*a book?*<br><br>*you* | *a book*<br><br><br><br>*a book* |

| | 의문사 + 조동사 + 주어 | 동사 | 보어 or 목적어 | 목적어 or 목적보어 |
|---|---|---|---|---|
| | 우리는 누구에게 책을 주지?<br>***Who do we*** | ***give*** | ***a book?*** | |
| Pattern #5 | 당신은 나를 행복하게 합니다<br>***You*** | ***make*** | ***me*** | ***happy*** |
| | 당신은 누구를 행복하게 해요?<br>***Who do you*** | ***make*** | ***happy?*** | |
| | 우리가 당신들을 행복하게 합니다<br>***We*** | ***make*** | ***you*** | ***happy*** |
| | 우리는 누구를 행복하게 하지요?<br>***Who do we*** | ***make*** | ***happy?*** | |

● he, she, Jane (3인칭 단수)를 주어로 하는 의문문

| | 의문사 + 조동사 + 주어 | 동사 | 보어 or 목적어 | 목적어 or 목적보어 |
|---|---|---|---|---|
| Pattern #2 | 그는 학생입니다<br>***He***<br>그는 누구인가요?<br>***Who*** | ***is***<br><br>***is*** | ***a student***<br><br>***he?*** | |
| Pattern #3 | 그녀는 나를 좋아해<br>***She***<br>그녀는 누구를 좋아하지?<br>***Who does she*** | ***likes***<br><br>***like?*** | ***me*** | |
| Pattern #4 | 그가 그녀에게 책을 줍니다<br>***He***<br>그가 누구에게 책을 주지요?<br>***Who does he*** | ***gives***<br><br>***give*** | ***her***<br><br>***a book?*** | ***a book?*** |
| Pattern #5 | Jane이 그를 행복하게 해 줍니다<br>***Jane***<br>Jane이 누구를 행복하게 해 주나요?<br>***Who does Jane*** | ***makes***<br><br>***make*** | ***him***<br><br>***happy?*** | ***happy*** |

● Who를 주어로 하는 의문문

| | | | | |
|---|---|---|---|---|
| Pattern #1 | 누가 가지요?<br>***Who*** | ***goes?*** | | |
| Pattern #3 | 누가 당신을 좋아하나요?<br>***Who*** | ***loves*** | ***you?*** | |
| Pattern #4 | 누가 당신에게 책을 주나요?<br>***Who*** | ***gives*** | ***you*** | ***a book?*** |
| Pattern #5 | 누가 그녀를 울게 하나요?<br>***Who*** | ***makes*** | ***her*** | ***cry?*** |

- 영작 연습
    1. 당신은 누구신가요?
    2. 당신은 누굴 좋아하세요?
    3. 너는 누구에게 책을 주니?
    4. 너는 누구를 행복하게 하니?
    5. 그는 누구에게 책을 주나요?
    6. 그 여자는 누구를 좋아하나요?
    7. 누가 그녀를 행복하게 만드나요?
    8. 누가 너를 좋아하니?
    9. 너 누구랑 거기 가니?
    10. 이 멋진 영화를 누가 감독하지요?

## 2.2.2 Who 의문문 현재진행형

- I (나 – 1인칭 단수)를 주어로 하는 의문문

|  | 의문사 + 조동사 + 주어 | 동사 | 보어 or 목적어 | 목적어 or 목적보어 |
|---|---|---|---|---|
| Pattern #2 | 나는 의사가 되려고 해요<br>*I*<br>나는 누가 될 건가요?<br>***Who am I*** | ***am being***<br><br>***being?*** | ***a doctor*** |  |
| Pattern #3 | 난 너를 생각하고 있어요<br>*I*<br>나는 누구를 생각하고 있나요?<br>***Who am I*** | ***am thinking of***<br><br>***thinking of?*** | ***you*** |  |
| Pattern #4 | 내가 너한테 책을 주고 있어<br>*I*<br>내가 누구에게 책을 주고 있나요?<br>***Who am I*** | ***am giving***<br><br>***giving*** | ***you***<br><br>***a book?*** | ***a book*** |

- You (1,3인칭복수, 2인칭)를 주어로 하는 의문문

|  | 의문사 + 조동사 + 주어 | 동사 | 보어 or 목적어 | 목적어 or 목적보어 |
|---|---|---|---|---|
| Pattern #2 | 너는 의사가 되려고 하는구나<br>***You***<br>너는 누가 되려고 하니?<br>***Who are you***<br>우리는 의사가 되려고 해요<br>***We***<br>우리는 누가 되려고 하나요?<br>***Who are we*** | ***are being***<br><br>***being?***<br><br>***are being***<br><br>***being?*** | ***a doctor***<br><br><br><br>***doctors*** |  |

|  |  |  |  |  |
|---|---|---|---|---|
| Pattern #3 | 넌 나를 생각하고 있구나<br>**You** | **are thinking of** | **me** |  |
|  | 넌 누구를 생각하니?<br>**Who are you** | **thinking of?** |  |  |
|  | 우리는 너를 생각하고 있어요<br>**We** | **are thinking of** | **you** |  |
|  | 우리가 누구를 생각하나요?<br>**Who are we** | **thinking of?** |  |  |
| Pattern #4 | 너는 그에게 책을 주고 있구나<br>**You** | **are giving** | **him** | **a book** |
|  | 넌 누구에게 책을 주고 있니?<br>**Who are you** | **giving** | **a book?** |  |
|  | 우리가 너에게 책을 주고 있는 중이야<br>**We** | **are giving** | **you** | **a book** |
|  | 우리는 누구에게 책을 주고 있을까?<br>**Who are we** | **giving** | **a book?** |  |
| Pattern #5 | 당신이 나를 행복하게 해주고 있네요<br>**You** | **are making** | **me** | **happy** |
|  | 당신은 누구를 행복하게 해주고 있나요?<br>**Who are you** | **making** | **happy?** |  |
|  | 우리가 당신들을 행복하게 해주고 있어요<br>**We** | **are making** | **you** | **happy** |
|  | 우린 누구를 행복하게 해주고 있나요?<br>**Who are we** | **making** | **happy?** |  |

● he, she, Jane (3인칭 단수)를 주어로 하는 의문문

|  | 의문사 + 조동사<br>+ 주어 | 동사 | 보어 or<br>목적어 | 목적어 or<br>목적보어 |
|---|---|---|---|---|
| Pattern #2 | 그는 의사가 되려고 해요<br>**He** | **is being** | **a doctor** |  |
|  | 그는 누가 되려고 하나요?<br>**Who is he** | **being?** |  |  |
| Pattern #3 | 그녀는 나를 생각하고 있는 중이에요<br>**She** | **is thinking of** | **me** |  |
|  | 그녀는 누구를 생각하고 있는 중이지?<br>**Who is she** | **thinking of?** |  |  |
| Pattern #4 | 그가 그녀에게 책을 주고 있습니다<br>**He** | **is giving** | **her** | **a book?** |
|  | 그가 누구에게 책을 주고 있을까요?<br>**Who is he** | **giving** | **a book?** |  |
| Pattern #5 | Jane이 그를 행복하게 해주고 있네요<br>**Jane** | **is making** | **him** | **happy** |
|  | Jane은 누구를 행복하게 해주고 있나요?<br>**Who is Jane** | **making** | **happy?** |  |

● Who를 주어로 하는 의문문

| Pattern #1 | 누가 가고 있지요? <br> **Who** | **is going?** | | |
|---|---|---|---|---|
| Pattern #3 | 누가 책을 사고 있나요? <br> **Who** | **is buying** | **books?** | |
| Pattern #4 | 누가 당신에게 책을 주고 있나요? <br> **Who** | **is giving** | **you** | **a book?** |
| Pattern #5 | 누가 그녀를 울게 만들고 있나요? <br> **Who** | **is making** | **her** | **cry?** |

● 영작 연습
1. 당신은 누가 되려고 하고 있나요?
2. 당신은 누굴 만나고 있나요?
3. 너는 누구에게 책을 주고 있니?
4. 너는 누구를 행복하게 지금 하고 있니?
5. 그는 누구에게 책을 주고 있나요?
6. 그 여자는 누구를 만나고 있나요?
7. 누가 그녀를 행복하게 만들고 있나요?
8. 누가 이 노래를 작곡하고 있나요?
9. 넌 거기 누구랑 가고 있니?
10. 이 멋진 영화를 감독하고 있는 사람이 누구에요?

## 2.2.3 Who 의문문 과거형

● I (나 – 1인칭 단수)를 주어로 하는 의문문

| | 의문사 + 조동사 + 주어 | 동사 | 보어 or 목적어 | 목적어 or 목적보어 |
|---|---|---|---|---|
| Pattern #2 | 나는 학생이었습니다 <br> *I* <br> 나는 누구였나요? <br> **Who** | *was* <br><br> **was** | *a student* <br><br> **I?** | |
| Pattern #3 | 난 널 좋아했어 <br> *I* <br> 내가 누구를 좋아했지? <br> **Who did I** | *liked* <br><br> **like?** | *you* <br><br> | |
| Pattern #4 | 내가 너한테 책을 주었어 <br> *I* <br> 내가 누구한테 책을 주었지? <br> **Who did I** | *gave* <br><br> **give** | *you* <br><br> **a book?** | *a book?* |

● You (1,3인칭복수, 2인칭)를 주어로 하는 의문문

| | 의문사 + 조동사 + 주어 | 동사 | 보어 or 목적어 | 목적어 or 목적보어 |
|---|---|---|---|---|
| Pattern #2 | 너는 학생이었어<br>**You**<br>넌 누구였지?<br>**Who**<br>우리는 학생이었어요<br>**We**<br>우리는 누구였지요?<br>**Who** | **were**<br><br>**were**<br><br>**were**<br><br>**were** | **a student**<br><br>**you?**<br><br>**students**<br><br>**we?** | |
| Pattern #3 | 넌 나를 좋아했어<br>**You**<br>넌 누구를 좋아했지?<br>**Who did you**<br>우리는 너를 좋아했어<br>**We**<br>우리는 누구를 좋아했지?<br>**Who did we** | **liked**<br><br>**like?**<br><br>**liked**<br><br>**like?** | **me**<br><br><br><br>**you** | |
| Pattern #4 | 네가 나에게 책을 주었어<br>**You**<br>넌 누구한테 책을 주었지?<br>**Who did you**<br>우리가 너에게 책을 주었어<br>**We**<br>우리는 누구에게 책을 주었지?<br>**Who did we** | **gave**<br><br>**give**<br><br>**gave**<br><br>**give** | **me**<br><br>**a book?**<br><br>**you**<br><br>**a book?** | **a book**<br><br><br><br>**a book** |
| Pattern #5 | 당신은 나를 행복하게 했어요<br>**You**<br>당신은 누구를 행복하게 했지요?<br>**Who did you**<br>우리가 당신들을 행복하게 했습니다<br>**We**<br>우리는 누구를 행복하게 했지요?<br>**Who did we** | **made**<br><br>**make**<br><br>**made**<br><br>**make** | **me**<br><br>**happy?**<br><br>**you**<br><br>**happy?** | **happy**<br><br><br><br>**happy** |

● he, she, Jane (3인칭 단수)를 주어로 하는 의문문

| | 의문사 + 조동사 + 주어 | 동사 | 보어 or 목적어 | 목적어 or 목적보어 |
|---|---|---|---|---|
| Pattern #2 | 그는 학생이었습니다<br>**He**<br>그는 누구였나요?<br>**Who** | **was**<br><br>**was** | **a student**<br><br>**he?** | |

| | |
|---|---|
| Pattern #3 | 그녀는 나를 좋아했어<br>**She liked me**<br>그녀는 누구를 좋아했지?<br>**Who did she like?** |
| Pattern #4 | 그가 그녀에게 책을 주었습니다<br>**He gave her a book?**<br>그가 누구에게 책을 주었지요?<br>**Who did he give a book?** |
| Pattern #5 | Jane이 그를 행복하게 해 주었습니다<br>**Jane made him happy**<br>Jane이 누구를 행복하게 해 주었나요?<br>**Who did Jane make happy?** |

● Who를 주어로 하는 의문문

| | |
|---|---|
| Pattern #1 | 누가 갔나요?<br>**Who went?** |
| Pattern #3 | 누가 당신을 좋아했나요?<br>**Who loved you?** |
| Pattern #4 | 누가 당신에게 책을 주었나요?<br>**Who gave you a book?** |
| Pattern #5 | 누가 그녀를 울게 했나요?<br>**Who made her cry?** |

● 영작 연습

1. 당신이 누구였지요?
2. 너는 누굴 좋아했지?
3. 너는 누구에게 책을 주었니?
4. 너는 누구를 행복하게 만들었니?
5. 그는 누구에게 책을 주었나요?
6. 그 여자는 누구를 좋아했나요?
7. 누가 그녀를 행복하게 만들었나요?
8. 누가 너를 좋아했니?
9. 넌 거기 누구랑 갔니?
10. 이 멋진 영화를 감독했던 사람이 누구였어요?

## 2.2.4  Who 의문문 과거진행형

● I (나 – 1인칭 단수)를 주어로 하는 의문문

|  | 의문사 + 조동사 + 주어 | 동사 | 보어 or 목적어 | 목적어 or 목적보어 |
|---|---|---|---|---|
| Pattern #2 | 나는 의사가 되려고 했어요<br>**I**<br>나는 누가 되려고 했나요?<br>**Who was I** | **was being**<br><br>**being?** | **a doctor** | |
| Pattern #3 | 난 너를 생각하고 있었어요<br>**I**<br>난 누구를 생각하고 있었나요?<br>**Who was I** | **was thinking of**<br><br>**thinking of?** | **you** | |
| Pattern #4 | 내가 너한테 책을 주고 있었어<br>**I**<br>내가 누구에게 책을 주고 있었나요?<br>**Who was I** | **was giving**<br><br>**giving** | **you**<br><br> | **a book**<br><br>**a book?** |

● You (1,3인칭복수, 2인칭)를 주어로 하는 의문문

|  | 의문사 + 조동사 + 주어 | 동사 | 보어 or 목적어 | 목적어 or 목적보어 |
|---|---|---|---|---|
| Pattern #2 | 너는 의사가 되려고 했었구나<br>**You**<br>너는 누가 되려고 했었니?<br>**Who were you**<br>우리는 의사가 되려고 했었어요<br>**We**<br>우리는 누가 되려고 했었나요?<br>**Who were we** | **were being**<br><br>**being?**<br><br>**were being**<br><br>**being?** | **a doctor**<br><br><br><br>**doctors** | |
| Pattern #3 | 넌 나를 생각하고 있었구나<br>**You**<br>넌 누구를 생각하는 중이었니?<br>**Who were you**<br>우리는 너를 생각하고 있었어<br>**We**<br>우리가 누굴 생각하는 중이었을까?<br>**Who were we** | **were thinking of**<br><br>**thinking of?**<br><br>**were thinking of**<br><br>**thinking of?** | **me**<br><br><br><br>**you** | |
| Pattern #4 | 너는 그에게 책을 주고 있었구나<br>**You**<br>넌 누구에게 책을 주고 있었니?<br>**Who were you**<br>우리가 너에게 책을 주고 있었어<br>**We**<br>우리는 누구에게 책을 주고 있었을까?<br>**Who were we** | **were giving**<br><br>**giving**<br><br>**were giving**<br><br>**giving** | **him**<br><br>**a book?**<br>**you**<br><br>**a book?** | **a book**<br><br><br><br>**a book** |

| | | | | |
|---|---|---|---|---|
| Pattern #5 | 당신이 나를 행복하게 해주고 있었어요<br>**You        were making        me        happy**<br>당신은 누구를 행복하게 해주고 있었나요?<br>**Who were you    making        happy?**<br>우리가 당신들을 행복하게 해주고 있었어요<br>**We         were making        you        happy**<br>우린 누구를 행복하게 해주고 있었나요?<br>**Who were we     making        happy?** | | | |

● he, she, Jane (3인칭 단수)를 주어로 하는 의문문

| | 의문사 + 조동사<br>+ 주어 | 동사 | 보어 or<br>목적어 | 목적어 or<br>목적보어 |
|---|---|---|---|---|
| Pattern #2 | 그는 의사가 되려고 했었어요<br>**He         was being        a doctor**<br>그는 누가 되려고 했었나요?<br>**Who was he    being?** | | | |
| Pattern #3 | 그녀는 나를 생각하고 있었어요<br>**She         was thinking of        me**<br>그녀는 누구를 생각하고 있었을까요?<br>**Who was she    thinking of?** | | | |
| Pattern #4 | 그가 그녀에게 책을 주고 있었습니다<br>**He         was giving        her        a book?**<br>그가 누구에게 책을 주고 있었을까요?<br>**Who was he    giving        a book?** | | | |
| Pattern #5 | Jane이 그를 행복하게 해주고 있었어요<br>**Jane        was making        him        happy**<br>Jane은 누구를 행복하게 해주고 있었나요?<br>**Who was Jane    making        happy?** | | | |

● Who를 주어로 하는 의문문

| | |
|---|---|
| Pattern #1 | 누가 가고 있었지요?<br>**Who         was going?** |
| Pattern #3 | 누가 책을 사고 있었나요?<br>**Who         was buying        books?** |
| Pattern #4 | 누가 당신에게 책을 주고 있었나요?<br>**Who         was giving        you        a book?** |
| Pattern #5 | 누가 그녀를 울게 만들고 있었나요?<br>**Who         was making        her        cry?** |

- 영작 연습
    1. 당신은 누가 되는 중이었나요?
    2. 당신은 누구를 만나고 있었나요?
    3. 너는 누구에게 책을 주고 있었니?
    4. 너는 누구를 행복하게 만들고 있었니?
    5. 그는 누구에게 책을 주고 있었나요?
    6. 그 여자는 누구를 만나고 있었나요?
    7. 누가 그녀를 행복하게 만들고 있었나요?
    8. 누가 이 노래를 작곡하고 있었나요?
    9. 넌 거기 누구랑 가는 중이었니?
    10. 이 멋진 영화를 감독하고 있던 사람이 누구에요?

## 2.2.5 Who 의문문 현재완료형

- I (나 – 1인칭 단수)를 주어로 하는 의문문

|  | 의문사 + 조동사 + 주어 | 동사 | 보어 or 목적어 | 목적어 or 목적보어 |
|---|---|---|---|---|
| Pattern #2 | 나는 지금까지 쭉 학생입니다<br>**I**<br>나는 지금까지 쭉 누구인가요?<br>**Who** | **have been**<br>**have I been?** | a student |  |
| Pattern #3 | 난 지금까지 쭉 널 좋아하고 있어<br>**I**<br>내가 지금까지 쭉 누구를 좋아하고 있지?<br>**Who have I** | **have liked**<br>**liked?** | you |  |
| Pattern #4 | 내가 너한테 지금까지 쭉 책을 주고 있어<br>**I**<br>내가 누구한테 지금까지 쭉 책을 주고 있지?<br>**Who have I** | **have given**<br>**given** | you<br>books? | books? |

- You (1,3인칭복수, 2인칭)를 주어로 하는 의문문

|  | 의문사 + 조동사 + 주어 | 동사 | 보어 or 목적어 | 목적어 or 목적보어 |
|---|---|---|---|---|
| Pattern #2 | 너는 지금까지 쭉 학생이야<br>**You**<br>넌 지금까지 쭉 누구지?<br>**Who** | **have been**<br>**have you been?** | a student |  |

|  |  |
|---|---|
|  | 우리는 지금까지 쭉 학생이에요<br>    **We        have been        students**<br>우리는 지금까지 쭉 누구지요?<br>    **Who      have we been?** |
| Pattern #3 | 넌 나를 지금까지 쭉 좋아하고 있어<br>    **You        have liked        me**<br>넌 누구를 지금까지 쭉 좋아하고 있지?<br>    **Who have you     liked?**<br>우리는 너를 지금까지 쭉 좋아하고 있어<br>    **We        have liked        you**<br>우리는 지금까지 쭉 누구를 좋아하고 있지?<br>    **Who have we     liked?** |
| Pattern #4 | 네가 나에게 지금까지 쭉 책을 주고 있어<br>    **You        have given      me      books**<br>넌 지금까지 쭉 누구한테 책을 주고 있지?<br>    **Who have you     given      books?**<br>우리가 너에게 지금까지 쭉 책을 주고 있어<br>    **We        have given      you      books**<br>우리는 지금까지 쭉 누구에게 책을 주고 있지?<br>    **Who have we     given      books?** |
| Pattern #5 | 당신은 지금까지 쭉 나를 행복하게 하고 있어요<br>    **You        have made      me      happy**<br>당신은 지금까지 쭉 누구를 행복하게 하고 있나요?<br>    **Who have you     made      happy?**<br>우리가 당신들을 지금까지 쭉 행복하게 하고 있습니다<br>    **We        have made      you      happy**<br>우리는 지금까지 쭉 누구를 행복하게 하고 있지요?<br>    **Who have we     made      happy?** |

● he, she, Jane (3인칭 단수)를 주어로 하는 의문문

|  | 의문사 + 조동사<br>+ 주어 | 동사 | 보어 or<br>목적어 | 목적어 or<br>목적보어 |
|---|---|---|---|---|
| Pattern #2 | 그는 지금까지 쭉 학생입니다<br>  **He      has been    a student**<br>그는 지금까지 쭉 누구인가요?<br>  **Who      has he been?** | | | |
| Pattern #3 | 그녀는 지금까지 쭉 나를 좋아하고 있어<br>  **She      has liked    me**<br>그녀는 지금까지 쭉 누구를 좋아하고 있지?<br>  **Who has she    liked?** | | | |
| Pattern #4 | 그가 그녀에게 지금까지 쭉 책을 주고 있습니다<br>  **He      has given    her    books?**<br>그가 지금까지 쭉 누구에게 책을 주고 있지요?<br>  **Who has he    given    books?** | | | |

| Pattern #5 | Jane이 그를 지금까지 쭉 행복하게 해 주고 있습니다 | | | |
|---|---|---|---|---|
| | ***Jane*** | ***has made*** | ***him*** | ***happy*** |
| | Jane이 지금까지 쭉 누구를 행복하게 해 주고 있나요? | | | |
| | ***Who has Jane*** | ***made*** | | ***happy?*** |

● Who를 주어로 하는 의문문

| Pattern #1 | 누가 사라졌나요? | | | |
|---|---|---|---|---|
| | ***Who*** | ***has gone?*** | | |
| Pattern #3 | 누가 당신을 지금까지 쭉 좋아하고 있나요? | | | |
| | ***Who*** | ***has loved*** | ***you?*** | |
| Pattern #4 | 누가 당신에게 지금까지 쭉 책을 주고 있나요? | | | |
| | ***Who*** | ***has given*** | ***you*** | ***books?*** |
| Pattern #5 | 누가 그녀를 지금까지 쭉 울게 하나요? | | | |
| | ***Who*** | ***has made*** | ***her*** | ***cry?*** |

● 영작 연습

1. 그들이 누구를 좋아해 오고 있나요?
2. 당신은 누구를 좋아해 오고 있어요?
3. 너는 지금까지 누구에게 책을 주고 있니?
4. 당신은 지금까지 누구를 행복하게 만들고 있나요?
5. 그는 지금까지 누구에게 책을 주고 있나요?
6. 그 여자는 지금까지 누구를 좋아하고 있나요?
7. 누가 그녀를 지금까지 행복하게 만들고 있나요?
8. 누가 너를 지금까지 좋아하고 있니?
9. 넌 거기 누구랑 갔었니?
10. 이 영화를 이제껏 감독하고 있는 사람이 누구에요?


## 2.2.6 Who 의문문 과거완료형

● I (나 – 1인칭 단수)를 주어로 하는 의문문

| | 의문사 + 조동사 + 주어 | 동사 | 보어 or 목적어 | 목적어 or 목적보어 |
|---|---|---|---|---|
| Pattern #2 | 나는 학생이었던 적이 있어요 | | | |
| | ***I*** | ***had been*** | ***a student*** | |
| | 나는 누구였었나요? | | | |
| | ***Who*** | ***had I beenI?*** | | |
| Pattern #3 | 난 널 좋아했던 적이 있어 | | | |
| | ***I*** | ***had liked*** | ***you*** | |
| | 내가 누구를 좋아했던 적이 있지? | | | |
| | ***Who had I*** | ***liked?*** | | |

| Pattern #4 | 내가 너한테 책을 주었던 적이 있어 | | | |
| --- | --- | --- | --- | --- |
| | *I* | *had given* | *you* | *a book?* |
| | 내가 누구한테 책을 주었던 적이 있지? | | | |
| | *Who had I* | *given* | *a book?* | |

● You (1,3인칭복수, 2인칭)를 주어로 하는 의문문

| | 의문사 + 조동사 + 주어 | 동사 | 보어 or 목적어 | 목적어 or 목적보어 |
| --- | --- | --- | --- | --- |
| Pattern #2 | 너는 학생이었던 적이 있어 | | | |
| | *You* | *had been* | *a student* | |
| | 넌 누구였었지? | | | |
| | *Who* | *had you been?* | | |
| | 우리는 학생이었던 적이 있어요 | | | |
| | *We* | *had been* | *students* | |
| | 우리는 누구였었지요? | | | |
| | *Who* | *had we been?* | | |
| Pattern #3 | 넌 나를 좋아했던 적이 있어 | | | |
| | *You* | *had liked* | *me* | |
| | 넌 누구를 좋아했던 적이 있니? | | | |
| | *Who had you* | *liked?* | | |
| | 우리는 너를 좋아했던 적이 있어 | | | |
| | *We* | *had liked* | *you* | |
| | 우리는 누구를 좋아했던 적이 있지? | | | |
| | *Who had we* | *liked?* | | |
| Pattern #4 | 네가 나에게 책을 주었던 적이 있어 | | | |
| | *You* | *had given* | *me* | *a book* |
| | 넌 누구한테 책을 주었던 적이 있니? | | | |
| | *Who had you* | *given* | *a book?* | |
| | 우리가 너에게 책을 주었던 적이 있어 | | | |
| | *We* | *had given* | *you* | *a book* |
| | 우리는 누구에게 책을 주었던 적이 있나요? | | | |
| | *Who had we* | *given* | *a book?* | |
| Pattern #5 | 당신은 나를 행복하게 했던 적이 있어요 | | | |
| | *You* | *had made* | *me* | *happy* |
| | 당신은 누구를 행복하게 했던 적이 있나요? | | | |
| | *Who had you* | *made* | *happy?* | |
| | 우리가 당신들을 행복하게 했던 적이 있습니다 | | | |
| | *We* | *had made* | *you* | *happy* |
| | 우리는 누구를 행복하게 했던 적이 있나요? | | | |
| | *Who had we* | *made* | *happy?* | |

● he, she, Jane (3인칭 단수)를 주어로 하는 의문문

| 의문사 + 조동사 + 주어 | 동사 | 보어 or 목적어 | 목적어 or 목적보어 |
|---|---|---|---|
| Pattern #2 | 그는 학생이었던 적이 있어요<br>**He** had been a student<br>그는 누구였었나요?<br>**Who** had he been? | | |
| Pattern #3 | 그녀는 나를 좋아했던 적이 있어<br>**She** had liked me<br>그녀는 누구를 좋아했던 적이 있나요?<br>**Who had she** liked? | | |
| Pattern #4 | 그가 그녀에게 책을 주었던 적이 있습니다<br>**He** had given her a book?<br>그가 누구에게 책을 주었던 적이 있나요?<br>**Who had he** given a book? | | |
| Pattern #5 | Jane이 그를 행복하게 해 주었던 적이 있습니다<br>**Jane** had made him happy<br>Jane이 누구를 행복하게 해 주었던 적이 있나요?<br>**Who had Jane** made happy? | | |

● Who를 주어로 하는 의문문

| Pattern #1 | 누가 사라졌었나요?<br>**Who** had gone? |
|---|---|
| Pattern #3 | 누가 당신을 좋아했던 적이 있나요?<br>**Who** had loved you? |
| Pattern #4 | 누가 당신에게 책을 주었던 적이 있나요?<br>**Who** had given you a book? |
| Pattern #5 | 누가 그녀를 울게 했던 적이 있나요?<br>**Who** had made her cry? |

● 영작 연습
1. 내가 한 때 누구였나요?
2. 당신은 한 때 누구를 좋아했었나요?
3. 너는 한 때 누구에게 책을 주었었니?
4. 너는 한 때 누구를 행복하게 했었니?
5. 그는 한 때 누구에게 책을 주었었나요?
6. 그 여자는 한 때 누구를 좋아했었나요?
7. 누가 그녀를 한 때 행복하게 만들었나요?
8. 누가 너를 한 때 좋아했었니?
9. 넌 누구랑 거기 간 적이 있었니?
10. 이 영화를 한 때 감독했던 사람이 누구에요?

## 2.2.7 Who 의문문 미래형

- I (나 – 1인칭 단수)를 주어로 하는 의문문

| | 의문사 + 조동사 + 주어 | 동사 | 보어 or 목적어 | 목적어 or 목적보어 |
|---|---|---|---|---|
| Pattern #2 | 나는 학생이 될 거에요<br>**I**<br>나는 누가 될까요?<br>**Who** | **will be**<br>**will I be?** | **a student** | |
| Pattern #3 | 난 널 좋아할 거야<br>**I**<br>내가 누구를 좋아하게 될까?<br>**Who will I** | **will like**<br>**like?** | **you** | |
| Pattern #4 | 내가 너한테 책을 줄 거야<br>**I**<br>내가 누구한테 책을 주게 될까?<br>**Who will I** | **will give**<br>**give** | **you**<br>**a book?** | **a book?** |

- You (1,3인칭복수, 2인칭)를 주어로 하는 의문문

| | 의문사 + 조동사 + 주어 | 동사 | 보어 or 목적어 | 목적어 or 목적보어 |
|---|---|---|---|---|
| Pattern #2 | 너는 학생이 될 거야<br>**You**<br>넌 누가 될 거니?<br>**Who**<br>우리는 학생이 될 거에요<br>**We**<br>우리는 누가 될까요?<br>**Who** | **will be**<br>**will you be?**<br>**will be**<br>**will we be?** | **a student**<br>**students** | |
| Pattern #3 | 넌 나를 좋아할 거야<br>**You**<br>넌 누구를 좋아할 거니?<br>**Who will you**<br>우리는 너를 좋아할 거야<br>**We**<br>우리는 누구를 좋아하게 될까요?<br>**Who will we** | **will like**<br>**like?**<br>**will like**<br>**like?** | **me**<br>**you** | |
| Pattern #4 | 네가 나에게 책을 줄 거야<br>**You**<br>넌 누구한테 책을 줄거니?<br>**Who will you**<br>우리가 너에게 책을 줄 거야<br>**We**<br>우리는 누구에게 책을 주게 될까?<br>**Who will we** | **will give**<br>**give**<br>**will give**<br>**give** | **me**<br>**a book?**<br>**you**<br>**a book?** | **a book**<br><br>**a book** |

|  |  |
|---|---|
| Pattern #5 | 당신은 나를 행복하게 할 거에요<br>　　**You　　　will make　　　me　　　happy**<br>당신은 누구를 행복하게 할까요?<br>　　**Who will you　　make　　　happy?** |
| | 우리가 당신들을 행복하게 할 거에요<br>　　**We　　　will make　　　you　　　happy**<br>우리는 누구를 행복하게 할까요?<br>　　**Who will we　　　make　　　happy?** |

● he, she, Jane (3인칭 단수)를 주어로 하는 의문문

|  | 의문사 + 조동사<br>+ 주어 | 동사 | 보어 or<br>목적어 | 목적어 or<br>목적보어 |
|---|---|---|---|---|
| Pattern #2 | 그는 학생이 될 거에요<br>　　**He**<br>그는 누가 될까요?<br>　　**Who** | **will be**<br><br>**will he be?** | **a student** | |
| Pattern #3 | 그녀는 나를 좋아할 거에요<br>　　**She**<br>그녀는 누구를 좋아하게 될까?<br>　　**Who will she** | **will like**<br><br>**like?** | **me** | |
| Pattern #4 | 그가 그녀에게 책을 줄 거에요<br>　　**He**<br>그가 누구에게 책을 줄까요?<br>　　**Who will he** | **will give**<br><br>**give** | **her**<br><br>**a book?** | **a book?** |
| Pattern #5 | Jane이 그를 행복하게 해 줄 거에요<br>　　**Jane**<br>Jane이 누구를 행복하게 해 줄까요?<br>　　**Who will Jane** | **will make**<br><br>**make** | **him**<br><br>**happy?** | **happy** |

● Who를 주어로 하는 의문문

| Pattern #1 | 누가 갈까요?<br>　　**Who　　　　　will go?** |
|---|---|
| Pattern #3 | 누가 당신을 좋아하게 될까요?<br>　　**Who　　　　　will love　　you?** |
| Pattern #4 | 누가 당신에게 책을 주게 될까요?<br>　　**Who　　　　　will give　　you　　a book?** |
| Pattern #5 | 누가 그녀를 울게 만들까요?<br>　　**Who　　　　　will make　　her　　cry?** |

- 영작 연습
    1. 내가 누가 될까요?
    2. 나는 누굴 좋아하게 될까?
    3. 너는 누구에게 책을 줄거니?
    4. 너는 누구를 행복하게 할 거야?
    5. 그는 누구에게 책을 줄까요?
    6. 그 여자는 누구를 좋아하게 될까요?
    7. 누가 그녀를 행복하게 만들까요?
    8. 누가 너를 좋아하게 될까?
    9. 너 거기 누구랑 갈 거니?
    10. 이 멋진 영화를 감독하게 될 사람이 누굴까?

## 2.2.8 Who 의문문 미래진행형

- I (나 – 1인칭 단수)를 주어로 하는 의문문

| | 의문사 + 조동사 + 주어 | 동사 | 보어 or 목적어 | 목적어 or 목적보어 |
|---|---|---|---|---|
| Pattern #2 | 나는 선생님이 꼭 될 거에요<br>　　　I<br>나는 정말로 누가 될까요?<br>　　Who | will be being<br>will I be being? | a teacher | |
| Pattern #3 | 난 너를 정말로 생각하게 될 거야<br>　　　I<br>난 누구를 생각하게 될까?<br>　Who will I | will be thinking of<br>be thinking of? | | you |
| Pattern #4 | 나는 너에게 책을 꼭 줄 거야<br>　　　I<br>내가 누구에게 책을 주고 있게 될까?<br>　Who will I | will be giving<br>be giving | you<br>a book? | a book? |

- You (1,3인칭복수, 2인칭)를 주어로 하는 의문문

| | 의문사 + 조동사 + 주어 | 동사 | 보어 or 목적어 | 목적어 or 목적보어 |
|---|---|---|---|---|
| Pattern #2 | 너는 선생님이 꼭 될 거야<br>　　　You<br>넌 정말 누가 될까?<br>　　Who<br>우리는 선생님이 꼭 될 거에요<br>　　　We<br>우리는 정말로 누가 될까요?<br>　　Who | will be being<br>will you be being?<br>will be being<br>will we be being? | a teacher<br>teachers | |

| | | | | |
|---|---|---|---|---|
| Pattern #3 | 넌 나를 정말로 생각할 거야<br>**You　　　　will be thinking of　　　me**<br>넌 누구를 정말로 생각하게 될까?<br>**Who will you　　　be thinking of?**<br>우리는 너를 정말로 생각할 거야<br>**We　　　　will be thinking of　　　you**<br>우리는 누구를 정말로 생각하게 될까요?<br>**Who will we　　　be thinking of?** | | | |
| Pattern #4 | 네가 나에게 정말로 책을 줄 거야<br>**You　　　　will be giving　　　me　　　　a book**<br>넌 누구한테 정말로 책을 주게 될까?<br>**Who will you　　　be giving　　　a book?**<br>우린 너에게 정말로 책을 줄 거야<br>**We　　　　will be giving　　　you　　　　a book**<br>우리는 누구에게 정말로 책을 주게 될까?<br>**Who will we　　　be giving　　　a book?** | | | |
| Pattern #5 | 당신은 나를 정말로 행복하게 할 거에요<br>**You　　　　will be making　　　me　　　　happy**<br>당신은 누구를 정말로 행복하게 할까요?<br>**Who will you　　　be making　　　happy?**<br>우리가 당신들을 정말로 행복하게 할 거에요<br>**We　　　　will be making　　　you　　　　happy**<br>우리는 누구를 정말로 행복하게 할까요?<br>**Who will we　　　be making　　　happy?** | | | |

● he, she, Jane (3인칭 단수)를 주어로 하는 의문문

| | 의문사 + 조동사<br>+ 주어 | 동사 | 보어 or<br>목적어 | 목적어 or<br>목적보어 |
|---|---|---|---|---|
| Pattern #2 | 그는 선생님이 꼭 될 거에요<br>**He**<br>그는 정말로 누가 될까요?<br>**Who** | **will be being**<br>**will he be being?** | a teacher | |
| Pattern #3 | 그녀는 나를 정말로 생각하게 될 거에요<br>**She　　　　will be thinking of　　　me**<br>그녀는 누구를 정말로 생각하게 될까요?<br>**Who will she　　　be thinking of?** | | | |
| Pattern #4 | 그가 그녀에게 정말로 책을 주게 될 거에요<br>**He　　　　will be giving　　　her　　　　a book?**<br>그가 누구에게 책을 주게 될까요?<br>**Who will he　　　be giving　　　a book?** | | | |
| Pattern #5 | Jane이 그를 정말로 행복하게 해 줄 거에요<br>**Jane　　　　will be making　　　him　　　　happy**<br>Jane이 누구를 정말로 행복하게 해 줄까요?<br>**Who will Jane　　　be making　　　happy?** | | | |

● Who를 주어로 하는 의문문

| Pattern #1 | 누가 정말로 가게 될까요? | | | |
| --- | --- | --- | --- | --- |
| | ***Who*** | ***will be going?*** | | |
| Pattern #3 | 누가 당신을 정말로 좋아하게 될까요? | | | |
| | ***Who*** | ***will be loving*** | ***you?*** | |
| Pattern #4 | 누가 당신에게 정말로 책을 주게 될까요? | | | |
| | ***Who*** | ***will be giving*** | ***you*** | ***a book?*** |
| Pattern #5 | 누가 그녀를 정말로 울게 만들까요? | | | |
| | ***Who*** | ***will be making*** | ***her*** | ***cry?*** |

● 영작 연습

1. 나는 정말 누가 될 건가요?
2. 나는 정말 누굴 만나게 되나요?
3. 너는 정말 누구에게 책을 줄 거니?
4. 너는 정말 누구를 행복하게 만들 거니?
5. 그는 정말로 누구에게 책을 줄 건가요?
6. 그 여자는 정말 누구를 만날 건가요?
7. 누가 그녀를 행복하게 만들 건가요?
8. 누가 이 노래를 작곡할 건가요?
9. 넌 거기 정말 누구랑 갈 거니?
10. 이 영화를 감독하게 될 사람이 누가 될까요?

## 2.3 When 의문문

### 2.3.1 When 의문문 현재형

- I (나 – 1인칭 단수)를 주어로 하는 의문문

| | 의문사 + 조동사 + 주어 | 동사 | 보어 or 목적어 | 목적어 or 목적보어 |
|---|---|---|---|---|
| Pattern #1 | 나는 9시에 잡니다<br>**I**<br>나는 몇 시에 자나요?<br>**When do I** | *sleep*<br><br>*sleep?* | at 9 PM | |
| Pattern #2 | 나는 시험 전에 긴장이 되요<br>**I**<br>제가 언제 긴장이 되나요?<br>**When** | *am*<br><br>*am* | *nervous* before the exam<br><br>**I** | *nervous?* |
| Pattern #3 | 나는 밤에 TV를 봅니다<br>**I**<br>전 언제 TV를 보나요?<br>**When do I** | *watch*<br><br>*watch* | **TV**<br><br>**TV?** | at night |
| Pattern #4 | 난 항상 아이들에게 사탕을 줍니다<br>**I**<br>제가 언제 아이들에게 사탕을 주지요?<br>**When do I** | *always give*<br><br>*give* | *my kids*<br><br>*my kids* | **candy**<br><br>**candy?** |
| Pattern #5 | 난 그들이 좋은 시간을 갖게 합니다<br>**I**<br>제가 언제 그들이 좋은 시간을 갖게 하지요?<br>**When do I** | *let*<br><br>*let* | **them**<br><br>**them** | **have** good times<br><br>**have** good times? |

- You (1,3인칭복수, 2인칭)를 주어로 하는 의문문

| | 의문사 + 조동사 + 주어 | 동사 | 보어 or 목적어 | 목적어 or 목적보어 |
|---|---|---|---|---|
| Pattern #1 | 너는 9시에 자<br>**You**<br>너는 언제 자니?<br>**When do you** | *sleep*<br><br>*sleep?* | at 9 PM | |
| Pattern #2 | 우리는 시험 전에 긴장이 되는구나<br>**We**<br>우리는 언제 긴장이 될까?<br>**When** | *are*<br><br>*are* | *nervous* before the exam<br><br>we | *nervous?* |
| Pattern #3 | 그들은 밤에 TV를 보는군요<br>**They**<br>그들은 언제 TV를 보나요?<br>**When do they** | *watch*<br><br>*watch* | **TV**<br><br>**TV?** | at night |

| | 의문사 + 조동사 + 주어 | 동사 | 보어 or 목적어 | 목적어 or 목적보어 |
|---|---|---|---|---|
| Pattern #4 | 당신은 항상 아이들에게 사탕을 줍니다<br>***You*** | ***always give*** | ***kids*** | ***candy*** |
| | 당신은 언제 아이들에게 사탕을 주죠?<br>***When do you*** | ***give*** | ***kids*** | ***candy?*** |
| Pattern #5 | 당신은 그들이 좋은 시간을 갖게 합니다<br>***You*** | ***let*** | ***them*** | ***have***<br>good times |
| | 당신은 언제 그들이 좋은 시간을 갖게 하죠?<br>***When do you*** | ***let*** | ***them*** | ***have***<br>good times? |

● he, she, Jane (3인칭 단수)를 주어로 하는 의문문

| | 의문사 + 조동사 + 주어 | 동사 | 보어 or 목적어 | 목적어 or 목적보어 |
|---|---|---|---|---|
| Pattern #1 | 그는 9시에 잡니다<br>***He*** | ***sleeps*** | at 9 PM | |
| | 그는 몇 시에 자나요?<br>***When does he*** | ***sleep?*** | | |
| Pattern #2 | 그녀는 시험 전에 긴장이 됩니다<br>***She*** | ***is*** | ***nervous*** | before the exam |
| | 그녀는 언제 긴장이 되나요?<br>***When*** | ***is*** | ***she*** | ***nervous?*** |
| Pattern #3 | Jane은 밤에 TV를 보는군요<br>***Jane*** | ***watches*** | ***TV*** | at night |
| | Jane은 언제 TV를 보나요?<br>***When does Jane*** | ***watch*** | ***TV?*** | |
| Pattern #4 | 그녀는 항상 아이들에게 사탕을 줍니다<br>***She*** | ***always gives*** | ***kids*** | ***candy*** |
| | 그녀는 언제 아이들에게 사탕을 주죠?<br>***When does she*** | ***give*** | ***kids*** | ***candy?*** |
| Pattern #5 | 내 친구는 그들이 좋은 시간을 갖게 합니다<br>***My friend*** | ***lets*** | ***them*** | ***have***<br>good times |
| | 내 친구는 언제 그들이 좋은 시간을 갖게 하죠?<br>***When does my friend*** | ***let*** | ***them*** | ***have***<br>good times? |

● 그 밖의 when 의문문

| 그 밖의 when 의문문 | 언제가 어머니날인가요?<br>***When is Mother's day?***<br><br>언제 Window7이 나오죠?<br>***When is Window7 coming out?***<br><br>언제 여나요?<br>***When is it open?*** |
|---|---|

- 영작 연습
    1. 넌 언제 긴장이 되니?
    2. 언제 아이들에게 사탕을 주시나요?
    3. 넌 언제 TV 보니?
    4. 당신은 그들이 좋은 시간을 언제 갖게 하세요?
    5. 그녀는 언제 긴장 하나요?
    6. Jane은 언제 TV를 보기 시작하나요?
    7. 크리스마스가 언제인가요?
    8. Tom은 언제 집에 돌아오나요?
    9. 그는 언제 그녀를 보내나요?
    10. 기차가 언제 도착하나요?

## 2.3.2 When 의문문 과거형

- I (나 – 1인칭 단수)를 주어로 하는 의문문

| | 의문사 + 조동사 + 주어 | 동사 | 보어 or 목적어 | 목적어 or 목적보어 |
|---|---|---|---|---|
| Pattern #1 | 나는 9시에 잤습니다<br>*I*<br>전 언제 잤어요?<br>**When did I** | *slept*<br><br>**sleep?** | at 9 PM | |
| Pattern #2 | 나는 시험 전에 긴장이 되었어요<br>*I*<br>제가 언제 긴장이 되었나요?<br>**When** | *was*<br><br>**was** | *nervous* before the exam<br><br>**I** | <br><br>**nervous?** |
| Pattern #3 | 나는 밤에 TV를 봤습니다<br>*I*<br>전 언제 TV를 보았나요?<br>**When did I** | *watched*<br><br>**watch** | *TV*<br><br>**TV?** | at night |
| Pattern #4 | 난 아이들에게 사탕을 주었습니다<br>*I*<br>제가 언제 아이들에게 사탕을 주었지요?<br>**When did I** | *gave*<br><br>**give** | *my kids*<br><br>**my kids** | *candy*<br><br>**candy?** |
| Pattern #5 | 난 그들이 좋은 시간을 갖게 했습니다<br>*I*<br>제가 언제 그들이 좋은 시간을 갖게 했지요?<br>**When did I** | *let*<br><br>**let** | *them*<br><br>**them** | *have*<br>good times<br>*have*<br>good times? |

● You (1,3인칭복수, 2인칭)를 주어로 하는 의문문

| | 의문사 + 조동사 + 주어 | 동사 | 보어 or 목적어 | 목적어 or 목적보어 |
|---|---|---|---|---|
| Pattern #1 | 너는 9시에 잤어<br>**You**<br>너는 몇 시에 잤니?<br>**When did you** | **slept**<br><br>**sleep?** | at 9 PM | |
| Pattern #2 | 우리는 시험 전에 긴장이 되었어<br>**We**<br>우리는 언제 긴장이 되었을까?<br>**When** | **were**<br><br>**were** | ***nervous*** before the exam<br><br>***we*** | ***nervous?*** |
| Pattern #3 | 그들은 밤에 TV를 보았어요<br>**They**<br>그들은 언제 TV를 보았나요?<br>**When did they** | **watched**<br><br>**watch** | ***TV***<br><br>***TV?*** | at night |
| Pattern #4 | 당신은 아이들에게 사탕을 주었습니다<br>**You**<br>당신은 언제 아이들에게 사탕을 주었지요?<br>**When did you** | **gave**<br><br>**give** | ***kids***<br><br>***kids*** | ***candy***<br><br>***candy?*** |
| Pattern #5 | 당신은 그들이 좋은 시간을 갖게 했습니다<br>**You**<br>당신은 언제 그들이 좋은 시간을 갖게 했지요?<br>**When did you** | **let**<br><br>**let** | ***them***<br><br>***them*** | ***have*** good times<br><br>***have*** good times? |

● he, she, Jane (3인칭 단수)를 주어로 하는 의문문

| | 의문사 + 조동사 + 주어 | 동사 | 보어 or 목적어 | 목적어 or 목적보어 |
|---|---|---|---|---|
| Pattern #1 | 그는 9시에 잤습니다<br>**He**<br>그는 몇 시에 잤나요?<br>**When did he** | **slept**<br><br>**sleep?** | at 9 PM | |
| Pattern #2 | 그녀는 시험 전에 긴장이 되었습니다<br>**She**<br>그녀는 언제 긴장이 되었나요?<br>**When** | **was**<br><br>**was** | ***nervous*** before the exam<br><br>***she*** | ***nervous?*** |
| Pattern #3 | Jane은 밤에 TV를 보았어요<br>**Jane**<br>Jane은 언제 TV를 보았나요?<br>**When did Jane** | **watched**<br><br>**watch** | ***TV***<br><br>***TV?*** | at night |
| Pattern #4 | 그녀는 아이들에게 사탕을 주었습니다<br>**She**<br>그녀는 아이들에게 사탕을 주었지요?<br>**When did she** | **gave**<br><br>**give** | ***kids***<br><br>***kids*** | ***candy***<br><br>***candy?*** |

| | | | | |
|---|---|---|---|---|
| Pattern #5 | 내 친구는 그들이 좋은 시간을 갖게 했습니다 | | | |
| | *My friend* | *let* | *them* | *have good times* |
| | 내 친구는 언제 그들이 좋은 시간을 갖게 했지요? | | | |
| | *When did my friend* | *let* | *them* | *have good times?* |

● 영작 연습

1. 당신은 언제 긴장했습니까?
2. 당신은 아이들에게 사탕을 언제 주셨어요?
3. 넌 언제부터 TV를 보기 시작했니?
4. 당신은 어제 언제부터 자기 시작했나요?
5. 그녀는 언제 행복을 느꼈죠?
6. Jane은 언제부터 TV를 보기 시작했어요?
7. 넌 오늘 점심을 언제 먹었니?
8. Tom은 언제 집에 돌아왔어요?
9. 그가 그녀를 언제 보냈지요?
10. 기차가 언제 도착했지요?

## 2.3.3 When 의문문 현재완료형

● I (나 – 1인칭 단수)를 주어로 하는 의문문

| | 의문사 + 조동사 + 주어 | 동사 | 보어 or 목적어 | 목적어 or 목적보어 |
|---|---|---|---|---|
| Pattern #1 | 나는 이제까지 9시면 잠자리에 듭니다 | | | |
| | *I* | *have slept* | *at 9 PM* | |
| | 나는 언제 잠을 자고 있나요? | | | |
| | *When have I* | *slept?* | | |
| Pattern #2 | 나는 이제까지 시험 전엔 긴장하고 있어요 | | | |
| | *I* | *have been* | *nervous* before the exam | |
| | 제가 언제부터 긴장하고 있었나요? | | | |
| | *When have I* | *been* | *nervous?* | |
| Pattern #3 | 나는 쭉 TV를 보고 있어요 | | | |
| | *I* | *have watched* | *TV* | |
| | 전 언제부터 TV를 쭉 보고 있나요? | | | |
| | *When have I* | *watched* | *TV?* | |
| Pattern #4 | 난 아이들에게 사탕을 주어 오고 있어요 | | | |
| | *I* | *have given* | *kids* | *candy* |
| | 제가 언제부터 아이들에게 사탕을 주었지요? | | | |
| | *When have I* | *given* | *kids* | *candy?* |

| Pattern #5 | 난 그들이 좋은 시간을 갖고 있도록 해 왔습니다<br>　　**I　　　　have let　　　　them　　　　have**<br>　　　　　　　　　　　　　　　　　　　　　　　　good times<br>저는 언제부터 그들이 좋은 시간을 갖도록 해 왔지요?<br>　　**When have I　　　let　　　　　them　　　　have**<br>　　　　　　　　　　　　　　　　　　　　　　　　good times? |
|---|---|

● You (1,3인칭복수, 2인칭)를 주어로 하는 의문문

| | 의문사 + 조동사<br>+ 주어 | 동사 | 보어 or<br>목적어 | 목적어 or<br>목적보어 |
|---|---|---|---|---|
| Pattern #1 | 너는 9시면 잠자리에 들었어<br>　**You　　　　have slpet**　　　　at 9 PM<br>너는 언제 잠자리에 들었니?<br>　**When have you　　　slept?** | | | |
| Pattern #2 | 우리는 시험 전이면 긴장하고 있어왔어요<br>　**We　　　　have been　　　　nervous**　　before the exam<br>우리는 언제부터 긴장하고 있었나요?<br>　**When have we　　　been　　　　nervous?** | | | |
| Pattern #3 | 그들은 6시부터 쭉 TV를 보고 있잖아요<br>　**They　　　have watched　　　TV**　　　from 6 PM<br>그들은 언제부터 쭉 TV를 보고 있나요?<br>　**When have they　　watched　　　TV?** | | | |
| Pattern #4 | 당신은 아이들에게 작년부터 사탕을 주어 왔군요<br>　**You　　　have given　　　kids　　candies**　since last year<br>당신은 언제부터 아이들에게 사탕을 주게 되었나요?<br>　**When have you　　　given　　　　kids　　　candy?** | | | |
| Pattern #5 | 당신은 그들이 좋은 시간을 갖게 하고 있어 왔습니다<br>　**You　　　have let　　　them　　　have**　good times<br>당신은 언제부터 그들이 좋은 시간을 갖고 있게 했지요?<br>　**When have you　　　let　　　them　　　have**　good times? | | | |

● he, she, Jane (3인칭 단수)를 주어로 하는 의문문

| | 의문사 + 조동사<br>+ 주어 | 동사 | 보어 or<br>목적어 | 목적어 or<br>목적보어 |
|---|---|---|---|---|
| Pattern #1 | 그는 9시면 잠자리에 들어 왔습니다<br>　**He　　　　has slept**　　　　at 9 PM<br>그는 언제 잠자리에 들어 왔습니까?<br>　**When has he　　　slept?** | | | |
| Pattern #2 | 그녀는 작년부터 시험 전에는 긴장해 오고 있습니다<br>　**She　　　has been nervous**　before the exam since last year<br>그녀는 언제부터 긴장한 상태가 되었나요?<br>　**When has she　　　been　　　　nervous?** | | | |
| Pattern #3 | Jane은 6시부터 TV를 쭉 보고 있어요<br>　**Jane　　　has watched　　　TV**　　from 6 PM<br>Jane은 언제부터 TV를 보고 있었나요?<br>　**When has Jane　　watched　　　TV?** | | | |

| | | | | |
|---|---|---|---|---|
| Pattern #4 | 그녀는 아이들에게 작년부터 사탕을 주어 오고 있어요 **She** | **has given** | **kids** | **candy** from last year |
| | 그녀는 언제부터 아이들에게 사탕을 주고 있나요? **When has she** | **given** | **kids** | **candy?** |
| Pattern #5 | 내 친구는 그들이 올해부터 좋은 시간을 갖게 하고 있어요 **My friend** | **has let** | **them** | **have** good times from this year |
| | 내 친구는 언제부터 그들이 좋은 시간을 갖게 해 오고 있지요? **When has my friend** | **let** | **them** | **have** good times**?** |

● 영작 연습
  1. 당신은 언제부터 긴장하고 있었나요?
  2. 당신은 언제부터 아이들에게 사탕을 주고 있어요?
  3. 당신은 언제부터 TV를 보고 있어요?
  4. 당신은 언제부터 그가 좋은 시간을 갖게 했어요?
  5. 그녀가 언제부터 긴장하고 있었지요?
  6. Jane이 언제부터 TV를 보고 있어요?
  7. 넌 언제부터 점심을 먹어 오고 있니?
  8. Tom이 숙제를 언제 다 마쳤지?
  9. 그가 언제부터 그 여자를 울렸어요?
  10. 기차가 언제부터 저기에 서 있었어요?


## 2.3.4 When 의문문 과거완료형

● I (나 – 1인칭 단수)를 주어로 하는 의문문

| | 의문사 + 조동사 + 주어 | 동사 | 보어 or 목적어 | 목적어 or 목적보어 |
|---|---|---|---|---|
| Pattern #2 | 나는 시험 전에 긴장 한 적이 있어요 *I* | **had been** | **nervous** before the exam | |
| | 제가 언제 긴장한 적이 있나요? **When had I** | **been** | **nervous?** | |
| Pattern #3 | 나는 만화영화를 본 적이 있었어요 *I* | **had watched** | **animation movie** | |
| | 제가 만화영화를 본 적이 언제인가요? **When had I** | **watched** | **animation movie?** | |
| Pattern #4 | 난 아이들에게 사탕을 준 적이 있어요 *I* | **had given** | **kids** | **candy** |
| | 제가 아이들에게 사탕을 준 적이 언제인가요? **When had I** | **given** | **kids** | **candy?** |

| Pattern #5 | 난 그들이 좋은 시간을 갖게 한 적이 있어요 | | | |
|---|---|---|---|---|
| | *I* | *had let* | *them* | *have* good times |
| | 제가 그들에게 좋은 시간을 갖게 한 적이 언제인가요? | | | |
| | *When had I* | *let* | *them* | *have* good times? |

● You (1,3인칭복수, 2인칭)를 주어로 하는 의문문

| | 의문사 + 조동사 + 주어 | 동사 | 보어 or 목적어 | 목적어 or 목적보어 |
|---|---|---|---|---|
| Pattern #2 | 우리는 시험 전에 긴장한 적이 있어요 | | | |
| | *We* | *had been* | *nervous* before the exam | |
| | 우리는 긴장한 적이 언제인가요? | | | |
| | *When had we* | *been* | *nervous?* | |
| Pattern #3 | 그들은 만화영화를 본 적이 있었어요 | | | |
| | *They* | *had watched* | *animation movie* | |
| | 그들은 만화영화를 본 적이 언제인가요? | | | |
| | *When had they* | *watched* | *animation movie?* | |
| Pattern #4 | 당신은 아이들에게 사탕을 준 적이 있어요 | | | |
| | *You* | *had given* | *kids* | *candy* |
| | 당신은 언젠가 아이들에게 사탕을 준 적이 있나요? | | | |
| | *When had you* | *given* | *kids* | *candy?* |
| Pattern #5 | 당신은 그들이 좋은 시간을 갖게 한 적이 있어요 | | | |
| | *You* | *had let* | *them* | *have* good times |
| | 당신이 그들에게 좋은 시간을 갖게 한 적이 언젠가요? | | | |
| | *When had you* | *let* | *them* | *have* good times? |

● he, she, Jane (3인칭 단수)를 주어로 하는 의문문

| | 의문사 + 조동사 + 주어 | 동사 | 보어 or 목적어 | 목적어 or 목적보어 |
|---|---|---|---|---|
| Pattern #2 | 그녀는 시험 전에 긴장한 적이 있었습니다 | | | |
| | *She* | *had been* | *nervous* before the exam | |
| | 그녀가 긴장한 적이 언젠가요? | | | |
| | *When had she* | *been* | *nervous?* | |
| Pattern #3 | Jane은 만화영화를 본 적이 있었어요 | | | |
| | *Jane* | *had watched* | *animation movie* | |
| | Jane은 만화영화를 본 적이 언젠가요? | | | |
| | *When had Jane* | *watched* | *animation movie?* | |
| Pattern #4 | 그녀는 아이들에게 사탕을 준 적이 있어요 | | | |
| | *She* | *had given* | *kids* | *candy* |
| | 그녀는 이들에게 사탕을 준 적이 언젠가요? | | | |
| | *When had she* | *given* | *kids* | *candy?* |

| Pattern #5 | 내 친구는 그들이 좋은 시간을 갖게 한 적이 있어요 | | | |
|---|---|---|---|---|
| | ***My friend*** | ***had let*** | ***them*** | ***have*** good times |
| | 내 친구가 그들에게 좋은 시간을 갖게 한 적이 언젠가요? | | | |
| | ***When had my friend*** | ***let*** | ***them*** | ***have*** good times***?*** |

● 영작 연습
1. 넌 언제 긴장했던 적이 있었니?
2. 제가 아이들에게 사탕을 주었던 게 언제였나요?
3. 넌 TV를 본 게 언제였었니?
4. 네가 그에게 좋은 시간을 갖게 한 게 언제부터였니?
5. 그녀가 긴장했던 때가 언제였었나요?
6. Jane이 TV를 보았던 때가 언제였었나요?
7. 네가 점심을 먹었던 때가 언제였었니?
8. Tom이 숙제를 했던 때가 언제였었니?
9. 그가 그녀를 울게 했던 때가 언제였었니?
10. 기차가 저기 한동안 서 있던 때가 언제였었지?


## 2.3.5 When 의문문 미래형

● I (나 – 1인칭 단수)를 주어로 하는 의문문

| | 의문사 + 조동사 + 주어 | 동사 | 보어 or 목적어 | 목적어 or 목적보어 |
|---|---|---|---|---|
| Pattern #1 | 나는 9시에 잘 거에요 ***I*** 나는 언제 잘 건가요? ***When will I*** | ***will sleep*** ***sleep?*** | at 9 PM | |
| Pattern #2 | 나는 시험 전에 긴장할 거에요 ***I*** 제가 언제 긴장하게 될까요? ***When will I*** | ***will be*** ***be*** | ***nervous*** before the exam ***nervous?*** | |
| Pattern #3 | 나는 밤에 TV를 볼 거에요 ***I*** 전 언제 TV를 보게 될까요? ***When will I*** | ***will watch*** ***watch*** | ***TV*** ***TV?*** | at night |
| Pattern #4 | 난 아이들에게 사탕을 줄 겁니다 ***I*** 제가 언제 아이들에게 사탕을 줄까요? ***When will I*** | ***will give*** ***give*** | ***kids*** ***kids*** | ***candy*** ***candy?*** |

| | | | | |
|---|---|---|---|---|
| Pattern #5 | 난 그들이 좋은 시간을 갖게 할 겁니다<br>**I** **will let** **them** **have** good times<br>언제 제가 그들에게 좋은 시간을 갖게 하지요?<br>**When will I** **let** **them** **have** good times? | | | |

● You (1,3인칭복수, 2인칭)를 주어로 하는 의문문

| | 의문사 + 조동사 + 주어 | 동사 | 보어 or 목적어 | 목적어 or 목적보어 |
|---|---|---|---|---|
| Pattern #1 | 너는 9시에 잘 거야<br>**You**<br>너는 몇 시에 잘 거니?<br>**When will you** | **will sleep**<br>**sleep?** | at 9 PM | |
| Pattern #2 | 우리는 시험 전에 긴장할 거에요<br>**We**<br>우리는 언제 긴장할까?<br>**When will we** | **will be**<br>**be** | **nervous** before the exam<br>**nervous?** | |
| Pattern #3 | 그들은 밤에 TV를 볼 거에요<br>**They**<br>그들은 언제 TV를 볼 건가요?<br>**When will they** | **will watch**<br>**watch** | **TV**<br>**TV?** | at night |
| Pattern #4 | 당신이 아이들에게 사탕을 줄 겁니다<br>**You**<br>당신은 언제 아이들에게 사탕을 줄 건가요?<br>**When will you** | **will give**<br>**give** | **kids**<br>**kids** | **candy**<br>**candy?** |
| Pattern #5 | 당신은 그들이 좋은 시간을 갖게 할 겁니다<br>**You**<br>당신은 언제 그들이 좋은 시간을 갖게 할 건가요?<br>**When will you** | **will let**<br>**let** | **them**<br>**them** | **have** good times<br>**have** good times? |

● he, she, Jane (3인칭 단수)를 주어로 하는 의문문

| | 의문사 + 조동사 + 주어 | 동사 | 보어 or 목적어 | 목적어 or 목적보어 |
|---|---|---|---|---|
| Pattern #1 | 그는 9시에 잘 겁니다<br>**He**<br>그는 언제 잘 건가요?<br>**When will he** | **will sleep**<br>**sleep?** | at 9 PM | |
| Pattern #2 | 그녀는 시험 전에 긴장할 겁니다<br>**She**<br>그녀는 언제 긴장할까요?<br>**When will she** | **will be**<br>**be** | **nervous** before the exam<br>**nervous?** | |

| | | | | |
|---|---|---|---|---|
| Pattern #3 | Jane은 밤에 TV를 볼 거에요 | | | |
| | **Jane** | **will watch** | **TV** | at night |
| | Jane은 언제 TV를 볼 건가요? | | | |
| | **When will Jane** | **watch** | **TV?** | |
| Pattern #4 | 그녀는 아이들에게 사탕을 줄 겁니다 | | | |
| | **She** | **will give** | **kids** | **candy** |
| | 그녀가 언제 아이들에게 사탕을 줄까요? | | | |
| | **When will she** | **give** | **kids** | **candy?** |
| Pattern #5 | 내 친구는 그들이 좋은 시간을 갖게 할 거에요 | | | |
| | **My friend** | **will let** | **them** | **have** good times |
| | 내 친구는 언제 그들이 좋은 시간을 갖게 할까요? | | | |
| | **When will my friend** | **let** | **them** | **have** good times**?** |

● 영작 연습

1. 제가 언제부터 긴장 상태가 될까요?
2. 넌 아이들에게 언제부터 사탕을 줄 작정이니?
3. 넌 오늘밤 언제부터 자기 시작할거니?
4. 당신은 언제 당신 딸을 다시 볼 건 가요?
5. Jane은 언제부터 TV를 보려고 하지요?
6. 네 친구는 언제 저녁을 먹으려고 하니?
7. 네 친구는 언제 점심을 먹으려 하니?
8. 언제부터 날씨가 추워질까요?
9. 그가 그녀를 언제 보내줄까요?
10. 기차가 언제 출발할까요?

## 2.4 Where 의문문
### 2.4.1 Where 의문문 현재형

● I (나 – 1인칭 단수)를 주어로 하는 의문문

|  | 의문사 + 조동사 + 주어 | 동사 | 보어 or 목적어 | 목적어 or 목적보어 |
|---|---|---|---|---|
| Pattern #1 | 나는 서울에 삽니다<br>　　*I*<br>제가 어디 살지요?<br>　*Where do I* | *live*<br><br>*live?* | in Seoul | |
| Pattern #2 | 나는 식당에서 매니저에요<br>　　*I*<br>제가 어디에서 매니저를 하나요?<br>　*Where* | *am*<br><br>*am* | *a manager*<br><br>I | at restaurant<br><br>*a manager?* |
| Pattern #3 | 나는 집에서 TV를 봅니다<br>　　*I*<br>전 어디서 TV를 보나요?<br>　*Where do I* | *watch*<br><br>*watch* | *TV*<br><br>*TV?* | at home |
| Pattern #4 | 난 학생들에게 학교에서 책을 줍니다<br>　　*I*<br>제가 어디서 학생들에게 책을 주지요?<br>　*Where do I* | *give*<br><br>*give* | *students*<br><br>*students* | *the book*<br>at school<br>*the book?* |
| Pattern #5 | 난 그들이 집에서 좋은 시간을 갖게 합니다<br>　　*I*<br><br>제가 어디에서 그들이 좋은 시간을 갖게 하지요?<br>　*Where do I* | *let*<br><br><br>*let* | *them*<br><br><br>*them* | *have*<br>good times at home<br><br>*have*<br>good times? |

● You (we-1인칭복수, 2인칭, they-3인칭 복수)를 주어로 하는 의문문

|  | 의문사 + 조동사 + 주어 | 동사 | 보어 or 목적어 | 목적어 or 목적보어 |
|---|---|---|---|---|
| Pattern #1 | 너 학교에 가는구나<br>　*You*<br>너 어디 가니?<br>　*Where do you* | *go*<br><br>*go?* | to school | |
| Pattern #2 | 우리는 학교에선 운동선수입니다<br>　*We*<br>우리는 어디에서 운동선수로 있나요?<br>　*Where* | *are*<br><br>*are* | *players*<br><br>we | at school<br><br>*players?* |
| Pattern #3 | 그들은 방에서 TV를 봅니다<br>　*They*<br>그들은 어디서 TV 보고 있어요?<br>　*Where do they* | *watch*<br><br>*watch* | *TV*<br><br>*TV?* | in room |

| | | | | |
|---|---|---|---|---|
| Pattern #4 | 당신은 학교에서 학생들에게 책을 주는군요<br>**You** | **give** | **students** | **the book** |
| | 당신은 어디에서 학생들에게 책을 주나요?<br>**Where do you** | **give** | **students** | **the book?** |
| Pattern #5 | 당신은 그들이 방에서 좋은 시간을 갖게 합니다<br>**You** | **let** | **them** | **have** good times<br>in the room |
| | 당신은 어디에서 그들이 좋은 시간을 갖게 하지요?<br>**Where do you** | **let** | **them** | **have**<br>**good times?** |

● he, she, Jane (3인칭 단수)를 주어로 하는 의문문

| | 의문사 + 조동사<br>+ 주어 | 동사 | 보어 or<br>목적어 | 목적어 or<br>목적보어 |
|---|---|---|---|---|
| Pattern #1 | 그녀는 서울에서 삽니다<br>**She** | **lives** | in Seoul | |
| | 그녀는 어디에서 살지요?<br>**Where does she** | **live?** | | |
| Pattern #3 | Jane은 방에서 TV를 봅니다<br>**Jane** | **watches** | **TV** | in room |
| | Jane은 어디서 TV 보고 있어요?<br>**Where does Jane** | **watch** | **TV?** | |
| Pattern #4 | 그는 학교에서 학생들에게 책을 주는군요<br>**He** | **gives** | **students** | **the books**<br>at school |
| | 그는 어디에서 학생들에게 책을 주나요?<br>**Where does he** | **give** | **students** | **the books?** |
| Pattern #5 | 그녀는 아이들이 방에서 좋은 시간을 갖게 합니다<br>**She** | **let** | **kids** | **have**<br>good times in the room |
| | 그녀는 어디에서 아이들이 좋은 시간을 갖게 하지요?<br>**Where does she** | **let** | **kids** | **have**<br>**good times?** |

● 그 밖의 where 의문문

| 그 밖의<br>where<br>의문문 | 여기가 어딘가요?<br>**Where is here?**<br><br>사랑 노래는 어디에 있나요?<br>**Where is the love song?**<br><br>2.0 Version은 어디에 있어요?<br>**Where is 2.0 Version?** |
|---|---|

● 영작 연습
   1. 당신은 어디에 사세요?
   2. 당신은 어디에서 매니저로 있나요?
   3. 너 어디로 쇼핑하러 가니?
   4. 당신은 어디에서 학생들에게 책을 주세요?
   5. Jane은 어디에서 TV를 보나요?
   6. 그 남자는 어디에서 노래를 부르게 되나요?
   7. 인도는 어디에 있어요?
   8. 거기가 어디지요?
   9. 지금 제가 있는 곳이 어딘가요?
   10. 버스가 어디에 도착하나요?


## 2.4.2 Where 의문문 현재진행형

● I (나 – 1인칭 단수)를 주어로 하는 의문문

| | 의문사 + 조동사 + 주어 | 동사 | 보어 or 목적어 | 목적어 or 목적보어 |
|---|---|---|---|---|
| Pattern #1 | 나는 지금 여기서 기다리고 있는 중입니다<br>*I*      **am waiting**      here<br>제가 어디서 기다리고 있는 중이지요?<br>***Where am I***      ***waiting?*** | | | |
| Pattern #3 | 나는 집에서 TV를 보고 있는 중입니다<br>*I*      **am watching**      TV      at home<br>전 어디서 TV를 보고 있는 중인가요?<br>***Where am I***      ***watching***      ***TV?*** | | | |
| Pattern #4 | 난 학생들에게 학교에서 책을 주고 있습니다<br>*I*      **am giving**      students      the book at school<br>제가 어디서 학생들에게 책을 주고 있는 중인가요?<br>***Where am I***      ***giving***      ***students***      ***the book?*** | | | |
| Pattern #5 | 난 그들이 집에서 좋은 시간을 갖게 하고 있는 중입니다<br>*I*      **am letting**      them      have good times at home<br>제가 어디에서 그들이 좋은 시간을 갖게 하고 있는 중인가요?<br>***Where am I***      ***letting***      ***them***      ***have good times?*** | | | |

● You (we-1인칭복수, 2인칭, they-3인칭 복수)를 주어로 하는 의문문

| | 의문사 + 조동사 + 주어 | 동사 | 보어 or 목적어 | 목적어 or 목적보어 |
|---|---|---|---|---|
| Pattern #1 | 너 학교에 가고 있구나<br>**You** <br>너 어디 가고 있니?<br>**Where are you** | **are going**<br><br>**going?** | to school | |
| Pattern #3 | 그들은 방에서 TV를 보고 있는 중입니다<br>**They**<br>그들은 어디서 TV를 보고 있는 중인가요?<br>**Where are they** | **are watching**<br><br>**watching** | TV<br><br>TV? | in room |
| Pattern #4 | 당신은 학교에서 학생들에게 책을 주고 있군요<br>**You**<br>당신은 어디에서 학생들에게 책을 주고 있나요?<br>**Where are you** | **are giving**<br><br>**giving** | students<br><br>students | books<br><br>the book? |
| Pattern #5 | 당신은 그들이 방에서 좋은 시간을 갖게 하고 있습니다<br>**You**<br>당신은 어디에서 그들이 좋은 시간을 갖게 하고 있나요?<br>**Where are you** | **are letting**<br><br>**letting** | them<br><br>them | have good times in the room<br><br>have good times? |

● he, she, Jane (3인칭 단수)를 주어로 하는 의문문

| | 의문사 + 조동사 + 주어 | 동사 | 보어 or 목적어 | 목적어 or 목적보어 |
|---|---|---|---|---|
| Pattern #1 | 그녀는 거기에서 기다리고 있는 중입니다<br>**She**<br>그녀는 지금 어디에서 기다리고 있는 중인가요?<br>**Where is she** | **is waiting**<br><br>**waiting?** | there | |
| Pattern #3 | Jane은 방에서 TV를 보고 있는 중입니다<br>**Jane**<br>Jane은 어디서 TV 보고 있는 중인가요?<br>**Where is Jane** | **is watching**<br><br>**watching** | TV<br><br>TV? | in room |
| Pattern #4 | 그가 학교에서 학생들에게 책을 주고 있는 중입니다<br>**He**<br>그는 어디에서 학생들에게 책을 주고 있는 중인가요?<br>**Where is he** | **is giving**<br><br>**giving** | students<br><br>students | the book at school<br><br>the book? |
| Pattern #5 | 그녀는 아이들이 방에서 좋은 시간을 갖게 하고 있는 중입니다<br>**She**<br>그녀는 어디에서 아이들이 좋은 시간을 갖게 하고 있는 중인가요?<br>**Where is she** | **is letting**<br><br>**letting** | kids<br><br>kids | have good times in the room<br><br>have good times? |

● 영작 연습
1. 넌 어디에서 엄마를 기다리고 있니?
2. 넌 어디에서 매니저를 하고 있는 중이니?
3. 넌 어디로 쇼핑을 하러 가는 중이니?
4. 넌 어디에서 학생들에게 책을 주고 있는 중이니?
5. Jane은 어디에서 TV를 보고 있는 중이에요?
6. 그 남자는 어디에서 노래를 부르는 중이에요?
7. 그 남자는 어디에서 오고 있는 건가요?
8. 네 아빠는 어디서 점심을 드시고 계시니?
9. 제가 어디로 가고 있나요?
10. 버스가 어디로 도착하고 있는 중인가요?


## 2.4.3 Where 의문문 과거형

● I (나 – 1인칭 단수)를 주어로 하는 의문문

| | 의문사 + 조동사 + 주어 | 동사 | 보어 or 목적어 | 목적어 or 목적보어 |
|---|---|---|---|---|
| Pattern #1 | 나는 서울에 살았습니다<br>I<br>저는 어디에서 살았지요?<br>**Where did I** | lived<br><br>**live?** | in Seoul | |
| Pattern #2 | 나는 식당에서 매니저였어요<br>I<br>제가 어디에서 매니저를 했나요?<br>**Where** | was<br><br>**was** | *a manager*<br><br>**I** | at the restaurant<br><br>***a manager?*** |
| Pattern #3 | 나는 집에서 TV를 보았어요<br>I<br>전 어디서 TV를 보았나요?<br>**Where did I** | watched<br><br>**watch** | TV<br><br>**TV?** | at home |
| Pattern #4 | 난 학생들에게 학교에서 그 책을 주었어요<br>I<br>제가 어디서 학생들에게 그 책을 주었지요?<br>**Where did I** | *gave*<br><br>**give** | **students**<br><br>**students** | ***the book***<br>at school<br>***the book?*** |
| Pattern #5 | 난 그들이 집에서 좋은 시간을 갖게 했습니다<br>I<br>제가 어디에서 그들에게 좋은 시간을 갖게 했지요?<br>**Where did I** | *let*<br><br>**let** | **them**<br><br>**them** | ***have***<br>good times at home<br>***have***<br>good times? |

● You (we-1인칭복수, 2인칭, they-3인칭 복수)를 주어로 하는 의문문

| | 의문사 + 조동사 + 주어 | 동사 | 보어 or 목적어 | 목적어 or 목적보어 |
|---|---|---|---|---|
| Pattern #1 | 너는 학교에 갔어<br>**You**<br>너 어디로 갔니?<br>**Where did you** | **went**<br><br>**go?** | to school | |
| Pattern #2 | 우리는 학교에선 운동선수였습니다<br>**We**<br>우리는 어디에서 운동선수로 있었나요?<br>**Where** | **were**<br><br>**were** | **players**<br><br>**we** | at school<br><br>**players?** |
| Pattern #3 | 그들은 방에서 TV를 보았어요<br>**They**<br>그들은 어디서 TV 보았어요?<br>**Where did they** | **watched**<br><br>**watch** | **TV**<br><br>**TV?** | in room |
| Pattern #4 | 당신은 학교에서 학생들에게 그 책을 주었어요<br>**You**<br>당신은 어디에서 학생들에게 그 책을 주었나요?<br>**Where did you** | **gave**<br><br>**give** | **students**<br><br>**students** | **the book**<br><br>**the book?** |
| Pattern #5 | 당신은 그들이 방에서 좋은 시간을 갖게 했습니다<br>**You**<br>당신은 어디에서 그들이 좋은 시간을 갖게 했지요?<br>**Where did you** | **let**<br><br>**let** | **them**<br><br>**them** | **have** good times in the room<br><br>**have good times?** |

● he, she, Jane (3인칭 단수)를 주어로 하는 의문문

| | 의문사 + 조동사 + 주어 | 동사 | 보어 or 목적어 | 목적어 or 목적보어 |
|---|---|---|---|---|
| Pattern #1 | 그녀는 서울에서 살았습니다<br>**She**<br>그녀는 어디에서 살았지요?<br>**Where did she** | **lived**<br><br>**live?** | in Seoull | |
| Pattern #2 | 그는 학교에서 선생님이었어요<br>**He**<br>그는 어디에서 선생님이었나요?<br>**Where** | **was**<br><br>**was he** | **a teacher**<br><br>**a teacher?** | at school |
| Pattern #3 | Jane은 방에서 TV를 보았어요<br>**Jane**<br>Jane은 어디서 TV 보았나요?<br>**Where did Jane** | **watched**<br><br>**watch** | **TV**<br><br>**TV?** | in room |
| Pattern #4 | 그는 학교에서 학생들에게 그 책을 주었어요<br>**He**<br>그는 어디에서 학생들에게 그 책을 주었나요?<br>**Where did he** | **gave**<br><br>**give** | **students**<br><br>**students** | **the book** at school<br><br>**the book?** |

| | | | | |
|---|---|---|---|---|
| Pattern #5 | 그녀는 아이들이 방에서 좋은 시간을 갖게 했습니다<br>**She** | **let** | **kids** | **have**<br>*good times in the room* |
| | 그녀는 어디에서 아이들이 좋은 시간을 갖게 했지요?<br>**Where did she** | **let** | **kids** | **have**<br>*good times*? |

● 그 밖의 where 의문문

| 그 밖의<br>where<br>의문문 | 여기가 어디였나요?<br>**Where was here?**<br><br>사랑 노래는 어디에 있었나요?<br>**Where was the love song?**<br><br>2.0 Version은 어디에 있었어요?<br>**Where was 2.0 Version?** |
|---|---|

● 영작 연습

1. 당신은 어디에서 살았습니까?
2. 당신은 어디에서 매니저를 했습니까?
3. 넌 어디로 쇼핑 갔었니?
4. 넌 어디에서 학생들에게 책을 주었니?
5. Jane은 어디에서 TV를 보았나요?
6. 그 남자는 어디에서 노래를 불렀나요?
7. 한국의 수도는 어디에 있었나요?
8. 거기가 어디였지요?
9. 제가 어디에 있었지요?
10. 버스가 어디로 도착했나요?


## 2.4.4 Where 의문문 과거진행형

● I (나 – 1인칭 단수)를 주어로 하는 의문문

| | 의문사 + 조동사<br>+ 주어 | 동사 | 보어 or<br>목적어 | 목적어 or<br>목적보어 |
|---|---|---|---|---|
| Pattern #1 | 나는 서울에 살고 있던 중이었습니다<br>***I***<br>제가 어디에서 살고 있던 중이었지요?<br>***Where was I*** | ***was living***<br><br>***living?*** | in Seoul | |
| Pattern #2 | 나는 식당에서 매니저로 있던 중이었어요<br>***I*** | ***was being*** | ***a manager*** | at restaurant |

|            |                                                                                                 |
|------------|-------------------------------------------------------------------------------------------------|
|            | 제가 어디에서 매니저를 하고 있던 중인가요?<br>**Where was I   being   a manager?**                  |
| Pattern #3 | 나는 집에서 TV를 보고 있었습니다<br>**I   was watching   TV   at home**<br>전 어디서 TV를 보고 있었나요?<br>**Where was I   watching   TV?** |
| Pattern #4 | 난 학생들에게 학교에서 그 책을 주고 있었습니다<br>**I   was giving   students   the book   at school**<br>제가 어디서 학생들에게 그 책을 주고 있었나요?<br>**Where was I   giving   students   the book?** |
| Pattern #5 | 난 그들이 집에서 좋은 시간을 갖게 하고 있었습니다<br>**I   was letting   them   have good times at home**<br>제가 어디에서 그들에게 좋은 시간을 갖게 하고 있었나요?<br>**Where was I   letting   them   have good times?** |

● You (we-1인칭복수, 2인칭, they-3인칭 복수)를 주어로 하는 의문문

|            | 의문사 + 조동사 + 주어 | 동사 | 보어 or 목적어 | 목적어 or 목적보어 |
|------------|---------------------|------|----------------|--------------------|
| Pattern #1 | 너 학교에 가고 있었구나<br>**You   were going   to school**<br>너 어디 가고 있었니?<br>**Where were you   going?** | | | |
| Pattern #2 | 우리는 학교에서 운동선수로 있었습니다<br>**We   were being   players   at school**<br>우리는 어디에서 운동선수로 지내고 있었나요?<br>**Where were we   being   players?** | | | |
| Pattern #3 | 그들은 방에서 TV를 보고 있었습니다<br>**They   were watching   TV   in room**<br>그들은 어디서 TV를 보고 있는 중이었나요?<br>**Where were they   watching   TV?** | | | |
| Pattern #4 | 당신은 학교에서 학생들에게 책을 주고 있었군요<br>**You   were giving   students   books**<br>당신은 어디에서 학생들에게 책을 주고 있었나요?<br>**Where were you   giving   students   the book?** | | | |
| Pattern #5 | 당신은 그들이 방에서 좋은 시간을 갖게 하고 있었습니다<br>**You   were letting   them   have good times in the room**<br>당신은 어디에서 그들에게 좋은 시간을 갖게 하고 있었나요?<br>**Where were you   letting   them   have good times?** | | | |

- he, she, Jane (3인칭 단수)를 주어로 하는 의문문

| | 의문사 + 조동사 + 주어 | 동사 | 보어 or 목적어 | 목적어 or 목적보어 |
|---|---|---|---|---|
| Pattern #1 | 그녀는 서울에서 살고 있는 중이었습니다<br>**She** **was living** in Seoul<br>그녀는 어디에서 살고 있었나요?<br>**Where was she** **living?** | | | |
| Pattern #2 | 그는 학교에서 선생님으로 있던 중이었어요<br>**He** **was being** **a teacher** at school<br>그는 어디에서 선생님으로 있던 중이었나요?<br>**Where** **was he being** **a teacher?** | | | |
| Pattern #3 | Jane은 방에서 TV를 보고 있었습니다<br>**Jane** **was watching** **TV** in room<br>Jane은 어디서 TV 보고 있는 중이었나요?<br>**Where was Jane** **watching** **TV?** | | | |
| Pattern #4 | 그가 학교에서 학생들에게 그 책을 주고 있었어요<br>**He** **was giving** **students** **the book**<br>at school<br>그는 어디에서 학생들에게 그 책을 주고 있었나요?<br>**Where was he** **giving** **students** **the book?** | | | |
| Pattern #5 | 그녀는 아이들이 방에서 좋은 시간을 갖게 하고 있었습니다<br>**She** **was letting** **kids** **have**<br>good times in the room<br>그녀는 어디에서 아이들이 좋은 시간을 갖게 하고 있었나요?<br>**Where was she** **letting** **kids** **have**<br>good times**?** | | | |

- 영작 연습
    1. 넌 어디에서 엄마를 기다리고 있는 중이었니?
    2. 넌 어디에서 매니저를 하고 있던 중이었니?
    3. 넌 어디로 쇼핑을 가고 있었니?
    4. 넌 어디서 학생들에게 책을 주고 있었니?
    5. Jane은 어디에서 TV를 보는 중이었나요?
    6. 그 남자는 어디서 노래를 부르고 있었나요?
    7. 그 남자는 어디서 오고 있었나요?
    8. 네 아빠는 어디서 점심을 들고 계셨니?
    9. 너 어디로 가는 중이었니?
    10. 버스가 어디로 도착하는 중이었지요?

## 2.4.5 Where 의문문 현재완료형

● I (나 – 1인칭 단수)를 주어로 하는 의문문

| | 의문사 + 조동사 + 주어 | 동사 | 보어 or 목적어 | 목적어 or 목적보어 |
|---|---|---|---|---|
| Pattern #1 | 나는 서울에서 지금까지 쭉 살고 있습니다<br>***I***        ***have lived***        in Seoul<br>저는 어디에서 지금까지 쭉 살고 있지요?<br>***Where have I***     ***lived?*** | | | |
| Pattern #2 | 나는 식당에서 지금까지 쭉 매니저로 있어요<br>***I***       ***have been***       ***a manager***    at restaurant<br>제가 어디에서 지금까지 쭉 매니저를 하고 있나요?<br>***Where have I***     ***been***      ***a manager?*** | | | |
| Pattern #3 | 나는 지금까지 쭉 집에서 TV를 보고 있어요<br>***I***      ***have watched***        TV       at home<br>전 지금까지 쭉 어디서 TV를 보고 있나요?<br>***Where have I***     ***watched***      ***TV?*** | | | |
| Pattern #4 | 난 지금까지 쭉 학생들에게 학교에서 책을 주고 있어요<br>***I***      ***have given***       ***students***     ***books***<br>                                                      at school<br>제가 지금까지 쭉 어디서 학생들에게 책을 주고 있지요?<br>***Where have I***     ***given***      ***students***     ***books?*** | | | |
| Pattern #5 | 난 지금까지 쭉 그들이 좋은 시간을 갖게 하고 있습니다<br>***I***      ***have let***        ***them***      ***have***<br>                                               good times at home<br>제가 지금까지 쭉 어디에서 그들에게 좋은 시간을 갖게 하나요?<br>***Where have I***      ***let***        ***them***     ***have***<br>                                               good times? | | | |

● You (we-1인칭복수, 2인칭, they-3인칭 복수)를 주어로 하는 의문문

| | 의문사 + 조동사 + 주어 | 동사 | 보어 or 목적어 | 목적어 or 목적보어 |
|---|---|---|---|---|
| Pattern #2 | 우리는 지금까지 쭉 학교에서 운동선수로 있습니다<br>***We***       ***have been***       ***players***      at school<br>우리는 어디에서 지금까지 쭉 운동선수로 있나요?<br>***Where have we***     ***been***        ***players?*** | | | |
| Pattern #3 | 그들은 지금까지 쭉 방에서 TV를 보고 있어요<br>***They***      ***have watched***       TV       in room<br>그들은 지금까지 쭉 어디서 TV를 보고 있나요?<br>***Where have they***    ***watched***     ***TV?*** | | | |
| Pattern #4 | 당신은 지금까지 쭉 학교에서 학생들에게 책을 주고 있어요<br>***You***       ***have given***       ***students***      ***the book***<br>당신은 지금까지 쭉 어디에서 학생들에게 책을 주고 있나요?<br>***Where have you***     ***given***      ***students***     ***the book?*** | | | |

| | | | | |
|---|---|---|---|---|
| Pattern #5 | 당신은 지금까지 쭉 그들이 방에서 좋은 시간을 갖게 하고 있습니다 **You have let them have** good times in the room 당신은 지금까지 쭉 어디에서 그들에게 좋은 시간을 갖게 하나요? **Where have you let them have good times?** | | | |

- he, she, Jane (3인칭 단수)를 주어로 하는 의문문

| | 의문사 + 조동사 + 주어 | 동사 | 보어 or 목적어 | 목적어 or 목적보어 |
|---|---|---|---|---|
| Pattern #1 | 그녀는 지금까지 쭉 서울에서 살고 있습니다 **She** | **has lived** | | in Seoul |
| | 그녀는 지금까지 쭉 어디에서 살고 있나요? **Where has she** | **lived?** | | |
| Pattern #2 | 그는 지금까지 쭉 학교에서 선생님이에요 **He** | **has been** | **a teacher** | at school |
| | 그는 지금까지 쭉 어디에서 선생님인가요? **Where** | **has he been** | **a teacher?** | |
| Pattern #3 | Jane은 지금까지 쭉 방에서 TV를 보고 있어요 **Jane** | **has watched** | **TV** | in room |
| | Jane은 지금까지 쭉 어디서 TV를 보고 있나요? **Where has Jane** | **watched** | **TV?** | |
| Pattern #4 | 그는 지금까지 쭉 학교에서 학생들에게 책을 주고 있어요 **He** | **has given** | **students** | **the book** at school |
| | 그는 지금까지 쭉 어디에서 학생들에게 책을 주고 있나요? **Where has he** | **given** | **students** | **the book?** |
| Pattern #5 | 그녀는 지금까지 쭉 아이들이 방에서 좋은 시간을 갖게 합니다 **She has let kids have** good times in the room 그녀는 지금까지 쭉 어디에서 아이들이 좋은 시간을 갖게 하나요? **Where has she let kids have** good times? | | | |

- 영작 연습
    1. 당신은 지금까지 쭉 어다에서 살고 계시나요?
    2. 당신은 지금까지 쭉 어디에서 매니저를 하고 계세요?
    3. 넌 지금까지 어디에서 쭉 쇼핑을 하고 있니?
    4. 넌 어디에서 학생들에게 지금까지 책을 주고 있니?
    5. Jane은 지금까지 어디서 TV를 보고 있나요?
    6. 그는 지금까지 어디에서 노래를 부르고 있나요?
    7. 너의 아빠는 지금까지 어디에서 점심을 드시고 계시니?
    8. 넌 어디에서 지금까지 엄마를 기다려 왔니?
    9. 그가 어디에서 그녀를 가르쳐 왔나요?
    10. 버스가 어디에 쭉 서 있나요?

## 2.4.6 Where 의문문 과거완료형

● I (나 – 1인칭 단수)를 주어로 하는 의문문

| 의문사 + 조동사 + 주어 | 동사 | 보어 or 목적어 | 목적어 or 목적보어 |
|---|---|---|---|
| Pattern #1 | 나는 서울에서 산 적이 있었습니다<br>*I*     **had lived**     *in Seoul*<br>저는 어디에서 살았나요?<br>***Where had I***     ***lived?*** | | |
| Pattern #2 | 나는 식당에서 매니저로 있은 적이 있었어요<br>*I*     **had been**     *a manager*     at restaurant<br>제가 어디에서 매니저를 한 적이 있었나요?<br>***Where had I***     ***been***     ***a manager?*** | | |
| Pattern #3 | 나는 집에서 TV를 본 적이 있었어요<br>*I*     **had watched**     *TV*     at home<br>전 어디서 TV를 본 적이 있었나요?<br>***Where had I***     ***watched***     ***TV?*** | | |
| Pattern #4 | 난 학생들에게 학교에서 책을 준 적이 있었어요<br>*I*     **had given**     *students*     **books** at school<br>제가 어디서 학생들에게 책을 준 적이 있었지요?<br>***Where had I***     ***given***     ***students***     ***books?*** | | |
| Pattern #5 | 난 그들이 좋은 시간을 갖게 한 적이 있습니다<br>*I*     **had let**     *them*     **have** good times at home<br>제가 그들이 좋은 시간을 갖게 한 적이 어디에서 있었나요?<br>***Where had I***     ***let***     ***them***     ***have*** good times? | | |

● You (we-1인칭복수, 2인칭, they-3인칭 복수)를 주어로 하는 의문문

| 의문사 + 조동사 + 주어 | 동사 | 보어 or 목적어 | 목적어 or 목적보어 |
|---|---|---|---|
| Pattern #1 | 너는 학교에 간 적이 있었어<br>*You*     **had gone**     *to school*<br>너는 어디에 간 적이 있었니?<br>***Where had you***     ***gone?*** | | |
| Pattern #2 | 우리는 학교에서 운동선수였던 적이 있었어요<br>*We*     **had been**     *players*     at school<br>우리는 어디에서 운동선수로 있었나요?<br>***Where had we***     ***been***     ***players?*** | | |
| Pattern #3 | 그들은 방에서 TV를 본 적이 있었어요<br>*They*     **had watched**     *TV*     in room<br>그들은 어디서 TV를 본 적이 있었나요?<br>***Where had they***     ***watched***     ***TV?*** | | |

| | | | | |
|---|---|---|---|---|
| Pattern #4 | 당신은 학교에서 학생들에게 책을 준 적이 있었어요<br>**You　　　　had given　　　　students　　　　the book**<br>당신은 어디에서 학생들에게 책을 준 적이 있었나요?<br>**Where had you　　given　　　　students　　　　the book?** | | | |
| Pattern #5 | 당신은 그들이 방에서 좋은 시간을 갖게 한 적이 있었습니다<br>**You　　　　had let　　　　　them　　　　have** *good times*<br>*in the room*<br>당신은 그들이 좋은 시간을 갖게 한 적이 어디에서 있었나요?<br>**Where had you　　　let　　　　　them　　　　have**<br>***good times?*** | | | |

● he, she, Jane (3인칭 단수)를 주어로 하는 의문문

| | 의문사 + 조동사<br>+ 주어 | 동사 | 보어 or<br>목적어 | 목적어 or<br>목적보어 |
|---|---|---|---|---|
| Pattern #1 | 그녀는 서울에서 산 적이 있었습니다<br>**She　　　　had lived**　　　　　　　　in Seoull<br>그녀는 어디에서 살았나요?<br>**Where had she　　lived?** | | | |
| Pattern #2 | 그는 학교에서 선생님이었던 적이 있었어요<br>**He　　　　had been**　　　　*a teacher*　　　at school<br>그는 어디에서 선생님이었나요?<br>**Where　　　had been**　　　　*a teacher?* | | | |
| Pattern #3 | Jane은 방에서 TV를 본 적이 있었어요<br>**Jane　　　had watched**　　　　*TV*　　　　in room<br>Jane은 어디서 TV를 본 적이 있었나요?<br>**Where had Jane　　watched**　　　　*TV?* | | | |
| Pattern #4 | 그는 학교에서 학생들에게 책을 준 적이 있었어요<br>**He　　　　had given**　　　　*students*　　　*the book*<br>　　　　　　　　　　　　　　　　　　　　　*at school*<br>그는 어디에서 학생들에게 책을 준 적이 있었나요?<br>**Where had he　　given**　　　　*students*　　　*the book?* | | | |
| Pattern #5 | 그녀는 아이들이 방에서 좋은 시간을 갖게 한 적이 있었습니다<br>**She　　　　had let**　　　　　*kids*　　　　*have*<br>　　　　　　　　　　　　　　　　　　　　*good times in the room*<br>그녀가 아이들에게 좋은 시간을 갖게 한 적이 어디에서 있었나요?<br>**Where had she　　let**　　　　　*kids*　　　　*have*<br>　　　　　　　　　　　　　　　　　　　　　　　　***good times?*** | | | |

● 영작 연습

1. 당신이 한 때 살았던 곳은 어디인가요?
2. 당신이 한 때 매니저를 한 곳은 어디였었나요?
3. 넌 어디서 쇼핑을 했었니?
4. 네가 학생들에게 책을 한동안 준 곳이 어디니?
5. Jane은 한 때 어디에서 TV를 보았었나요?
6. 그는 한 때 어디에서 노래를 불렀었나요?

7. 너의 아빠는 어디서 점심 식사를 했었대?
8. 네가 한 때 엄마를 기다렸던 곳은 어디니?
9. 그가 그녀를 한 때 가르쳤던 곳이 어디지요?
10. 버스가 한동안 서 있었던 곳은 어디였나요?

## 2.4.7 Where 의문문 미래형

● I (나 – 1인칭 단수)를 주어로 하는 의문문

| | 의문사 + 조동사 + 주어 | 동사 | 보어 or 목적어 | 목적어 or 목적보어 |
|---|---|---|---|---|
| Pattern #1 | 나는 서울에 살 겁니다<br>I<br>저는 어디에서 살 건가요?<br>**Where will I** | **will live**<br><br>**live?** | in Seoul | |
| Pattern #2 | 나는 식당에서 매니저로 있을 거에요<br>I<br>제가 어디에서 매니저를 할 건가요?<br>**Where will I** | **will be**<br><br>**be** | a manager<br><br>a manager? | at restaurant |
| Pattern #3 | 나는 집에서 TV를 볼 거에요<br>I<br>제가 어디서 TV를 볼까요?<br>**Where will I** | **will watch**<br><br>**watch** | TV<br><br>TV? | at home |
| Pattern #4 | 난 학생들에게 학교에서 책을 줄 거에요<br>I<br>제가 어디서 학생들에게 책을 줄 건가요?<br>**Where will I** | **will give**<br><br>**give** | students<br><br>students | the book<br>at school<br>the book? |
| Pattern #5 | 난 그들이 집에서 좋은 시간을 갖게 할 거에요<br>I<br>제가 그들에게 좋은 시간을 어디에서 갖게 할까요?<br>**Where will I** | **will let**<br><br>**let** | them<br><br>them | have<br>good times at home<br>have<br>good times? |

● You (we-1인칭복수, 2인칭, they-3인칭 복수)를 주어로 하는 의문문

|  | 의문사 + 조동사 + 주어 | 동사 | 보어 or 목적어 | 목적어 or 목적보어 |
|---|---|---|---|---|
| Pattern #1 | 넌 학교에 갈 거야<br>**You**　　　　　　***will go***<br>너 어디 갈 거니?<br>***Where will you***　　　　***go?*** | | to school | |
| Pattern #2 | 우리는 학교에선 운동선수로 있을 거에요<br>**We**　　　　　　***will be***　　　　***players***<br>우리는 어디에서 운동선수로 있을 건가요?<br>***Where will we***　　***be***　　***players?*** | | | at school |
| Pattern #3 | 그들은 방에서 TV를 볼 거에요<br>**They**　　　　　***will watch***　　　　***TV***<br>그들은 어디서 TV를 볼 건가요?<br>***Where will they***　　***watch***　　　***TV?*** | | | in room |
| Pattern #4 | 당신은 학교에서 학생들에게 책을 줄 거에요<br>**You**　　　***will give***　　***students***　　***books*** at school<br>당신은 어디에서 학생들에게 책을 줄 건가요?<br>***Where will you***　　***give***　　　***students***　　　***books?*** | | | |
| Pattern #5 | 당신은 그들이 방에서 좋은 시간을 갖게 할 거에요<br>**You**　　　***will let***　　　***them***　　***have*** *good times*<br>　　　　　　　　　　　　　　　　　　　*in the room*<br>당신은 어디에서 그들이 좋은 시간을 갖게 할 건가요?<br>***Where will you***　　***let***　　　***them***　　***have***<br>　　　　　　　　　　　　　　　　　　　***good times?*** | | | |

● he, she, Jane (3인칭 단수)를 주어로 하는 의문문

|  | 의문사 + 조동사 + 주어 | 동사 | 보어 or 목적어 | 목적어 or 목적보어 |
|---|---|---|---|---|
| Pattern #1 | 그녀는 서울에서 살 거에요<br>**She**　　　　　***will live***<br>그녀는 어디에서 살 건가요?<br>***Where will she***　　***live?*** | | in Seoull | |
| Pattern #2 | 그는 학교에서 선생님이 될 거에요<br>**He**　　　　　***will be***　　　***a teacher***<br>그는 어디에서 선생님이 될 건가요?<br>***Where will he***　***be***　　　***a teacher?*** | | | at school |
| Pattern #3 | Jane은 방에서 TV를 볼 거에요<br>**Jane**　　　　***will watch***　　　　***TV***<br>Jane은 어디서 TV 볼 건가요?<br>***Where will Jane***　　***watch***　　　***TV?*** | | | in room |
| Pattern #4 | 그는 학교에서 학생들에게 책을 줄 거에요<br>**He**　　　　***will give***　　　***students***　　***books***<br>　　　　　　　　　　　　　　　　　　　　　*at school*<br>그는 어디에서 학생들에게 책을 줄까요?<br>***Where will he***　　***give***　　　***students***　　　***books?*** | | | |

| | | | | |
|---|---|---|---|---|
| Pattern #5 | 그녀는 아이들이 방에서 좋은 시간을 갖게 할 거에요 | | | |
| | **She** | **will let** | **kids** | **have** *good times in the room* |
| | 그녀는 아이들에게 좋은 시간을 어디서 갖게 할 건가요? | | | |
| | **Where will she** | **let** | **kids** | **have** *good times?* |

- 영작 연습
    1. 당신은 어디에서 살 예정이세요?
    2. 당신은 어디에서 매니저를 할 건가요?
    3. 넌 어디로 쇼핑 갈거니?
    4. 당신은 어디에서 학생들에게 책을 줄 건가요?
    5. Jane은 어디서 TV를 볼 건가요?
    6. 그 남자는 어디에서 노래를 부를 건가요?
    7. 너의 아빠는 어디에서 점심을 드실 거니?
    8. 제가 어디서 엄마를 기다릴까요?
    9. 그가 어디에서 그녀를 가르칠 건가요?
    10. 버스가 어디로 도착할 건가요?

## 2.4.8 Where 의문문 미래진행형

- I (나 – 1인칭 단수)를 주어로 하는 의문문

| | 의문사 + 조동사 + 주어 | 동사 | 보어 or 목적어 | 목적어 or 목적보어 |
|---|---|---|---|---|
| Pattern #1 | 나는 서울에서 꼭 살게 될 겁니다 | | | |
| | *I* | **will be living** | in Seoul | |
| | 저는 어디에서 살고 있는 중이 될까요? | | | |
| | **Where will I** | **be living?** | | |
| Pattern #2 | 나는 식당에서 매니저로 일하고 있을 거에요 | | | |
| | *I* | **will be being** | **a manager** | at restaurant |
| | 제가 어디에서 매니저로 일하게 될 건가요? | | | |
| | **Where will I** | **be being** | **a manager?** | |
| Pattern #3 | 나는 집에서 TV를 보는 중이 될 거에요 | | | |
| | *I* | **will be watching** | TV | at home |
| | 제가 어디서 TV를 보는 중이 될까요? | | | |
| | **Where will I** | **be watching** | **TV?** | |
| Pattern #4 | 난 학생들에게 학교에서 책을 주고 있는 중일 거에요 | | | |
| | *I* | **will be giving** | **students** | **the book** at school |
| | 제가 학생들에게 어디서 책을 주고 있는 중일까요? | | | |
| | **Where will I** | **be giving** | **students** | **the book?** |

| | | | | |
|---|---|---|---|---|
| Pattern #5 | 난 그들이 집에서 좋은 시간을 꼭 갖게 할 거에요 | | | |
| | ***I*** | ***will be letting*** | ***them*** | ***have*** good times at home |
| | 제가 그들에게 좋은 시간을 어디서 꼭 갖도록 할까요? | | | |
| | ***Where will I*** | ***be letting*** | ***them*** | ***have*** good times? |

● You (we-1인칭복수, 2인칭, they-3인칭 복수)를 주어로 하는 의문문

| | 의문사 + 조동사 + 주어 | 동사 | 보어 or 목적어 | 목적어 or 목적보어 |
|---|---|---|---|---|
| Pattern #1 | 너 학교에 꼭 가게 될 거야 | | | |
| | ***You*** | ***will be going*** | to school | |
| | 너 어디로 가고 있게 될까? | | | |
| | ***Where will you*** | ***be going?*** | | |
| Pattern #2 | 우리는 학교에선 운동선수로 꼭 있게 될 거에요 | | | |
| | ***We*** | ***will be being*** | ***players*** | at school |
| | 우리는 어디에서 운동선수로 꼭 있게 될까요? | | | |
| | ***Where will we*** | ***be being*** | ***players?*** | |
| Pattern #3 | 그들은 방에서 TV를 보는 중일 거에요 | | | |
| | ***They*** | ***will be watching*** | ***TV*** | in room |
| | 그들은 어디서 TV 보게 될까요? | | | |
| | ***Where will they*** | ***be watching*** | ***TV?*** | |
| Pattern #4 | 당신은 학교에서 학생들에게 책을 주고 있는 중일 거에요 | | | |
| | ***You*** | ***will be giving*** | ***students*** | ***books*** |
| | 당신은 어디에서 학생들에게 책을 주고 있는 중일까요? | | | |
| | ***Where will you*** | ***be giving*** | ***students*** | ***books?*** |
| Pattern #5 | 당신은 그들이 방에서 좋은 시간을 갖게 하게 될 거에요 | | | |
| | ***You*** | ***will be letting*** | ***them*** | ***have*** good times in the room |
| | 당신은 그들에게 어디서 좋은 시간을 갖도록 하고 있을까요? | | | |
| | ***Where will you*** | ***be letting*** | ***them*** | ***have*** good times? |

● he, she, Jane (3인칭 단수)를 주어로 하는 의문문

| | 의문사 + 조동사 + 주어 | 동사 | 보어 or 목적어 | 목적어 or 목적보어 |
|---|---|---|---|---|
| Pattern #1 | 그녀는 서울에서 살고 있는 중이 꼭 될 거에요 | | | |
| | ***She*** | ***will be living*** | in Seoul | |
| | 그녀는 어디에서 살고 있게 될까요? | | | |
| | ***Where will she*** | ***be living?*** | | |
| Pattern #2 | 그는 학교에서 선생님이 정말로 될 거에요 | | | |
| | ***He*** | ***will be being*** | ***a teacher*** | at school |
| | 그는 선생님이 어디에서 정말로 될까요? | | | |
| | ***Where will he be being*** | | ***a teacher?*** | |
| Pattern #3 | Jane은 방에서 TV를 보고 있는 중일 거에요 | | | |
| | ***Jane*** | ***will be watching*** | ***TV*** | in room |

|  |  |
|---|---|
| | Jane은 어디서 TV를 보는 중이 될까요?<br>***Where will Jane   be watching                TV?*** |
| Pattern #4 | 그는 학교에서 학생들에게 책을 주고 있는 중일 거에요<br>***He         will be giving          students        the book<br>                                                              at school***<br>그는 학생들에게 어디에서 책을 주는 중이 될까요?<br>***Where will he    be giving              students        the book?*** |
| Pattern #5 | 그녀는 아이들이 방에서 좋은 시간을 꼭 갖게 할 거에요<br>***She         will be letting          kids            have<br>                                                    good times in the room***<br>그녀는 아이들에게 어디에서 좋은 시간을 꼭 갖도록 할까요?<br>***Where will she      be letting             kids           have<br>                                                              good times?*** |

- 영작 연습

    1. 넌 어디에서 TV를 보려고 하니?
    2. 당신은 어디에서 매니저를 하려고 하세요?
    3. 넌 정말 어디로 쇼핑 가려고 하니?
    4. 당신은 어디에서 학생들에게 책을 주려고 하세요?
    5. Jane은 정말 어디서 TV를 보게 될까요?
    6. 그 남자는 어디에서 확실하게 노래를 부르게 될까요?
    7. 너의 아빠는 어디서 점심을 드시려고 하니?
    8. 나는 어디에서 엄마를 기다리게 될까?
    9. 그는 어디에서 그녀를 가르치게 될까요?
    10. 버스가 확실히 도착하는 곳은 어디인가요?

## 2.5 Why 의문문
### 2.5.1 Why 의문문 현재형

● I (나 – 1인칭 단수)를 주어로 하는 의문문

|  | 의문사 + 조동사 + 주어 | 동사 | 보어 or 목적어 | 목적어 or 목적보어 |
|---|---|---|---|---|
| Pattern #1 | 나는 서울에 삽니다<br>**I**<br>왜 내가 서울에서 살지요?<br>**Why do I** | **live**<br>**live** | in Seoul<br>**in Seoul?** | |
| Pattern #2 | 나는 식당에서 매니저에요<br>**I**<br>왜 제가 식당에서 매니저로 있지요?<br>**Why** | **am**<br>**am** | **a manager**<br>**I** | at the restaurant<br>**a manager** at the restaurant? |
| Pattern #3 | 나는 집에서 TV를 봅니다<br>**I**<br>왜 나는 집에서 TV를 보나요?<br>**Why do I** | **watch**<br>**watch** | **TV**<br>**TV** | at home<br>at home? |
| Pattern #4 | 난 학생들에게 학교에서 책을 줍니다<br>**I**<br><br>왜 제가 학생들에게 책을 주지요?<br>**Why do I** | **give**<br><br>**give** | **students**<br><br>**students** | **the book**<br>at school<br><br>**the book?** |
| Pattern #5 | 난 그들이 좋은 시간을 갖게 합니다<br>**I let them**<br>왜 저는 그들이 좋은 시간을 갖게 하지요?<br>**Why do I let them** | | **have** good times<br><br>**have** good times? | |

● You (we-1인칭복수, 2인칭, they-3인칭 복수)를 주어로 하는 의문문

|  | 의문사 + 조동사 + 주어 | 동사 | 보어 or 목적어 | 목적어 or 목적보어 |
|---|---|---|---|---|
| Pattern #1 | 너 학교에 가는구나<br>**You**<br>너는 학교에 왜 가니?<br>**Why do you** | **go**<br>**go** | to school<br>to school? | |
| Pattern #2 | 우리는 학교에선 운동선수입니다<br>**We**<br>우리는 학교에서 왜 운동선수로 있지요?<br>**Why** | **are**<br>**are** | **players**<br>**we** | at school<br>**players at school?** |
| Pattern #3 | 그들은 방에서 TV를 봅니다<br>**They**<br>그들은 왜 방에서 TV를 보고 있어요??<br>**Why do they** | **watch**<br>**watch** | **TV**<br>**TV** | in room<br>**in room?** |

| | | | | |
|---|---|---|---|---|
| Pattern #4 | 당신은 학생들에게 책을 주는군요<br>**You** | **give** | **students** | **the book** |
| | 당신은 왜 학생들에게 책을 주나요?<br>**Why do you** | **give** | **students** | **the book?** |
| Pattern #5 | 당신은 그들이 좋은 시간을 갖게 합니다<br>**You** | **let** | **them** | **have**<br>good times |
| | 당신은 왜 그들에게 좋은 시간을 갖게 하지요?<br>**Why do you** | **let** | **them** | **have**<br>good times? |

● he, she, Jane (3인칭 단수)를 주어로 하는 의문문

| | 의문사 + 조동사<br>+ 주어 | 동사 | 보어 or<br>목적어 | 목적어 or<br>목적보어 |
|---|---|---|---|---|
| Pattern #1 | 그녀는 서울에서 삽니다<br>**She** | **lives** | in Seoul | |
| | 그녀는 왜 서울에서 살지요?<br>**Why does she** | **live** | in Seoul? | |
| Pattern #2 | 그는 학교에서 선생님이에요<br>**He** | **is** | **a teacher** | at school |
| | 그는 왜 학교에서 선생님으로 있나요?<br>**Why** | **is** | **he a teacher** | at school? |
| Pattern #3 | Jane은 방에서 TV를 봅니다<br>**Jane** | **watches** | **TV** | in room |
| | Jane은 왜 방에서 TV 보나요?<br>**Why does Jane** | **watch** | **TV** | in room? |
| Pattern #4 | 그는 학생들에게 책을 주는군요<br>**He** | **gives** | **students** | **the book** |
| | 그는 왜 학생들에게 책을 주나요?<br>**Why does he** | **give** | **students** | **the book?** |
| Pattern #5 | 그녀는 아이들이 좋은 시간을 갖게 합니다<br>**She** | **let** | **kids** | **have**<br>good times |
| | 그녀는 왜 아이들이 좋은 시간을 갖게 하지요?<br>**Why does she** | **let** | **kids** | **have**<br>good times? |

● why를 주어로 하는 혹은 그 밖의 where 의문문

| | |
|---|---|
| 그 밖의<br>where<br>의문문 | 왜 하늘이 파랗지요?<br>**Why is the sky blue?**<br><br>왜 영어가 중요하지요?<br>**Why is English important?**<br><br>영어로 말하는 것이 왜 어려운 가요?<br>**Why is it difficult to speak English?** |

- 영작 연습
    1. 당신은 왜 서울에서 살고 계세요?
    2. 당신은 왜 레스토랑에서 매니저를 하세요?
    3. 넌 왜 그 몰로 쇼핑을 가니?
    4. 당신은 왜 학생들에게 책을 주세요?
    5. Jane은 왜 Tom의 집에서 TV를 보나요?
    6. 그 남자는 왜 사무실에서 노래를 부르나요?
    7. 바다는 왜 파란색일까요?
    8. 영어로 말하는 건 왜 중요한가요?
    9. 왜 그는 그녀를 가르치나요?
    10. 버스가 왜 거기에 서 있나요?


## 2.5.2 Why 의문문 현재진행형

- I (나 – 1인칭 단수)를 주어로 하는 의문문

|  | 의문사 + 조동사 + 주어 | 동사 | 보어 or 목적어 | 목적어 or 목적보어 |
|---|---|---|---|---|
| Pattern #1 | 나는 여기서 기다리고 있는 중입니다 | | | |
| | *I* | *am waiting* | here | |
| | 나는 여기서 왜 기다리고 있는 중이지요? | | | |
| | **Why am I** | **waiting** | **here?** | |
| Pattern #3 | 나는 집에서 TV를 보고 있는 중입니다 | | | |
| | *I* | *am watching* | *TV* | at home |
| | 나는 집에서 왜 TV를 보고 있는 중이지요? | | | |
| | **Why am I** | **watching** | **TV** | at home? |
| Pattern #4 | 난 학생들에게 학교에서 책을 주고 있는 중입니다 | | | |
| | *I* | *am giving* | **students** | **books** at school |
| | 왜 제가 지금 학생들에게 책을 주고 있지요? | | | |
| | **Why am I** | **giving** | **students** | **books?** |
| Pattern #5 | 난 그들이 좋은 시간을 갖게 하고 있습니다 | | | |
| | *I* | *am letting* | **them** | **have** good times |
| | 왜 저는 그들에게 좋은 시간을 갖게 하고 있는 거지요? | | | |
| | **Why am I** | **letting** | **them** | **have** good times? |

● You (we-1인칭복수, 2인칭, they-3인칭 복수)를 주어로 하는 의문문

|  | 의문사 + 조동사 + 주어 | 동사 | 보어 or 목적어 | 목적어 or 목적보어 |
|---|---|---|---|---|
| Pattern #1 | 너 학교에 가고 있구나<br>**You** <br>너는 왜 학교에 가고 있니?<br>**Why are you** | **are going**<br><br>**going** | to school<br><br>to school? | |
| Pattern #3 | 그들은 방에서 TV를 보고 있습니다<br>**They** <br>그들은 지금 왜 방에서 TV를 보고 있어요?<br>**Why are they** | **are watching**<br><br>**watching** | TV<br><br>TV | in room<br><br>in room? |
| Pattern #4 | 당신은 학생들에게 책을 주고 있군요<br>**You** <br>당신은 왜 학생들에게 책을 주고 있나요?<br>**Why are you** | **are giving**<br><br>**giving** | students<br><br>students | books<br><br>books? |
| Pattern #5 | 당신은 그들이 방에서 좋은 시간을 갖게 하고 있습니다<br>**You** <br>당신은 왜 그들에게 좋은 시간을 갖게 하고 있지요?<br>**Why are you** | **are letting**<br><br>**letting** | them<br><br>them | have good times<br><br>have good times? |

● he, she, Jane (3인칭 단수)를 주어로 하는 의문문

|  | 의문사 + 조동사 + 주어 | 동사 | 보어 or 목적어 | 목적어 or 목적보어 |
|---|---|---|---|---|
| Pattern #1 | 그녀는 여기서 기다리고 있는 중입니다<br>**She** <br>그녀는 왜 여기서 기다리고 있지요?<br>**Why is she** | **is waiting**<br><br>**waiting** | here<br><br>here? | |
| Pattern #3 | Jane은 방에서 TV를 보고 있는 중입니다<br>**Jane** <br>Jane은 왜 방에서 TV 보고 있는 중인가요?<br>**Why is Jane** | **is watching**<br><br>**watching** | TV<br><br>TV | in room<br><br>in room? |
| Pattern #4 | 그는 학생들에게 책을 주고 있군요<br>**He** <br>그는 왜 학생들에게 책을 주고 있나요?<br>**Why is he** | **is giving**<br><br>**giving** | students<br><br>students | books<br><br>books? |
| Pattern #5 | 그녀는 아이들이 방에서 좋은 시간을 갖게 하고 있습니다<br>**She** <br>그녀는 왜 아이들에게 좋은 시간을 갖게 하고 있지요?<br>**Why is she** | **is letting**<br><br>**letting** | kids<br><br>kids | have good times<br><br>have good times? |

● 영작 연습
1. 너 왜 엄마를 기다리고 있니?
2. 당신은 왜 식당에서 매니저를 하고 있지요?
3. 넌 왜 그 몰로 쇼핑하러 가고 있니?
4. 넌 왜 학생들에게 그 책을 주고 있는 중이니?
5. Jane은 왜 Tom의 집에서 TV를 보고 있는 중이지요?
6. 그는 왜 사무실에서 노래를 부르고 있는 중인가요?
7. 그 남자는 왜 오고 있는 중인가요?
8. 네 아빠는 왜 거기서 점심 식사를 하고 계시니?
9. 그는 왜 그녀에게 영어를 가르치고 있는 중이니?
10. 버스가 왜 그리로 가는 중인가요?

## 2.5.3 Why 의문문 과거형

● I (나 - 1인칭 단수)를 주어로 하는 의문문

|  | 의문사 + 조동사 + 주어 | 동사 | 보어 or 목적어 | 목적어 or 목적보어 |
|---|---|---|---|---|
| Pattern #1 | 나는 서울에 살았습니다<br>I<br>왜 나는 서울에서 살았지요?<br>**Why did I** | **lived**<br><br>**live** | in Seoul<br><br>in Seoul? |  |
| Pattern #2 | 나는 식당에서 매니저였어요<br>I<br>왜 제가 식당에서 매니저로 있었지요?<br>**Why** | **was**<br><br>**was I** | a manager<br><br>a manager at the restaurant? | at the restaurant |
| Pattern #3 | 나는 집에서 TV를 보았습니다<br>I<br>왜 나는 집에서 TV를 보았나요?<br>**Why did I** | **watched**<br><br>**watch** | TV<br><br>TV | at home<br><br>at home? |
| Pattern #4 | 난 학생들에게 학교에서 책을 주었습니다<br>I<br>왜 제가 학생들에게 책을 주었지요?<br>**Why did I** | **gave**<br><br>**give** | students<br><br>students | books<br>at school<br>books? |
| Pattern #5 | 난 그들이 좋은 시간을 갖게 했습니다<br>I<br>왜 제가 그들에게 좋은 시간을 갖게 했지요?<br>**Why did I** | **let**<br><br>**let** | them<br><br>them | have<br>good times<br>have<br>good times? |

● You (we-1인칭복수, 2인칭, they-3인칭 복수)를 주어로 하는 의문문

| | 의문사 + 조동사 + 주어 | 동사 | 보어 or 목적어 | 목적어 or 목적보어 |
|---|---|---|---|---|
| Pattern #1 | 너 학교에 갔구나<br>**You**<br>너는 왜 학교에 갔니?<br>**Why did you** | went<br><br>go | | to school<br><br>to school? |
| Pattern #2 | 우리는 학교에선 운동선수였습니다<br>**We**<br>왜 우리는 학교에서 운동선수로 있었나요?<br>**Why** | were<br><br>were | players<br><br>we | at school<br><br>players at school? |
| Pattern #3 | 그들은 방에서 TV를 보았습니다<br>**They**<br>그들은 왜 방에서 TV를 보았나요?<br>**Why did they** | watched<br><br>watch | TV<br><br>TV | in room<br><br>in room? |
| Pattern #4 | 당신이 학생들에게 책을 주었군요<br>**You**<br>당신은 왜 학생들에게 책을 주었나요?<br>**Why did you** | gave<br><br>give | students<br><br>students | books<br><br>books? |
| Pattern #5 | 당신은 그들이 방에서 좋은 시간을 갖게 했습니다<br>**You**<br>당신은 왜 그들이 좋은 시간을 갖게 했지요?<br>**Why did you** | let<br><br>let | them<br><br>them | have good times<br><br>have good times? |

● he, she, Jane (3인칭 단수)를 주어로 하는 의문문

| | 의문사 + 조동사 + 주어 | 동사 | 보어 or 목적어 | 목적어 or 목적보어 |
|---|---|---|---|---|
| Pattern #1 | 그녀는 서울에서 살았습니다<br>**She**<br>그녀는 왜 서울에서 살았지요?<br>**Why did she** | lived<br><br>live | in Seoul<br><br>in Seoul? | |
| Pattern #2 | 그는 학교에서 선생님이었어요<br>**He**<br>그는 왜 학교에서 선생님으로 있었나요?<br>**Why** | was<br><br>was he | a teacher<br><br>a teacher | at school<br><br>at school? |
| Pattern #3 | Jane은 방에서 TV를 보았습니다<br>**Jane**<br>Jane은 왜 방에서 TV 보았나요?<br>**Where did Jane** | watched<br><br>watch | TV<br><br>TV | in room<br><br>**in room?** |
| Pattern #4 | 그가 학생들에게 책을 주었군요<br>**He** | gave | students | books |

| | 그는 왜 학생들에게 책을 주었나요? | | | |
|---|---|---|---|---|
| | **Why did he** | **give** | **students** | **books?** |
| Pattern #5 | 그녀는 아이들이 방에서 좋은 시간을 갖게 했습니다 | | | |
| | **She** | **let** | **kids** | **have** good times |
| | 그녀는 왜 아이들에게 좋은 시간을 갖게 하였지요? | | | |
| | **Why did she** | **let** | **kids** | **have** good times? |

● why를 주어로 하는 혹은 그 밖의 why 의문문

| 그 밖의<br>why<br>의문문 | 왜 하늘이 파란색이었나요?<br>**Why was the sky blue?**<br>왜 영어가 중요했지요?<br>**Why was English important?**<br>왜 영어로 말하는 것은 어려웠나요?<br>**Why was it difficult to speak English?** |
|---|---|

● 영작 연습
1. 당신은 왜 서울에서 살았나요?
2. 당신은 왜 레스토랑에서 매니저를 했나요?
3. 넌 왜 그 몰로 쇼핑하러 갔니?
4. 당신은 왜 학생들에게 책을 주었습니까?
5. Jane은 왜 Tom의 집에서 TV를 보았나요?
6. 그 남자는 왜 사무실에서 노래를 불렀나요?
7. 바다는 왜 파란색이었을까요?
8. 영어로 말하는 건 왜 중요했지요?
9. 그 남자가 왜 그녀에게 영어를 가르쳤나요?
10. 기차가 왜 거기에 서 있었나요?


## 2.5.4 Why 의문문 과거진행형

● I (나 – 1인칭 단수)를 주어로 하는 의문문

| | 의문사 + 조동사<br>+ 주어 | 동사 | 보어 or<br>목적어 | 목적어 or<br>목적보어 |
|---|---|---|---|---|
| Pattern #1 | 제가 서울에서 살고 있는 중이었습니다 | | | |
| | **I** | **was living** | in Seoul | |
| | 왜 제가 서울에서 살고 있던 중이었지요? | | | |
| | **Why was I** | **living** | **in Seoul?** | |

| | | | | |
|---|---|---|---|---|
| Pattern #3 | 나는 집에서 TV를 보고 있던 중이었습니다<br>*I*     *was watching*     *TV*     at home<br>왜 나는 집에서 TV를 보고 있는 중이었지요?<br>*Why was I*     *watching*     *TV*     at home? | | | |
| Pattern #4 | 난 학생들에게 학교에서 책을 주고 있는 중이었습니다<br>*I*     *was giving*     *students*     *books*    at school<br>왜 제가 학생들에게 책을 주고 있는 중이었지요?<br>*Why was I*     *giving*     *students*     *books?* | | | |
| Pattern #5 | 난 그들이 좋은 시간을 갖게 하고 있는 중이었습니다<br>*I*     *was letting*     *them*     *have good times*<br>제가 왜 그들에게 좋은 시간을 갖게 하고 있는 거였지요?<br>*Why was I*     *letting*     *them*     *have good times?* | | | |

- You (we-1인칭복수, 2인칭, they-3인칭 복수)를 주어로 하는 의문문

| | 의문사 + 조동사<br>+ 주어 | 동사 | 보어 or<br>목적어 | 목적어 or<br>목적보어 |
|---|---|---|---|---|
| Pattern #1 | 너 학교에 가고 있는 중이었구나<br>*You*     *were going*     to school<br>너는 왜 학교에 가는 중이었니?<br>*Why were you*     *going*     to school? | | | |
| Pattern #3 | 그들은 방에서 TV를 보고 있던 중이었습니다<br>*They*     *were watching*     *TV*     in room<br>그들은 지금 왜 방에서 TV를 보고 있던 중이었나요?<br>*Why were they*     *watching*     *TV*     in room? | | | |
| Pattern #4 | 당신은 학생들에게 책을 주고 있었군요<br>*You*     *were giving*     *students*     *books*<br>당신은 왜 학생들에게 책을 주고 있었나요?<br>*Why were you*     *giving*     *students*     *books?* | | | |
| Pattern #5 | 당신은 그들이 좋은 시간을 갖게 하고 있었습니다<br>*You*     *were letting*     *them*     *have good times*<br>당신은 왜 그들에게 좋은 시간을 갖게 하고 있었지요?<br>*Why were you*     *letting*     *them*     *have good times?* | | | |

- he, she, Jane (3인칭 단수)를 주어로 하는 의문문

| | 의문사 + 조동사<br>+ 주어 | 동사 | 보어 or<br>목적어 | 목적어 or<br>목적보어 |
|---|---|---|---|---|
| Pattern #1 | 그녀는 여기서 기다리고 있던 중이었습니다<br>*She*     *was waiting*     here<br>그녀는 왜 여기서 기다리고 있던 중이었습니까?<br>*Why was she*     *waiting*     here? | | | |

| | | | | |
|---|---|---|---|---|
| Pattern #3 | Jane은 방에서 TV를 보고 있는 중이었습니다<br>***Jane      was watching        TV       in room***<br>Jane은 왜 방에서 TV 보고 있던 중이었나요?<br>***Why was Jane    watching        TV       in room?*** | | | |
| Pattern #4 | 그는 학생들에게 책을 주고 있었군요<br>***He       was giving       students      books***<br>그는 왜 학생들에게 책을 주고 있었나요?<br>***Why was he      giving       students      books?*** | | | |
| Pattern #5 | 그녀는 아이들이 좋은 시간을 갖게 하고 있었습니다<br>***She       was letting       kids       have good times***<br>그녀는 왜 아이들에게 좋은 시간을 갖게 하고 있었지요?<br>***Why was she      letting       kids       have good times?*** | | | |

- 영작 연습
    1. 너 왜 엄마를 기다리고 있었니?
    2. 당신은 왜 매니저를 하고 있었나요?
    3. 넌 왜 그 몰로 쇼핑하러 가고 있었니?
    4. 넌 왜 학생들에게 책을 주고 있었니?
    5. Jane은 왜 Tom집에서 TV를 보고 있었나요?
    6. 그는 왜 사무실에서 노래를 부르고 있었나요?
    7. 그 남자는 왜 오고 있었지요?
    8. 넌 왜 거기서 점심을 먹고 있었니?
    9. 그 남자는 왜 그 여자에게 영어를 가르치고 있었을까요?
    10. 그 버스가 왜 그리로 가는 중이었나요?


## 2.5.5 Why 의문문 현재완료형

- I (나 – 1인칭 단수)를 주어로 하는 의문문

| | 의문사 + 조동사<br>+ 주어 | 동사 | 보어 or<br>목적어 | 목적어 or<br>목적보어 |
|---|---|---|---|---|
| Pattern #1 | 나는 서울에서 지금까지 쭉 살고 있습니다<br>***I       have lived       in Seoul***<br>저는 왜 지금까지 쭉 살고 있지요?<br>***Why have I      lived       in Seoul?*** | | | |
| Pattern #2 | 나는 식당에서 지금까지 쭉 매니저로 있어요<br>***I       have been      a manager     at restaurant***<br>제가 왜 지금까지 식당에서 쭉 매니저를 하고 있나요?<br>***Why have I      been      a manager     at restaurant?*** | | | |

| | | | | |
|---|---|---|---|---|
| Pattern #3 | 나는 지금까지 쭉 집에서 TV를 보고 있어요<br>**I** **have watched** **TV** at home<br>전 왜 지금까지 쭉 집에서 TV를 보고 있나요?<br>**Why have I** **watched** **TV** **at home?** | | | |
| Pattern #4 | 난 지금까지 쭉 학생들에게 학교에서 책을 주고 있어요<br>**I** **have given** **students** **books**<br>at school<br>제가 왜 지금까지 쭉 학생들에게 책을 주고 있지요?<br>**Why have I** **given** **students** **books?** | | | |
| Pattern #5 | 난 지금까지 쭉 그들이 좋은 시간을 갖게 하고 있습니다<br>**I** **have let** **them** **have**<br>good times<br>제가 왜 지금까지 쭉 왜 그들에게 좋은 시간을 갖게 하나요?<br>**Why have I** **let** **them** **have**<br>**good times?** | | | |

● You (we-1인칭복수, 2인칭, they-3인칭 복수)를 주어로 하는 의문문

| | 의문사 + 조동사<br>+ 주어 | 동사 | 보어 or<br>목적어 | 목적어 or<br>목적보어 |
|---|---|---|---|---|
| Pattern #2 | 우리는 지금까지 쭉 학교에서 운동선수로 있습니다<br>**We** **have been** **players** at school<br>우리는 왜 지금까지 쭉 학교에서 운동선수로 있나요?<br>**Why have we** **been** **players** **at school?** | | | |
| Pattern #3 | 그들은 지금까지 쭉 방에서 TV를 보고 있어요<br>**They** **have watched** **TV** in room<br>그들은 왜 지금까지 쭉 방에서 TV를 보고 있나요?<br>**Why have they** **watched** **TV** **in room?** | | | |
| Pattern #4 | 당신은 지금까지 쭉 학교에서 학생들에게 책을 주고 있어요<br>**You** **have given** **students** **the book**<br>당신은 왜 지금까지 쭉 학생들에게 책을 주고 있나요?<br>**Why have you** **given** **students** **the book?** | | | |
| Pattern #5 | 당신은 지금까지 쭉 그들이 방에서 좋은 시간을 갖게 하고 있습니다<br>**You** **have let** **them** **have**<br>good times in the room<br>당신은 왜 지금까지 쭉 왜 그들이 좋은 시간을 갖게 하고 있나요?<br>**Why have you** **let** **them** **have**<br>**good times?** | | | |

● he, she, Jane (3인칭 단수)를 주어로 하는 의문문

| | 의문사 + 조동사 + 주어 | 동사 | 보어 or 목적어 | 목적어 or 목적보어 |
|---|---|---|---|---|
| Pattern #1 | 그녀는 지금까지 쭉 서울에서 살고 있습니다<br>**She**<br>그녀는 지금까지 쭉 왜 서울에서 살고 있나요?<br>**Why has she** | **has lived**<br><br>lived | in Seoul<br><br>in Seoul? | |
| Pattern #2 | 그는 지금까지 쭉 학교에서 선생님이에요<br>**He**<br>그는 왜 지금까지 쭉 선생님인가요?<br>**Why has he** | **has been**<br><br>been | a teacher<br><br>a teacher? | at school |
| Pattern #3 | Jane은 지금까지 쭉 방에서 TV를 보고 있어요<br>**Jane**<br>Jane은 왜 지금까지 쭉 TV를 보고 있나요?<br>**Why has Jane** | **has watched**<br><br>watched | TV<br><br>TV? | in room |
| Pattern #4 | 그는 지금까지 쭉 학교에서 학생들에게 책을 주고 있어요<br>**He**<br>그는 왜 지금까지 쭉 학생들에게 책을 주고 있나요?<br>**Why has he** | **has given**<br><br>given | students<br><br>students | books<br>at school<br>books? |
| Pattern #5 | 그녀는 지금까지 쭉 아이들이 방에서 좋은 시간을 갖게 합니다<br>**She**<br>그녀는 지금까지 쭉 왜 아이들에게 좋은 시간을 갖게 하나요?<br>**Why has she** | **has let**<br><br>let | kids<br><br>kids | have<br>good times in the room<br>have<br>good times? |

● 영작 연습

1. 당신은 왜 지금까지 서울에서 살고 계세요?
2. 당신은 왜 지금까지 매니저로 있으세요?
3. 넌 왜 그 몰로 쇼핑하러 다니고 있니?
4. 넌 왜 학생들에게 지금까지 책을 주어오고 있니?
5. Jane은 지금까지 쭉 TV를 왜 보고 있어요?
6. 그는 왜 지금까지 노래를 부르고 있나요?
7. 넌 왜 지금까지 거기서 점심을 먹고 있니?
8. Tom은 지금까지 왜 엄마를 기다리고 있니?
9. 그는 왜 그녀에게 영어를 가르쳐 오고 있니?
10. 그 버스가 왜 저기에 계속 서있니?

## 2.5.6 Why 의문문 과거완료형

● I (나 – 1인칭 단수)를 주어로 하는 의문문

|  | 의문사 + 조동사 + 주어 | 동사 | 보어 or 목적어 | 목적어 or 목적보어 |
|---|---|---|---|---|
| Pattern #1 | 나는 서울에서 산 적이 있었습니다<br>　　I<br>저는 왜 서울에서 살았었나요?<br>**Why had I** | had lived<br><br>lived | in Seoul<br><br>*in Seoul?* | |
| Pattern #2 | 나는 식당에서 매니저로 있은 적이 있어요<br>　　I<br>제가 왜 식당에서 매니저를 한 적이 있나요?<br>**Why had I** | had been<br><br>been | **a manager**<br><br>**a manager** | at restaurant<br><br>**at restaurant?** |
| Pattern #3 | 나는 집에서 TV를 본 적이 있었어요<br>　　I<br>전 왜 집에서 TV를 봤었을까요?<br>**Why had I** | had watched<br><br>watched | TV<br><br>TV? | at home |
| Pattern #4 | 난 학생들에게 학교에서 책을 준 적이 있었어요<br>　　I<br>제가 왜 학생들에게 책을 주었을까요?<br>**Why had I** | had given<br><br>given | **students**<br><br>**students** | **books**<br>at school<br>**books?** |
| Pattern #5 | 난 그들이 좋은 시간을 갖게 한 적이 있었습니다<br>　　I<br>제가 왜 그들이 좋은 시간을 갖게 했었을까요?<br>**Why had I** | had let<br><br>let | them<br>good times<br>them | **have**<br><br>**have**<br>good times? |

● You (we-1인칭복수, 2인칭, they-3인칭 복수)를 주어로 하는 의문문

|  | 의문사 + 조동사 + 주어 | 동사 | 보어 or 목적어 | 목적어 or 목적보어 |
|---|---|---|---|---|
| Pattern #1 | 너는 학교에 간 적이 있었어<br>　**You**<br>넌 왜 학교에 갔었지?<br>**Why had you** | had gone<br><br>gone | to school<br><br>*to school?* | |
| Pattern #2 | 우리는 학교에서 운동선수였던 적이 있어요<br>　**We**<br>우리는 왜 학교에서 운동선수로 있었나요?<br>**Why had we** | had been<br><br>been | **players**<br><br>**players** | at school<br><br>*at school?* |
| Pattern #3 | 그들은 방에서 TV를 본 적이 있어요<br>　**They**<br>그들은 방에서 왜 TV를 봤었지요?<br>**Why had they** | had watched<br><br>watched | TV<br><br>TV | in room<br><br>*in room?* |

| | | | | |
|---|---|---|---|---|
| Pattern #4 | 당신은 학교에서 학생들에게 책을 준 적이 있어요<br>**You**      **had given**      **students**      **books**<br>당신은 왜 학생들에게 책을 주었나요?<br>**Why had you**      **given**      **students**      **books?** | | | |
| Pattern #5 | 당신은 그들이 방에서 좋은 시간을 갖게 한 적이 있습니다<br>**You**      **had let**      **them**      **have** good times in the room<br>당신은 왜 그들이 좋은 시간을 갖게 했었지요?<br>**Why had you**      **let**      **them**      **have good times?** | | | |

● he, she, Jane (3인칭 단수)를 주어로 하는 의문문

| | 의문사 + 조동사 + 주어 | 동사 | 보어 or 목적어 | 목적어 or 목적보어 |
|---|---|---|---|---|
| Pattern #1 | 그녀는 서울에서 산 적이 있었습니다<br>**She**<br>그녀는 왜 서울에서 살았었나요?<br>**Why had she** | **had lived**<br><br>**lived** | in Seoul<br><br>**in Seoul?** | |
| Pattern #2 | 그는 학교에서 선생님이었던 적이 있어요<br>**He**<br>그는 왜 학교에서 선생님이었나요?<br>**Why** | **had been**<br><br>**had been** | **a teacher**<br><br>**a teacher** | at school<br><br>**at school?** |
| Pattern #3 | Jane은 방에서 TV를 본 적이 있어요<br>**Jane**<br>Jane은 왜 방에서 TV를 봤었지요?<br>**Why had Jane** | **had watched**<br><br>**watched** | **TV**<br><br>**TV** | in room<br><br>**in room?** |
| Pattern #4 | 그는 학교에서 학생들에게 책을 준 적이 있어요<br>**He**      **had given**      **students**      **books**<br>                                                                             at school<br>그는 왜 학생들에게 책을 줬었지요?<br>**Why had he**      **given**      **students**      **books?** | | | |
| Pattern #5 | 그녀는 아이들이 방에서 좋은 시간을 갖게 한 적이 있었습니다<br>**She**      **had let**      **kids**      **have** good times in the room<br>그녀는 왜 아이들에게 좋은 시간을 갖게 했었나요?<br>**Why had she**      **let**      **kids**      **have good times?** | | | |

● 영작 연습

1. 당신은 왜 한 때 서울에서 살았었나요?
2. 당신은 왜 한 때 매니저로 일했나요?
3. 넌 한동안 왜 그 몰로 쇼핑하러 다녔니?
4. 넌 한동안 학생들에게 책을 왜 주었니?
5. Jane은 왜 한동안 TV를 봤니?
6. 그는 한 때 왜 노래를 불렀었나요?

7. 그는 한 때 왜 거기서 점심을 먹었었나요?
8. Tom은 한 때 왜 엄마를 기다리고 있었니?
9. 그는 왜 그녀에게 영어를 가르쳤었지요?
10. 버스가 왜 한동안 저기에 서 있었지요?


## 2.5.7 Why 의문문 미래형

● I (나 – 1인칭 단수)를 주어로 하는 의문문

|  | 의문사 + 조동사 + 주어 | 동사 | 보어 or 목적어 | 목적어 or 목적보어 |
|---|---|---|---|---|
| Pattern #1 | 나는 서울에 살 겁니다<br>**I**<br>저가 왜 서울에서 살 건가요?<br>**Why will I** | **will live**<br><br>**live** | in Seoul<br><br>**in Seoul?** | |
| Pattern #2 | 나는 식당에서 매니저로 있을 거에요<br>**I**<br>제가 왜 매니저를 할 건가요?<br>**Why will I** | **will be**<br><br>**be** | ***a manager***<br><br>***a manager?*** | at restaurant |
| Pattern #3 | 나는 집에서 TV를 볼 거에요<br>**I**<br>제가 왜 집에서 TV를 볼 예정인가요?<br>**Why will I** | **will watch**<br><br>**watch** | ***TV***<br><br>***TV*** | at home<br><br>**at home?** |
| Pattern #4 | 난 학생들에게 학교에서 그 책을 줄 거에요<br>**I**<br>제가 왜 학생들에게 그 책을 줄 건가요?<br>**Why will I** | **will give**<br><br>**give** | ***students***<br><br>***students*** | **the book** at school<br><br>**the book?** |
| Pattern #5 | 난 그들이 좋은 시간을 갖게 할 거에요<br>**I**<br>제가 왜 그들에게 좋은 시간을 갖게 할 건가요?<br>**Why will I** | **will let**<br><br>**let** | ***them***<br><br>***them*** | **have** good times<br>**have** good times? |

● You (we-1인칭복수, 2인칭, they-3인칭 복수)를 주어로 하는 의문문

|  | 의문사 + 조동사 + 주어 | 동사 | 보어 or 목적어 | 목적어 or 목적보어 |
|---|---|---|---|---|
| Pattern #1 | 넌 학교에 갈 거야<br>**You**<br>너 왜 학교에 갈 거니?<br>**Why will you** | **will go**<br><br>**go** | to school<br><br>to school? | |
| Pattern #2 | 우리는 학교에선 운동선수로 있을 거에요<br>**We**<br>우리는 왜 학교에서 운동선수로 있을 건가요?<br>**Why will we** | **will be**<br><br>**be** | players<br><br>players | at school<br><br>at school? |
| Pattern #3 | 그들은 방에서 TV를 볼 거에요<br>**They**<br>그들은 왜 방에서 TV 볼 건가요?<br>**Why will they** | **will watch**<br><br>**watch** | TV<br><br>TV | in room<br><br>in room? |
| Pattern #4 | 당신은 학교에서 학생들에게 책을 줄 거에요<br>**You**<br>당신은 왜 학생들에게 책을 줄 건가요?<br>**Why will you** | **will give**<br><br>**give** | students<br><br>students | books<br><br>books? |
| Pattern #5 | 당신은 그들이 방에서 좋은 시간을 갖게 할 거에요<br>**You**<br>당신은 왜 그들에게 좋은 시간을 갖게 할 건가요?<br>**Why will you** | **will let**<br><br>**let** | them<br><br>them | have good times in the room<br><br>have good times? |

● he, she, Jane (3인칭 단수)를 주어로 하는 의문문

|  | 의문사 + 조동사 + 주어 | 동사 | 보어 or 목적어 | 목적어 or 목적보어 |
|---|---|---|---|---|
| Pattern #1 | 그녀는 서울에서 살 거에요<br>**She**<br>그녀는 왜 서울에서 살 건가요?<br>**Why will she** | **will live**<br><br>**live** | in Seoul<br><br>in Seoul? | |
| Pattern #2 | 그는 학교에서 선생님이 될 거에요<br>**He**<br>그는 왜 선생님이 될 건가요?<br>**Why will he** | **will be**<br><br>**be** | a teacher<br><br>a teacher? | at school |
| Pattern #3 | Jane은 방에서 TV를 볼 거에요<br>**Jane**<br>Jane은 방에서 TV를 왜 볼 건가요?<br>**Why will Jane** | **will watch**<br><br>**watch** | TV<br><br>TV | in room<br><br>in room? |
| Pattern #4 | 그는 학교에서 학생들에게 책을 줄 거에요<br>**He** | **will give** | students | books<br>at school |

|  | 그는 왜 학생들에게 책을 주려고 하나요? |
|  | ***Why will he    give         students    books?*** |
| Pattern #5 | 그녀는 아이들이 방에서 좋은 시간을 갖게 할 거에요 |
|  | ***She       will let        kids       have***<br>*good times in the room* |
|  | 그녀는 아이들에게 왜 좋은 시간을 갖게 하려고 하나요? |
|  | ***Why will she    let         kids       have***<br>*good times?* |

● 영작 연습

1. 당신은 서울에서 왜 살려고 하지요?
2. 당신은 왜 매니저가 되려고 하세요?
3. 넌 왜 그 몰로 쇼핑을 가려고 하니?
4. 당신은 왜 학생들에게 책을 주려고 하세요?
5. Jane은 왜 Tom의 집에서 TV를 보려고 하지요?
6. 그 남자는 왜 노래를 부르려고 하지요?
7. 넌 거기서 왜 점심을 먹으려고 하니?
8. Tom은 왜 엄마를 기다리려고 하니?
9. 그는 왜 그녀에게 영어를 가르치려고 하지요?
10. 버스가 왜 그리로 가려고 하나요?

## 2.6 Which, Whether, Whose, Whom을 묻는 의문문

### 2.6.1 which 의문문

● Which 의문문 현재형

| | 의문사 + 조동사 + 주어 | 동사 | 보어 or 목적어 | 목적어 or 목적보어 |
|---|---|---|---|---|
| Pattern #1 | 삼성 TV가 Sony TV 보다 더 잘 나와요<br>**Samsung TV**<br><br>어느 TV가 더 잘 나오나요?<br>**Which of televisions** | **works**<br><br><br>**works** | better than Sony TV<br><br><br>*better?* | |
| Pattern #2 | 사진에서 이 사람이 바로 접니다<br>**This**<br><br>사진에서 누가 너니?<br>**Which of the men** | **is**<br><br><br>**are** | **me**<br><br><br>**you** | in the picture<br><br><br>*in the picture?* |
| Pattern #3 | 나는 책이 더 좋아요<br>**I**<br>책하고 영화 중에서 어느 것이 더 좋아요?<br>**Which do you**<br><br>나는 저 색 보다 이 색이 더 좋습니다.<br>**I**<br>이 색과 저 색 중에서 어느 것을 더 좋아하세요?<br>**Which do you** | **like**<br><br>**like**<br><br><br>**prefer**<br><br>**prefer** | **the book**<br><br><br>better the book or movie?<br><br>this color to that color<br><br>this color or that color? | better |
| Pattern #4 | 영어 선생님이 저에게 책을 주십니다<br>**English teacher**<br><br>어느 선생님이 너에게 책을 주시지?<br>**Which of teachers** | **gives**<br><br><br>**gives** | **me**<br><br><br>**you** | the book<br><br><br>the book? |
| Pattern #5 | 저 잘생긴 남자가 저를 행복하게 해요<br>**That handsome guy**<br><br>어떤 남자가 너를 행복하게 하지?<br>**Which of the men** | **makes**<br><br><br>**makes** | **me**<br><br><br>**you** | happy<br><br><br>happy? |

● 그 밖의 의문문 (간접적으로 사용될 때)

| | |
|---|---|
| 그 밖의 which 의문문 | 어느 쪽을 선택할 건지 말할 수 있어요?<br>*Can you tell me which you choose?*<br><br>어느 것이 더 좋은지 생각해 보겠어요?<br>*Would you think about which you like better?*<br><br>어디로 갈지 확실치 않아요<br>*I am not sure which way to go.* |

- Which 의문문 다른 시제

| | 의문사 + 조동사 + 주어 | 동사 | 보어 or 목적어 | 목적어 or 목적보어 |
|---|---|---|---|---|
| 현재진행 | 나는 예쁜 여자와 이야기하고 있는 중이에요<br>I am talking to a pretty woman<br>넌 어떤 여자와 이야기하고 있는 중이니?<br>Which of girls are you talking to? | | | |
| 과거 | 나는 예쁜 여자와 이야기 했어요<br>I talked to a pretty woman<br>넌 어떤 여자와 이야기 했니?<br>Which of girls did you talk to? | | | |
| 과거진행 | 나는 예쁜 여자와 이야기하고 있는 중이었어요<br>I was talking to a pretty woman<br>넌 어떤 여자와 이야기하고 있는 중이었니?<br>Which of girls were you talking to? | | | |
| 현재완료 | 나는 예쁜 여자와 지금까지 쭉 이야기하고 있어요<br>I have talked to a pretty woman<br>넌 어떤 여자와 지금까지 쭉 이야기 하고 있니?<br>Which of girls have you talked to? | | | |
| 과거완료 | 나는 예쁜 여자와 이야기 한 적이 있어요<br>I had talked to a pretty woman<br>넌 어떤 여자와 이야기 한 적이 있니?<br>Which of girls had you talked to? | | | |
| 미래 | 나는 예쁜 여자와 이야기 할 거에요<br>I will talk to a pretty woman<br>넌 어떤 여자와 이야기 할 거니?<br>Which of girls will you talk to? | | | |

- 영작 연습
    1. 어느 TV가 더 잘 나오나요?
    2. 어떤 여자랑 이야기 하니?
    3. 넌 어떤 여자와 이야기하고 있는 중이니?
    4. 사진에서 누가 너였니?
    5. 그 여자는 책하고 음악 중에서 어느 것을 더 좋아했나요?
    6. 빨간색과 파란색 중 어떤 색으로 그리고 있었어요?
    7. 어느 선생님이 너에게 지금까지 희망을 쭉 주고 계시니?
    8. 어느 선생님이 너에게 책을 주신 적이 있니?
    9. 어느 남자가 너를 행복하게 하겠니?
    10. 어느 차를 운전할 지 내게 말해줄 수 있습니까?

## 2.6.2 whether 간접 의문문,

● whether 간접 의문문

| | 의문사 + 조동사 + 주어 | 동사 | 보어 or 목적어 | 목적어 or 목적보어 |
|---|---|---|---|---|
| Pattern #1 | 비가 올지 안 올지 저는 잘 모르겠어요<br>I | don't know | whether or not it rains | |
| Pattern #2 | 사실인지 아닌지 알고 싶어요<br>I | want to know | whether it is true | |
| Pattern #3 | 우리가 숙제를 할 수 있을지 확신이 서질 않아요<br>I | am not sure | whether we can do homework | |
| Pattern #4 | 선생님이 우리에게 숙제를 내주셨는지 여쭈어 보아야 해요<br>we | should ask | whether the teacher gave us the homework or not | |
| Pattern #5 | 네가 그 남자와 결혼하든 안 하든 그 사람은 너를 행복하게 할거야<br>**Whether or not you marry him, he will make you happy** | | | |

● 영작 연습
1. 내일 눈이 올지 안 올지 전 잘 모르겠어요
2. 아들이 집에 올 건지 잘 모르겠어요
3. 그가 의사가 될 건지 알고 싶어요
4. Tom이 선생님이었는지 Jane은 궁금해요
5. 남편이 어제 운동을 했는지 궁금해요
6. 그가 어제 운동을 하고 있었는지 알고 싶어요
7. Tom이 지금까지 쭉 어린이들에게 책을 주고 있는지 어머니는 확신이 서질 않아요
8. 그가 아빠에게 선물을 드린 적이 있는 지 전 잘 모르겠어요
9. 내 아내가 날 행복하게 할 건지 알고 싶어요
10. 버스가 올지 안 올지 잘 모르겠어요

### 2.6.3 whom 의문문

| | 의문사 + 조동사 + 주어 | 동사 | 보어 or 목적어 | 목적어 or 목적보어 |
|---|---|---|---|---|
| Pattern #1 | 저는 Jane에게 가요<br>**I**<br>너 누구에게 가니?<br>**To whom do you** | **go**<br><br>**go**? | to Jane | |
| Pattern #2 | 난 너 때문에 행복해<br>**I**<br>넌 누구 때문에 행복하니?<br>**Because of whom** | **am**<br><br>**are you** | happy<br><br>happy? | because of you |
| Pattern #3 | 난 Jane과 함께 스파게티를 만들어요<br>**I**<br>넌 누구랑 스파게티를 만드니?<br>**With whom do you** | **cook**<br><br>**cook** | spaghetti<br><br>spaghetti? | with Jane |
| Pattern #4 | 선생님이 나에게 숙제를 내주십니다<br>**Teacher**<br>네가 지금 하고 있는 숙제는 누가 내준 거니?<br>**You** | **gives**<br><br>**are doing** | me<br><br>homework from whom? | homework |
| Pattern #5 | Tom은 그녀를 위해 그녀를 보내주었습니다<br>**Tom**<br>Tom은 누구를 위해 그녀를 보내주었나요?<br>**For whom did Tom** | **let**<br><br>**let** | her<br><br>her | go    for herself<br><br>go? |

● 그 밖의 의문문

그 밖의 whom 의문문

그 개는 누구를 위해서 짖나요?
　　**For whom does the dog bark?**

누구에게 e-mail을 보냅니까?
　　**To whom do you send the e-mail?**

누구를 위하여 종이 울리나
　　**For whom the bell tolls.**

● 영작 연습
1. 넌 누구에게 가니?
2. 우리 아들은 누구에게 가나요?
3. 넌 지금 누구 때문에 행복하니?
4. Jane은 누구 때문에 행복했나요?
5. 그는 어제 누구와 피자를 만들었나요?
6. 넌 어제 누구와 피자를 만들고 있었니?

7. 넌 누굴 위해 돈을 그에게 계속 주고 있니?
8. 넌 누굴 위해 한 때 그에게 돈을 주었었니?
9. 넌 누굴 위해 그를 보내 주려고 하니?
10. 당신은 누구를 위해서 바이올린을 연주하고 있나요?

## 2.6.4 whose 의문문

| | 의문사 + 조동사 + 주어 | 동사 | 보어 or 목적어 | 목적어 or 목적보어 |
|---|---|---|---|---|
| Pattern #1 | 저는 Jane의 집으로 가요<br>***I***<br>넌 누구네 집으로 가니?<br>***Whose home do you*** | ***go***<br><br>***go to?*** | to Jane's home | |
| Pattern #2 | 이 아이디어는 내 것이에요<br>***This idea***<br>이건 누구의 아이디어니?<br>***Whose idea*** | ***is***<br><br>***is*** | mine<br><br>this? | |
| Pattern #3 | 난 Jane의 장난감을 만들어요<br>***I***<br>넌 누구의 장난감을 만드니?<br>***Whose toy do you make?*** | ***make*** | Jane's toy | |
| Pattern #4 | 난 Jane의 책을 Tom에게 빌려 주었어요<br>***I***<br>누구의 책을 Tom에게 빌려 주었니?<br>***Whose book did you borrow*** | ***borrow*** | Tom<br><br>Tom? | Jane's book |
| Pattern #5 | Tom의 아내는 아이들을 행복하게 합니다<br>***Tom's wife***<br>누구의 아내가 아이들을 행복하게 하나요?<br>***Whose wife*** | ***makes***<br><br>***makes*** | kids<br><br>kids | happy<br><br>happy? |

- 그 밖의 의문문 (간접 의문문)

| 그 밖의 whose 의문문 | 누구의 방이지요?<br>***Whose room is it?***<br><br>누구의 아이디어가 가장 좋았어요?<br>***Whose idea was best?***<br><br>이 책이 누구의 것인지 아세요?<br>***Do you know whose book it is?*** |
|---|---|

- 영작 연습
    1. 넌 누구네 집으로 가니?
    2. 우리 아들은 누구네 집으로 가고 있나요?
    3. 저건 누구의 의견인가요?
    4. 저건 누구의 의견이었나요?
    5. 어제 넌 누구의 장난감을 만들었니?
    6. 어제 넌 누구의 장난감을 만들고 있었니?

7. 넌 누구 책을 계속 그에게 빌려주고 있는 거니?
8. 넌 누구의 책을 Tom에게 책을 빌려 준 적이 있니?
9. 누구의 딸이 그를 행복하게 하나요?
10. 누구의 악기로 연주하고 있으세요?

## 2.6.5 whatever, whoever, wherever, whenever, whichever, whomever 의문문

| | 의문사 + 조동사 + 주어 | 동사 | 보어 or 목적어 | 목적어 or 목적보어 |
|---|---|---|---|---|
| whatever | 난 네가 원하는 건 뭐든지 상관 없어<br>**I**<br>내가 원하는 건 뭐든지 할 수 있어?<br>**Can you** | **don't care**<br><br>**do** | **whatever you want**<br><br>**whatever I want?** | |
| whoever | 모든 사람은 우리와 함께 할 수 있습니다<br>**Everybody**<br>누구든지 함께 할 수 있나요?<br>**Whoever** | **can join**<br><br>**can join** | **us**<br><br>**you?** | |
| wherever | 당신이 가는 곳이라면 어디든지 가고 싶어요<br>**I**<br>어디든지 나와 함께 갈 수 있어요?<br>**Wherever** | **want**<br><br>**can you go with me?** | **to go wherever you go** | |
| whenever | 언제라도 난 좋아요<br>**Anytime**<br>언제라도 같이 갈 수 있어요?<br>**Whenever can you** | **will be**<br><br>**go** | **fine**<br><br>**together?** | |
| whichever | 어떤 것이라도 난 좋습니다<br>**Anything**<br>어떤 것이라도 좋습니까?<br>**Whichever** | **will be**<br><br>**will be** | **good**<br><br>**good?** | |
| whomever | 난 그들을 태울 수 있습니다<br>**I**<br>그가 누구를 원하든 태워줄 수 있어요?<br>**Can you** | **can pick**<br><br>**pick up** | **them up**<br><br>**whomever he wants?** | |

● 영작 연습
1. 너의 아내는 네가 원하는 건 뭐든지 하니?
2. 넌 내가 좋아하는 건 뭐든지 할거니?
3. 누구 부탁하더라도 넌 안 갈 거니?
4. 엄마가 원한다면 넌 어디든 갈 수 있니?
5. 넌 어디든 엄마와 함께 갈 수 있니?
6. 그는 언제라도 공부를 시작할 수 있나요?
7. 그녀는 언제라도 쇼핑을 갈 수 있나요?
8. 어떤 것이라도 재미있나요?
9. 내가 좋아하는 사람이면 누구든 초대할 수 있니?
10. 언제든지 너 여기로 올 수 있니?

# Chapter 3  어느 정도를 묻는 의문문

## 3.1 How 의문문

### 3.1.1 How 의문문 현재형, 현재진행형

| | 의문사 + 조동사 + 주어 | 동사 | 보어 or 목적어 | 목적어 or 목적보어 |
|---|---|---|---|---|
| Pattern #1 | 저의 사업이 잘 되고 있습니다<br>**My business** | **goes** | **well** | |
| | 요즘 사업이 어떠신지요?<br>**How** | **is your business going?** | | |
| Pattern #2 | 전 아주 좋습니다<br>**I** | **am** | **very fine** | |
| | 당신은 어떠세요(안녕하세요)?<br>**How** | **are** | **you?** | |
| Pattern #3 | 한국 사람들은 젓가락으로 국수를 먹습니다<br>**Koreans** | **eat** | **the noodles** | by chopstick |
| | 한국 사람들은 어떻게 국수를 먹습니까?<br>**How do Koreans** | **eat** | **the noodles?** | |
| Pattern #4 | Jane은 그 책을 그에게 항공 우편으로 보냅니다<br>**Jane** | **sends** | **him** | **the book** by air mail |
| | Jane은 그 책을 어떻게 그에게 보내지요?<br>**How does Jane** | **send** | **him** | **the book?** |
| Pattern #5 | 우리들은 그 사람을 아주 좋은 영화배우라고 생각합니다<br>**We** | **think of** | **him** | **a wonderful movie star** |
| | 그 사람들은 그를 어떤 사람이라고 생각합니까?<br>**How do they** | **think of** | **him?** | |

### 3.1.2 How 의문문 과거형, 과거진행형

| | 의문사 + 조동사 + 주어 | 동사 | 보어 or 목적어 | 목적어 or 목적보어 |
|---|---|---|---|---|
| Pattern #1 | 저의 사업이 잘 되었지요<br>**My business** | **went** | **well** | |
| | 요즘 사업이 어땠어요?<br>**How** | **was your business going?** | | |
| Pattern #2 | 전 아주 좋았습니다<br>**I** | **was** | **very fine** | |
| | 어떠셨는지요?<br>**How** | **were** | **you?** | |
| Pattern #3 | 한국 사람들은 젓가락으로 국수를 먹었습니다<br>**Korean** | **ate** | **the noodles** | by chopstick |

| | | | | |
|---|---|---|---|---|
| | 한국 사람들은 어떻게 국수를 먹었습니까?<br>***How did Korean    eat        the noodles?*** | | | |
| Pattern #4 | Jane은 그 책을 그에게 항공 우편으로 보냈습니다<br>***Jane        sent        him   the book*** by air mail<br><br>Jane은 그 책을 어떻게 그에게 보냈지요?<br>***How did Jane    send       him  the book?*** | | | |
| Pattern #5 | 우리들은 그 사람을 아주 좋은 영화배우라고 생각했습니다<br>***We      thought of     him   a wonderful movie star***<br><br>그 사람들은 그를 어떤 사람이라고 생각했습니까?<br>***How did they    think of     him?*** | | | |

### 3.1.3 How 의문문 현재완료형, 과거완료형

| | 의문사 + 조동사<br>+ 주어 | 동사 | 보어 or<br>목적어 | 목적어 or<br>목적보어 |
|---|---|---|---|---|
| Pattern #1 | 저의 사업이 지금까지 쭉 잘 되고 있습니다<br>***My business    has gone        well***<br><br>요즘 사업이 쭉 어떻게 되고 있는지요?<br>***How          has your business gone?*** | | | |
| Pattern #2 | 전 지금까지 쭉 아주 좋습니다<br>***I          have been       very fine***<br>지금까지 쭉 어떠신지요?<br>***How have you     been?*** | | | |
| Pattern #3 | 한국 사람들은 지금까지 쭉 젓가락으로 국수를 먹습니다<br>***Koreans       have eaten     the noodles*** by chopstick<br><br>한국 사람들은 지금까지 쭉 어떻게 국수를 먹습니까?<br>***How have Koreans    eaten       the noodles?*** | | | |
| Pattern #4 | Jane은 그 책을 그에게 항공 우편으로 보낸 적이 있습니다<br>***Jane        had sent      him   the book*** by air mail<br><br>Jane은 그 책을 어떻게 그에게 보낸 적이 있나요?<br>***How had Jane     sent       him   the book?*** | | | |
| Pattern #5 | 우리들은 그 사람을 아주 좋은 영화배우라고 생각한 적이 있습니다<br>***We      had thought of   him   a wonderful movie star***<br><br>그 사람들은 그를 어떤 사람이라고 생각한 적이 있나요?<br>***How had they    thought of     him?*** | | | |

## 3.1.4  How 의문문 미래형

| | 의문사 + 조동사 + 주어 | 동사 | 보어 or 목적어 | 목적어 or 목적보어 |
|---|---|---|---|---|
| Pattern #1 | 저의 사업이 잘 될 거에요<br>**My business**      **will go**      **well**<br><br>사업이 어떻게 될까요?<br>**How will your business**    **go?** | | | |
| Pattern #2 | 전 아주 좋을 거에요<br>**I**      **will be**      **very fine**<br>어떠실까요?<br>**How will you**    **be?** | | | |
| Pattern #3 | 한국 사람들은 젓가락으로 국수를 먹을 겁니다<br>**Korean**    **will eat**    **the noodles** by chopstick<br><br>한국 사람들은 어떻게 국수를 먹게 될까요?<br>**How will Korean**    **eat**    **the noodles?** | | | |
| Pattern #4 | Jane은 그 책을 그에게 항공 우편으로 보낼 겁니다<br>**Jane**    **will send**    **him**    **the book** by air mail<br><br>Jane은 그 책을 어떻게 그에게 보낼 건가요?<br>**How will Jane**    **send**    **him**    **the book?** | | | |
| Pattern #5 | 우리들은 그 사람을 아주 좋은 영화배우라고 생각할 겁니다<br>**We**    **will think of**    **him**    **a wonderful movie star**<br><br>그 사람들은 그를 어떤 사람이라고 생각하게 될까요?<br>**How will they**    **think of**    **him?** | | | |

● 그 밖의 의문문 (간접 의문문)

| | |
|---|---|
| 그 밖의<br>how<br>의문문 | 안녕하세요?<br>*How do you do?*<br><br>어떻게 지내세요?<br>*How are you doing?*<br>*How is it going?*<br>*How are you getting along?*<br>*How is everything with you?*<br><br>그 동안 어떻게 지내셨어요?<br>*How have you been?*<br>어떻게 해야 할지 모르겠어요?<br>*I don't know how to do* |

- 영작 연습

1. 요즘 사업이 어떠세요?
2. 그의 건강이 어떤가요?
3. 일본인들은 국수를 어떻게 먹고 있지요?
4. 당신은 내 여동생을 어떻게 생각하고 있는 중인가요?
5. 작년에 사업이 어땠나요?
6. 그 사람의 건강이 어땠지요?
7. 그 동안 어떻게 지내셨나요?
8. 네 여동생은 그 동안 어떻게 지내고 있니?
9. 그 사람의 건강이 한동안 어땠었지요?
10. 당신 사업이 어떻게 될까요?

## 3.2  How Long 의문문
### 3.2.1  How Long 의문문 현재형, 현재진행형

| | 의문사 + 조동사 + 주어 | 동사 | 보어 or 목적어 | 목적어 or 목적보어 |
|---|---|---|---|---|
| **Pattern #1**<br><br>현재형<br>현재진행형 | 난 1시간 동안 걷습니다<br>　　I<br>난 1시간 동안 걷는 중입니다.<br>　　I<br><br>너는 얼마나 걸어?<br>　How long<br>제가 얼마나 걷는 중인가요?<br>　How long | <br>walk<br><br>am walking<br><br><br>do you walk?<br><br>am I walking? | <br>for an hour<br><br>for an hour | |
| **Pattern #2**<br><br>현재형<br>현재진행형 | 나는 하루 종일 불안한 상태입니다<br>　　I<br>나는 하루 종일 불안한 중이에요<br>　　I<br><br>나는 얼마 동안이나 불안한 상태로 있나요?<br>　How long<br>당신은 얼마나 불안한 상태로 있는 중인가요?<br>　How long | <br>am<br><br>am being<br><br><br>am I<br><br>are you being | <br>nervous<br><br>nervous<br><br><br>nervous?<br><br>nervous? | all day long<br><br>all day long |
| **Pattern #3**<br><br>현재형<br>현재진행형 | 우리는 몇 시간째 재즈 음악을 듣고 있어요<br>　We<br>그들은 몇 시간째 재즈 음악을 듣고 있는 중이에요<br>　They<br><br>우리가 얼마나 오랫동안 재즈 음악을 듣고 있나요?<br>　How long<br>그들은 얼마나 오랫동안 재즈 음악을 듣고 있는 중인가요?<br>　How long | <br>listen to<br><br>are listening to<br><br><br>do we listen to<br><br>are they listening to | <br>the Jazz music<br><br>the Jazz music<br><br><br>the Jazz music?<br><br>the Jazz music? | for a few hours<br><br>for a few hours |
| **Pattern #4**<br><br>현재형<br>현재진행형 | 그녀는 가난한 사람들에게 2-3시간 동안 음식을 줍니다<br>　She<br>그는 가난한 사람들에게 음식을 주는 중이에요<br>　He<br><br>얼마 동안 그녀가 가난한 사람들에게 음식을 주지요?<br>　How long<br>얼마 동안 그가 가난한 사람들에게 음식을 주는 중이지요?<br>　How long | <br>gives<br><br>is giving<br><br><br>does she give<br><br>is he giving | <br>poor men<br><br>poor men<br><br><br>poor men<br><br>poor men | the foods<br><br>the foods<br><br><br>the foods?<br><br>the foods? |
| **Pattern #5**<br><br>현재형<br>현재진행형 | Jane은 아기들이 웃는 것을 오랫동안 봅니다<br>　Jane<br>Tom은 아기들이 웃는 것을 오랫동안 보고 있는 중입니다<br>　Tom | <br>watches<br><br>is watching | <br>babies<br><br>babies | smile　for a long time<br><br>smile　for a long time |

| | | | |
|---|---|---|---|
| Jane은 얼마 동안이나 아기들이 웃는 것을 보나요? | | | |
| How long | does Jane watch | babies | smile? |
| Tom은 얼마 동안이나 아기들이 웃는 모습을 보고 있는 중인가요? | | | |
| How long | is Tom watching | babies | smile? |

## 3.2.2 How Long 의문문 과거형, 과거진행형

| | 의문사 + 조동사 + 주어 | 동사 | 보어 or 목적어 | 목적어 or 목적보어 |
|---|---|---|---|---|
| **Pattern #1**<br><br>과거형<br>과거진행형 | 난 1시간 동안 걸었습니다<br>I walked for an hour<br>난 1시간 동안 걷는 중이었습니다.<br>I was walking for an hour<br>너는 얼마나 걸었어?<br>How long did you walk?<br>제가 얼마나 걷는 중이었나요?<br>How long was I walking? | | | |
| **Pattern #2**<br><br>과거형<br>과거진행형 | 나는 하루 종일 불안한 상태였습니다<br>I was nervous all day long<br>나는 불안한 중이었어요<br>I was being nervous<br>나는 얼마 동안이나 불안한 상태로 있었나요?<br>How long was I nervous?<br>당신은 얼마나 불안한 상태로 있는 중이었나요?<br>How long were you being nervous? | | | |
| **Pattern #3**<br><br>과거형<br>과거진행형 | 우리는 몇 시간째 재즈 음악을 듣고 있었어요<br>We listened to the Jazz music for a few hours<br>그들은 몇 시간째 재즈 음악을 듣고 있는 중이었어요<br>They were listening to the Jazz music for a few hours<br>우리가 얼마나 오랫동안 재즈 음악을 듣고 있었나요?<br>How long did we listen to the Jazz music?<br>그들은 얼마나 오랫동안 재즈 음악을 듣고 있는 중이었나요?<br>How long were they listening to the Jazz music? | | | |
| **Pattern #4**<br><br>과거형<br>과거진행형 | 그녀는 가난한 사람들에게 2-3시간 동안 음식을 주었습니다<br>She gave poor men the foods for a couple of hours<br>그는 가난한 사람들에게 2-3시간 동안 음식을 주는 중이었어요<br>He was giving poor men the foods for a couple of hours<br>얼마 동안 그녀가 가난한 사람들에게 음식을 주었지요?<br>How long did she give poor men the foods?<br>얼마 동안 그가 가난한 사람들에게 음식을 주는 중이었지요?<br>How long was he giving poor men the foods? | | | |

| | | | | |
|---|---|---|---|---|
| Pattern #5<br><br>과거형<br>과거진행형 | Jane은 아기들이 웃는 것을 오랫동안 보았습니다<br>**_Jane      watched      babies    smile_** for a long time<br>Tom은 아기들이 웃는 것을 오랫동안 보고 있었습니다<br>**_Tom      was watching    babies    smile_** for a long time<br><br>Jane은 얼마 동안이나 아기들이 웃는 것을 보았나요?<br>**_How long     did Jane watch      babies     smile?_**<br>Tom은 얼마 동안이나 아기들이 웃는 모습을 보고 있는 중이었나요?<br>**_How long     was Tom watching      babies     smile?_** |

### 3.2.3 How Long 의문문 현재완료형, 과거완료형

| | 의문사 + 조동사<br>+ 주어 | 동사 | 보어 or<br>목적어 | 목적어 or<br>목적보어 |
|---|---|---|---|---|
| Pattern #1<br><br>현재완료형<br>과거완료형 | 난 지금까지 쭉 1시간 동안 걸었습니다<br>**_I      have walked      for an hour_**<br>난 1시간 동안 걸었던 적이 있습니다.<br>**_I      had walked      for an hour_**<br><br>너는 지금까지 쭉 얼마나 걷고 있니?<br>**_How long have you    walked?_**<br>제가 걸었던 게 얼마 동안이었나요?<br>**_How long had I      walked?_** | | | |
| Pattern #2<br><br>현재완료형<br>과거완료형 | 나는 지금까지 쭉 온 종일 불안한 상태입니다<br>**_I      have been      nervous_** all day long<br>나는 하루 종일 불안했던 적이 있습니다<br>**_I      had been      nervous_** all day long<br><br>나는 지금까지 얼마 동안이나 불안한 상태로 있나요?<br>**_How long have I    been      nervous?_**<br>당신이 불안한 상태였던 게 얼마 동안인가요??<br>**_How long had you    been      nervous?_** | | | |
| Pattern #3<br><br>현재완료형<br>과거완료형 | 우리는 지금까지 쭉 몇 시간째 재즈 음악을 듣고 있어요<br>**_We      have listened to   the Jazz music_** for a few hours<br>그들은 몇 시간 동안 재즈 음악을 들은 적이 있습니다<br>**_They      had listened to    the Jazz music_** for a few hours<br><br>우리가 지금까지 얼마나 오랫동안 재즈 음악을 듣고 있나요?<br>**_How long have we    listened to      the Jazz music?_**<br>그들은 재즈 음악을 들었던 게 얼마 동안 이었나요?<br>**_How long had they    listened to      the Jazz music?_** | | | |
| Pattern #4<br><br>현재완료형<br>과거완료형 | 그녀는 지금까지 쭉 2시간 째 가난한 사람들에게 음식을 줍니다<br>**_She      has given     poor men   the foods_** for two hours<br>그는 가난한 사람들에게 2-3시간 동안 음식을 준 적이 있습니다<br>**_He      had given    poor men   the foods_** for a couple of hours | | | |

| | | | | |
|---|---|---|---|---|
| | 그녀가 가난한 사람들에게 지금까지 쭉 음식을 주는 게 얼마나 되었지요? | | | |
| | *How long has she* | *given* | *poor men* | *the foods?* |
| | 그가 가난한 사람들에게 음식을 주었던 게 얼마 동안인가요? | | | |
| | *How long had he* | *given* | *poor men* | *the foods?* |
| Pattern #5<br><br>현재완료형<br>과거완료형 | Jane은 아기들이 웃는 것을 지금까지 쭉 오랫동안 봅니다 | | | |
| | *Jane* | *has watched* | *babies* | *smile* for a long time |
| | Tom은 아기들이 웃는 것을 한 동안 본 적이 있습니다 | | | |
| | *Tom* | *had watched* | *babies* | *smile* for a long time |
| | Jane은 얼마 동안이나 아기들이 웃는 것을 지금까지 쭉 보나요? | | | |
| | *How long has Jane* | *watched* | *babies* | *smile?* |
| | Tom이 아기들이 웃는 모습을 보았던 게 얼마 동안인가요? | | | |
| | *How long had Tom* | *watched* | *babies* | *smile?* |

### 3.2.4  How Long 의문문 미래형

| | 의문사 + 조동사<br>+ 주어 | 동사 | 보어 or<br>목적어 | 목적어 or<br>목적보어 |
|---|---|---|---|---|
| Pattern #1<br><br>미래형 | 난 1시간 동안 걸을 거에요 | | | |
| | *I* | *will walk* | *for an hour* | |
| | 너는 얼마나 걸을 거니? | | | |
| | *How long will you* | *walk?* | | |
| Pattern #2<br><br>미래형 | 나는 불안해 질 거에요 | | | |
| | *I* | *will be* | *nervous* | |
| | 나는 얼마 동안이나 불안한 상태로 있게 될까요? | | | |
| | *How long will I* | *be* | *nervous?* | |
| Pattern #3<br><br>미래형 | 우리는 2-3 시간 동안 재즈 음악을 들을 거에요 | | | |
| | *We* | *will listen to* | *the Jazz music* for a few hours | |
| | 우리가 얼마나 오랫동안 재즈 음악을 듣게 될까요? | | | |
| | *How long will we* | *listen to* | *the Jazz music?* | |
| Pattern #4<br><br>미래형 | 그녀는 가난한 사람들에게 2-3시간 동안 음식을 줄 겁니다 | | | |
| | *She* | *will give* | *poor men* | *the foods* for a couple of hours |
| | 그녀는 가난한 사람들에게 얼마 동안이나 음식을 주게 될까요? | | | |
| | *How long will she* | *give* | *poor men* | *the foods?* |
| Pattern #5<br><br>미래형 | Jane은 아기들이 웃는 것을 오랫동안 볼 거에요 | | | |
| | *Jane* | *will watch* | *babies* | *smile* for a long time |
| | Tom은 아기들이 웃는 것을 얼마 동안이나 보게 될까요? | | | |
| | *How long will Tom* | *watch* | *babies* | *smile?* |

- 그 밖의 의문문 (간접적으로 사용될 때)

| 그 밖의<br>How long<br>의문문 | 거기까지 가는데 걸어서 얼마나 걸리죠?<br>***How long does it take to get there on foot?***<br><br>여기 오신지 얼마나 되셨어요?<br>***How long have you been here?*** |

- 영작 연습
    1. 얼마 동안이나 피곤한 상태로 있어?
    2. 그 사람들은 클래식 음악을 얼마 동안이나 듣고 있어요?
    3. 그녀가 재즈 음악을 얼마 동안이나 듣고 있는 중이지?
    4. Tom이 얼마나 걸었지요?
    5. 그 사람들이 재즈 음악을 얼마 동안이나 들었대?
    6. 넌 얼마 동안 아이들이 웃는 걸 봤니?
    7. 당신은 지금까지 얼마 동안이나 피곤한 상태로 있으신지요?
    8. 그 남자가 한 때 가난한 사람들에게 음식을 준 게 얼마 동안이었나요?
    9. Tom은 얼마나 걸을 예정인가요?
    10. 그 여자가 얼마 동안 재즈를 듣게 될까요?

## 3.3 How many 의문문
### 3.3.1 How many 의문문 현재형

| | 의문사 + 조동사 + 주어 | 동사 | 보어 or 목적어 | 목적어 or 목적보어 |
|---|---|---|---|---|
| Pattern #1 | 난 일주일에 한번 교회에 갑니다<br>**I**<br><br>당신은 일주일에 몇 번 교회에 가세요?<br>**How many times** | **go**<br><br><br>**do you go** | **to church**<br><br><br>**to church in a week?** | once in a week |
| Pattern #2 | 책상 위에 펜이 3자루 있습니다<br>**There**<br><br>책상 위에 펜이 몇 자루 있어요?<br>**How many pens** | **are**<br><br><br>**are** | **3 pens**<br><br><br>**on the desk?** | on the desk |
| Pattern #3 | 난 하루에 2000 칼로리가 필요해요<br>**I**<br><br>제가 하루에 몇 칼로리가 필요하지요?<br>**How many calories per day** | **need**<br><br><br>**do I** | **2000 calories**<br><br><br>**need?** | in a day |
| Pattern #4 | 그녀는 나에게 책 2권을 줍니다<br>**She**<br><br>그 여자분이 너에게 책을 몇 권 주니?<br>**How many books** | **gives**<br><br><br>**does she give** | **me**<br><br><br>**you?** | 2 books |
| Pattern #5 | 선생님은 아이들에게 일주일에 3일은 테니스를 시킵니다<br>**Teacher**<br><br>선생님은 아이들에게 일주일에 몇 일이나 테니스를 시키나요?<br>**How many days does teacher** | **lets kids play**<br><br><br>**let** | tennis 3 days in a week<br><br><br>**kids play tennis in a week?** | |

### 3.3.2 How many 의문문 과거형

| | 의문사 + 조동사 + 주어 | 동사 | 보어 or 목적어 | 목적어 or 목적보어 |
|---|---|---|---|---|
| Pattern #1 | 난 일주일에 한번 교회에 갔습니다<br>**I**<br><br>당신은 일주일에 몇 번 교회에 갔어요?<br>**How many times** | **went**<br><br><br>**did you go** | **to church**<br><br><br>**to church in a week?** | once in a week |
| Pattern #2 | 책상 위에 펜이 3자루 있었습니다<br>**There**<br><br>책상 위에 펜이 몇 자루 있었나요?<br>**How many pens** | **were**<br><br><br>**were** | **3 pens**<br><br><br>**on the desk?** | on the desk |

| | | |
|---|---|---|
| Pattern #3 | 난 하루에 2000 칼로리가 필요했어요<br>**I　　　　　needed　　　　　2000 calories** in a day<br>당신은 하루에 몇 칼로리가 필요했나요?<br>**How many calories per day　did　you　need?** | |
| Pattern #4 | 그녀는 나에게 책 2권을 주었습니다<br>**She　　　　gave　　　　me　　　　2 books**<br><br>그 여자분이 너에게 책을 몇 권 줬니?<br>**How many books　did　she　give　　you?** | |
| Pattern #5 | 선생님은 아이들에게 일주일에 3일은 테니스를 시켰습니다<br>**Teacher　　　let　　kids　　play** tennis 3 days in a week<br><br>선생님은 아이들에게 일주일에 몇 일이나 테니스를 시켰나요?<br>**How many days　did　teacher　let　kids play tennis in a week?** | |

### 3.3.3 How many 의문문 현재완료형, 과거완료형

| | 의문사 + 조동사<br>+ 주어 | 동사 | 보어 or<br>목적어 | 목적어 or<br>목적보어 |
|---|---|---|---|---|
| Pattern #1<br><br>현재완료형 | 난 일주일에 한번씩은 교회에 다니고 있습니다<br>**I　　　have gone　　　to church** once in a week<br>당신은 일주일에 몇 번 교회에 다니고 있어요?<br>**How many times　have　you gone　to church in a week?** | | | |
| Pattern #2<br><br>과거완료형 | 3 사람이 거기에 있었던 적이 있습니다<br>**There　　　had been　　　3 people　　　　there**<br>거기에 몇 분이 계셨었나요?<br>**How many people　had been　there?** | | | |
| Pattern #3<br><br>현재완료형 | 전 하루에 2000 칼로리를 필요로 하고 있습니다<br>**I　　　have needed　　　2000 calories**　in a day<br>넌 컴퓨터를 몇 대나 사용해 왔니?<br>**How many computers have you used?** | | | |
| Pattern #4<br><br>현재완료형 | 그 남자는 그 여자에게 매일 e-mail을 2번씩 쭉 보냈습니다<br>**He　　　has sent　　　her　　　2 e-mails** everyday<br>그 남자가 그 여자에게 매일 몇 개의 e-mail을 쭉 보내고 있나요?<br>**How many emails　has he sent　her　everyday?** | | | |
| Pattern #5<br><br>과거완료형 | 선생님은 아이들에게 일주일에 3일은 테니스를 시킨 적이 있습니다<br>**Teacher　　　had let　　kids　　play** tennis 3 days in a week<br>선생님은 아이들에게 일주일에 몇 일이나 테니스를 시켰었나요?<br>**How many days　had teacher　let　kids play tennis in a week?** | | | |

### 3.3.4 How many 의문문 미래형

| | 의문사 + 조동사 + 주어 | 동사 | 보어 or 목적어 | 목적어 or 목적보어 |
|---|---|---|---|---|
| Pattern #1 의문형 | 난 일주일에 한번씩은 교회에 다닐 거에요<br>**I** | **will go** | **to church** | once in a week<br><br>당신은 일주일에 몇 번 교회에 다닐 건가요?<br>**How many times will you   go to church in a week?** |
| Pattern #2 의문형 | 3 사람이 거기에 있을 거에요<br>**There** | **will be** | **3 people** | there<br><br>거기에 몇 분이 계실 건가요?<br>**How many people   will be   there?** |
| Pattern #3 의문형 | 전 컴퓨터 3대를 사용할 거에요<br>**I** | **will use** | **3 computers** | <br><br>넌 컴퓨터를 몇 대나 사용할 거니?<br>**How many computers will you   use?** |
| Pattern #4 의문형 | 그 남자는 그 여자에게 매일 e-mail을 2번씩 보낼 거에요<br>**He** | **will send** | **her** | **2 e-mails** everyday<br><br>그 남자가 그 여자에게 매일 몇 개의 e-mail을 보낼 건가요?<br>**How many e-mails will he   send   her   everyday?** |
| Pattern #5 의문형 | 선생님은 아이들에게 일주일에 3일은 테니스를 시킬 거에요<br>**Teacher** | **will let** | **kids** | **play** tennis 3 days in a week<br><br>선생님은 아이들에게 일주일에 몇 일이나 테니스를 시키게 될까요?<br>**How many days will teacher   let   kids play tennis in a week?** |

● 그 밖의 의문문 (간접적으로 사용될 때)

| 그 밖의<br>How many<br>의문문 | 전 세계에 몇 개의 나라가 있어요?<br>　　　*How many countries are there in the world?*<br><br>하루에 몇 칼로리를 먹어야 하지요?<br>　　　*How many calories should I eat a day?*<br><br>컵 한 개에 몇 그램이 들어 있습니까?<br>　　　*How many grams are in a cup?*<br><br>브라질이 지금까지 월드컵에서 몇 번 이겼나요?<br>　　　*How many times Brazil won the World Cup?* |
|---|---|

- 영작 연습
    1. Tom은 일주일에 몇 번 학교에 가나요?
    2. 책상 위에 연필이 몇 자루 있지요?
    3. 그 여자는 가방을 몇 개 갖고 있나요?
    4. 그 남자가 그녀에게 책 몇 권을 주었지요?
    5. 엄마가 어저께 아기를 몇 번이나 웃게 만들었지요?
    6. 넌 지금까지 컴퓨터 몇 대를 사용하고 있는 거니?
    7. 그녀가 그 남자에게 매일 몇 통씩 e-mail을 보내고 있나요?
    8. 넌 일주일에 몇 번 학교에 다니게 되니?
    9. 그가 그녀에게 책 몇 권을 주게 될까요?
    10. 넌 컴퓨터를 몇 대나 사용하려고 하니?

## 3.4 How much 의문문

### 3.4.1 How much 의문문 현재형

| | 의문사 + 조동사 + 주어 | 동사 | 보어 or 목적어 | 목적어 or 목적보어 |
|---|---|---|---|---|
| Pattern #1 | 나는 매우 열심히 공부합니다<br>**I**<br><br>얼만큼이나 공부를 하세요?<br>**How much do you** | **study**<br><br><br>**study?** | very hard | |
| Pattern #2 | $10 입니다<br>**It**<br><br>얼마에요?<br>**How much** | **is**<br><br><br>**is** | **10 dollars**<br><br><br>**it?** | |
| Pattern #3 | 그는 그녀를 매우 사랑합니다<br>**He**<br><br>그는 그녀를 얼만큼 사랑하나요?<br>**How much does he** | **loves**<br><br><br>**love** | **her** very much<br><br><br>**her?** | |
| Pattern #4 | 아빠는 아들에게 많은 사랑을 줍니다<br>**Dad**<br><br>아빠는 아들에게 얼마나 많은 사랑을 주나요?<br>**How much does dad** | **gives**<br><br><br>**give** | **his son**<br><br><br>**his son** | **the love** so much<br><br><br>**the love?** |
| Pattern #5 | 선생님은 아이들을 너무나 행복하게 합니다<br>**Teacher**<br><br>선생님은 아이들을 얼마나 행복하게 하나요?<br>**How much does teacher** | **makes**<br><br><br>**make** | **children**<br><br><br>**children** | **happy** very much<br><br><br>**happy?** |

### 3.4.2 How much 의문문 과거형

| | 의문사 + 조동사 + 주어 | 동사 | 보어 or 목적어 | 목적어 or 목적보어 |
|---|---|---|---|---|
| Pattern #1 | 나는 매우 열심히 일했습니다<br>**I**<br><br>얼만큼 일 했어요?<br>**How much did you** | **worked**<br><br><br>**work?** | hard | |
| Pattern #2 | $10 이었습니다<br>**It**<br><br>얼마였어요?<br>**How much** | **was**<br><br><br>**was** | **10 dollars**<br><br><br>**it?** | |

| | | | | |
|---|---|---|---|---|
| Pattern #3 | 그는 그녀를 매우 사랑했습니다<br>**He** **loved** **her** very much<br><br>그는 그녀를 얼만큼 사랑했나요?<br>**How much did he love her?** | | | |
| Pattern #4 | 아빠는 아들에게 많은 사랑을 주었습니다<br>**Dad** **gave** **his son** **the love** so much<br><br>아빠는 아들에게 얼마나 많은 사랑을 주었나요?<br>**How much did dad give his son the love?** | | | |
| Pattern #5 | 선생님은 아이들을 너무 행복하게 했습니다<br>**Teacher** **made** **children** **happy** very much<br><br>선생님은 아이들을 얼마나 행복하게 했나요?<br>**How much did teacher make children happy?** | | | |

### 3.4.3 How much 의문문 현재완료, 과거완료형

| | 의문사 + 조동사<br>+ 주어 | 동사 | 보어 or<br>목적어 | 목적어 or<br>목적보어 |
|---|---|---|---|---|
| Pattern #1<br>현재완료 | 그는 지금까지 많이 공부하고 있습니다<br>**He** **has studied** very hard<br><br>그는 얼마큼이나 공부하고 있나요?<br>**How much has he studied?** | | | |
| Pattern #2<br>현재완료 | 지금까지 쭉 $10 였습니다<br>**It** **has been** **10 dollars**<br><br>지금까지 쭉 얼마였어요?<br>**How much has it been?** | | | |
| Pattern #3<br>현재완료 | 그는 그녀를 지금까지 쭉 매우 사랑하고 있습니다<br>**He** **has loved** **her** very much<br><br>그는 그녀를 얼만큼 사랑하고 있나요?<br>**How much has he loved her?** | | | |
| Pattern #4<br>과거완료 | 아빠는 아들에게 많은 사랑을 준 적이 있습니다<br>**Dad** **had given** **his son** **the love** so much<br><br>아빠는 한동안 아들에게 얼마나 많은 사랑을 주었나요?<br>**How much had dad given his son the love?** | | | |
| Pattern #5<br>과거완료 | 선생님은 아이들을 너무 행복하게 한 적이 있습니다<br>**Teacher** **had made** **children** **happy** very much<br><br>선생님은 한동안 아이들을 얼마나 행복하게 했나요?<br>**How much had teacher made children happy?** | | | |

### 3.4.4 How much 의문문 미래형

| | 의문사 + 조동사 + 주어 | 동사 | 보어 or 목적어 | 목적어 or 목적보어 |
|---|---|---|---|---|
| Pattern #1 | 나는 열심히 공부할 겁니다<br>**I**<br><br>얼만큼이나 공부할 거에요?<br>**How much will you** | **will study**<br><br><br>**study?** | hard | |
| Pattern #2 | $10 일 거야<br>**It**<br><br>얼마일까요?<br>**How much will it** | **will be**<br><br><br>**be?** | 10 dollars | |
| Pattern #3 | 그는 그녀를 매우 사랑할 거에요<br>**He**<br><br>그는 그녀를 얼만큼 사랑하게 될까요?<br>**How much will he** | **will love**<br><br><br>**love** | **her** very much<br><br><br>**her?** | |
| Pattern #4 | 아빠는 아들에게 많은 사랑을 줄 거에요<br>**Dad**<br><br>아빠는 아들에게 얼마나 많은 사랑을 주게 될까요?<br>**How much will dad** | **will give**<br><br><br>**give** | **his son**<br><br><br>**his son** | **the love** so much<br><br><br>**the love?** |
| Pattern #5 | 선생님은 아이들을 너무나 행복하게 할 거에요<br>**Teacher**<br><br>선생님은 아이들을 얼마나 행복하게 하게 될까요?<br>**How much will teacher** | **will make**<br><br><br>**make** | **children**<br><br><br>**children** | **happy** very much<br><br><br>**happy?** |

● 그 밖의 의문문 (간접적으로 사용될 때)

| | |
|---|---|
| 그 밖의<br>How much<br>의문문 | 얼마로 계산해서 드리면 될까요?<br>*How much do I owe you?*<br>*How much will it cost?*<br>*How much do I pay for you?*<br><br>제가 체중이 얼마나 나가야 하는 건가요?<br>*How much should I weight?*<br><br>그 사람은 나를 얼마나 사랑하나요?<br>*How much does he love me?*<br><br>제가 하루에 물을 얼마나 마셔야 하나요?<br>*How much water should I drink a day?* |

> 저기 창문에 있는 예쁜 강아지가 얼마에요?
> ***How much is that doggie in the window?***
> (Patti Page가 부른 팝송의 제목)

- 영작 연습
    1. Jane은 보통 얼만큼 자나요?
    2. 엄마는 나를 얼마나 사랑할까요?
    3. 그 책은 얼마에요?
    4. 얼마였지요?
    5. 당신은 아이들을 얼마나 행복하게 했나요?
    6. 넌 하루에 얼마나 일을 해오고 있니?
    7. 그녀는 한 때 일주일에 얼만큼 운동을 했었나요?
    8. 넌 하루에 얼마나 일을 할 거니?
    9. 넌 그녀에게 얼마나 사랑을 주려고 해?
    10. 당신은 애들을 얼마나 행복하게 하려고 하세요?

## 3.5 그 밖에 How 의문문
### 3.5.1 How often 의문문

| | 의문사 + 조동사 + 주어 | 동사 | 보어 or 목적어 | 목적어 or 목적보어 |
|---|---|---|---|---|
| **Pattern #1**<br><br>현재형 | 나는 한 달에 한 두 번 영화 보러 갑니다<br>I go to the movies a couple of times a month<br><br>당신은 얼마나 가끔 영화를 보세요?<br>**How often do you** go to the moves? | | | |
| 과거형 | 당신은 얼마나 자주 영화를 보셨어요?<br>**How often did you** go to the movies? | | | |
| 현재완료형 | 당신은 2005년 이후 얼마나 자주 영화를 봐 왔어요?<br>**How often have you gone** to the movies since year 2005? | | | |
| 미래형 | 당신은 얼마나 자주 영화를 볼 예정이세요?<br>**How often will you** go to the movies? | | | |
| **Pattern #2**<br><br>현재형 | 여기 동네 시장에서는 분기마다 바겐세일을 합니다<br>It is a bargain sale every quarter in this local market<br><br>이 동네 시장에서는 바겐세일이 얼마마다 있어요?<br>**How often** is a bargain sale in this local market? | | | |
| 과거형 | 이 동네 시장에서 바겐세일이 얼마마다 있었나요?<br>**How often** was a bargain sale in this local market? | | | |
| 과거완료형 | 이 동네 시장에서 예전에 바겐세일을 얼마나 자주 했었나요?<br>**How often** had been a bargain sale in this local market? | | | |
| **Pattern #3** | 전 적어도 한 달에 한번은 패스워드를 바꿉니다<br>I change my password at least once in a month<br><br>얼마나 자주 암호를 바꾸세요?<br>**How often do you** change your password? | | | |
| **Pattern #4** | 아빠는 아들에게 일주일에 한번 용돈을 줍니다<br>**Dad** gives his son pocket money every week<br><br>아빠가 아들에게 용돈을 몇 번이나 주나요?<br>**How often does dad** give his son pocket money? | | | |
| **Pattern #5** | 전 석 달에 한번은 머리를 자릅니다<br>I get my hair cut once in 3 months<br><br>머리를 얼마나 자주 자르세요?<br>**How often do you** get your hair cut? | | | |

● 그 밖의 의문문

| | |
|---|---|
| 그 밖의<br>often<br>의문문 | 얼마나 자주 외식을 하세요?<br>***How often do you eat out?***<br><br>쇼핑은 얼마큼마다 다니세요?<br>***How often do you go shopping?***<br><br>용돈을 엄마한테 얼마큼에 한번 달라고 하세요?<br>***How often do you ask for pocket money from your mom?*** |

### 3.5.2 How old 의문문

| | 의문사 + 조동사 + 주어 | 동사 | 보어 or 목적어 | 목적어 or 목적보어 |
|---|---|---|---|---|
| **Pattern #1** | 너는 스무 살 같이 보여<br>**You** | **look like** | 20 years old | |
| 현재형 | 내가 몇 살 같이 보이니?<br>**How old do I** | **look like?** | | |
| 과거형 | 우리가 처음 만났을 때 내가 몇 살로 보였니?<br>**How old did I** | **look like** | when we met first? | |
| **Pattern #2** | 전 지금 20살입니다<br>**I** | **am** | 20 years old now | |
| 현재형 | 당신은 몇 살이세요?<br>**How old** | **are** | you? | |
| 과거형 | 그 때가 당신이 몇 살 때였어요?<br>**How old** | **were** | you then? | |
| 미래형 | 이번 생일에 제가 몇 살이 되는 건가요?<br>**How old will I** | **be** | from this coming my birthday? | |
| **Pattern #3** | 20살부터 차를 빌릴 수 있습니다<br>**I** | **can rent** | a car | from 20 ages |
| | 몇 살 때면 제가 차를 빌릴 수 있나요?<br>**How old do I** | **have** | to be to rent a car? | |

● 그 밖의 의문문 (간접 의문문)

| | |
|---|---|
| 그 밖의<br>How old<br>의문문 | 지구의 나이가 어떻게 되지요?<br>**How old is the earth?**<br><br>미국에서는 몇 살이 되어야 결혼을 할 수 있나요?<br>**How old do you have to be to marry in the U.S?**<br><br>개는 몇 살까지 살 수 있나요?<br>**How old can a dog live?**<br><br>전 당신의 나이가 몇인지 알고 싶습니다<br>**I want to know how old you are**<br><br>한국 나이로는 당신이 몇 살이세요?<br>**How old are you in Korea?** |

### 3.5.3  How far 의문문

| | 의문사 + 조동사 + 주어 | 동사 | 보어 or 목적어 | 목적어 or 목적보어 |
|---|---|---|---|---|
| **Pattern #1** 현재형 | 우리는 10km를 걷습니다 | | | |
| | *I* | *walk* | *10 kms* | |
| | 당신들은 얼마나 걸어갑니까? | | | |
| | ***How far do you*** | ***walk?*** | | |
| 과거형 | 당신은 얼마나 걸었어요? | | | |
| | ***How far did you*** | ***walk?*** | | |
| 현재완료형 | 당신은 지금까지 얼마나 먼 길을 걸어온 겁니까? | | | |
| | ***How far have you*** | ***walked?*** | | |
| 미래형 | 당신은 얼마나 걷게 되지요? | | | |
| | ***How far will you*** | ***walk?*** | | |
| **Pattern #2** | 집에서 회사까지 5km 입니다 | | | |
| | *It* | *is* | *5 kms* | from home to my work |
| 현재형 | 집에서 회사까지 거리가 얼마나 되요? | | | |
| | ***How far*** | ***is*** | ***home to your work?*** | |
| 과거형 | 그때 집에서 회사까지 거리가 얼마나 되었나요? | | | |
| | ***How far*** | ***was*** | ***home to your work then?*** | |
| **Pattern #3** | 난 공을 멀리 던집니다 | | | |
| | *I* | *throw* | *a ball* | far away |
| | 얼마나 멀리 공을 던지세요? | | | |
| | ***How far do you*** | ***throw*** | ***a ball?*** | |

● 그 밖의 의문문

| | |
|---|---|
| | 얼마나 멀어요? |
| | ***How far is it?*** |
| | 얼마나 가기를 원해? |
| | ***How far do you want to go?*** |
| 그 밖의 | 하프마라톤은 거리가 얼마지요? |
| How far | ***How far is a half marathon?*** |
| 의문문 | 지구에서 달까지의 거리는 얼마지요? |
| | ***How far is the moon from the earth?*** |
| | 공항에서 그 호텔까지 거리가 얼마나 되요? |
| | ***How far is the hotel from airport?*** |
| | 1 mile의 거리가 어떻게 되지요? |
| | ***How far is a mile?*** |
| | 서울서 부산까지 몇 km에요? |
| | ***How far in kms is Seoul to Busan?*** |

### 3.5.4 How about 의문문

| | 의문사 + 조동사 + 주어 | 동사 | 보어 or 목적어 | 목적어 or 목적보어 |
|---|---|---|---|---|
| How about? | 내일 어때요?<br>***How (do you think) about tomorrow?***<br><br>이건 어때요?<br>***How (do you think) about this?***<br><br>함께 가는 게 어때요?<br>***How about going together?***<br><br>오렌지 어떠세요?<br>***How about orange?***<br><br>따스한 음료 어떠세요?<br>***How about something hot to drink?***<br><br>당신은 어떠세요?<br>***How about you?***<br><br>우리 내일 아침 일찍 영화 보는 게 어때?<br>***How about we watch the early movie tomorrow?***<br><br>우리 맥주 한 잔 어때?<br>***How about a beer?***<br><br>이번 일요일 어떠세요?<br>***How about this Sunday?***<br>골프 한번 치는 거 어떠세요?<br>***How about playing golf?*** | | | |

- 영작 연습
    1. 요즘 당신은 얼마나 자주 영화를 보세요?
    2. 그 남자는 얼마나 자주 암호를 바꾸나요?
    3. 엄마는 이제까지 얼마나 자주 백화점에서 쇼핑을 해오고 있어요?
    4. 내가 몇 살로 보여요?
    5. 너희 영어 선생님이 그 때 몇 살로 보였지?
    6. 이번 생일에 넌 몇 살이 되니?
    7. 여기서 거기까지 거리가 얼마나 되지요?
    8. 당신은 얼마나 멀리 걸은 적이 있었어요?
    9. 내일 함께 가는 거 어때요?
    10. 이번 목요일에 동물원에 가는 게 어떨까요?

**Chapter 4   Can, Must, Will, Shall 의문문**

## 4.1 Can 의문문

### 4.1.1 Can 의문문

| | 의문사 + 조동사 + 주어 | 동사 | 보어 or 목적어 | 목적어 or 목적보어 |
|---|---|---|---|---|
| Pattern #1 | 전 혼자서 살 수 있어요<br>　　　　I<br>제가 혼자서 살 수 있을까요?<br>　　Can I<br>우리들끼리 갈 수 있을까요?<br>　　Can we<br>혼자서 살 수 있으세요?<br>　　Can you | can live<br><br>live<br><br>go<br><br>live | alone<br><br>alone?<br><br>by ourselves?<br><br>alone? | |
| Pattern #2 | 전 혼자서 행복해 질 수 있어요<br>　　　　I<br>당신 혼자 행복해 질 수 있어요?<br>　　Can you | can be<br><br>be | happy<br><br>happy | by myself<br><br>by yourself? |
| Pattern #3 | 나는 바이올린을 연주할 수 있습니다<br>　　　　I<br>너 바이올린 연주할 수 있니?<br>　　Can you<br>당신은 어떤 종류의 악기를 연주할 수 있어요?<br>**What kind of musical instruments**<br>언제 우리가 저녁을 먹을 수 있을까요?<br>**When can we** | can play<br><br>play<br><br>can you<br><br>have | the violin<br><br>the violin?<br><br>play?<br><br>dinner? | |
| Pattern #4 | Tom은 그녀에게 행복을 줄 수 있습니다<br>　　Tom<br>Tom은 그녀에게 행복을 줄 수 있을까요?<br>　Can Tom<br>왜 Tom은 그녀에게 행복을 줄 수 있는 거죠?<br>**Why can Tom** | can give<br><br>give<br><br>give | her<br><br>her<br><br>her | happiness<br><br>happiness?<br><br>happiness? |
| Pattern #5 | 그 사람은 그녀를 영원히 행복하게 할 수 있습니다<br>　　He<br>그 사람은 그녀를 영원히 행복하게 할 수 있을까요?<br>　Can he<br>누가 그녀를 행복하게 할 수 있을까요?<br>　Who<br>무엇이 우리를 울게 만들 수 있을까요?<br>　What | can make<br><br>make<br><br>can make<br><br>can make | her<br><br>her<br><br>her<br><br>us | happy　forever<br><br>happy forever?<br><br>happy?<br><br>cry? |

왜 우리는 이야기를 끝낼 수 없을까요?
**Why can't we talk it over?**

## 4.1.2 Could 의문문

| 의문사 + 조동사 + 주어 | 동사 | 보어 or 목적어 | 목적어 or 목적보어 |
|---|---|---|---|

Could 의문문 예제

제가 뭐 하나 물어봐도 될까요?
**Could I ask you something?**

제가 이 거 입어봐도 될까요?
**Could I try this?**

제가 하나 가져도 될까요?
**Could I have one?**

의사를 뵐 수 있을까요?
**Could I see a doctor?**

제가 펜을 좀 빌릴 수 있을까요?
**Could I borrow your pen?**

저기 T-shirt 좀 볼 수 있을까요?
**Could I see that T-shirt?**

우리 내일 다시 만날 수 없을까요?
**Couldn't we meet again tomorrow?**

사진 한 장 찍어 주실 수 있으세요?
**Could you take a picture?**

저 좀 도와주실 수 있나요?
**Could you help me?**

제가 알 수 있게 해 주실래요?
**Could you let me know?**

다시 한 번 이야기 해 줄 수 있나요?
**Could you say that again**

어떻게 그럴 수가 있니?
**How could you do?**

누가 생각할 수 있었겠어요?
**Who could have thought?**

| |
|---|
| 절 보러 와 주실 수 있으세요?<br>***Could you come and see me?***<br><br>당신 회사로 가는 길을 알려 주실래요?<br>***Could you show me the way to your office?*** |

- 영작 연습
    1. 내가 혼자 여행을 할 수 있을까?
    2. 넌 혼자 밤에 걸어 다닐 수 있니?
    3. 넌 혼자서 행복해 질 수 있니?
    4. 누가 그들을 행복하게 할 수 있나요?
    5. 그 여자는 어떤 종류의 악기를 연주할 수 있나요?
    6. 당신의 이름을 물어봐도 될까요?
    7. 저에게 파란색 넥타이를 보여줄 수 있나요?
    8. 제가 저 바지를 입어봐도 될까요?
    9. 당신 집에 가는 길을 말해 주시겠어요?
    10. 알게 해주지 않으시겠어요?

## 4.2 May 의문문

| | 의문사 + 조동사 + 주어 | 동사 | 보어 or 목적어 | 목적어 or 목적보어 |
|---|---|---|---|---|
| Pattern #1 | 전 혼자서 살게 될지도 모릅니다<br>*I* | *may live* | alone | |
| | 당신은 혼자 살게 될지도 모르나요?<br>*May you* | *live* | alone? | |
| | 왜 혼자서 살지도 모른다는 거지요?<br>*Why may you* | *live* | by yourself? | |
| Pattern #2 | 전 혼자서도 행복하게 될지도 몰라요<br>*I* | *may be* | *happy* | by myself |
| | 내가 혼자서 행복해 지지 않을까요?<br>*May I* | *be* | *happy* | *by myself?* |
| Pattern #3 | 나는 바이올린을 연주할지도 몰라요<br>*I* | *may play* | the violin | |
| | 당신이 바이올린을 연주해 주시겠어요?<br>*May you* | *play* | the violin? | |
| Pattern #4 | Tom은 그녀에게 행복을 줄지도 모릅니다<br>*Tom* | *may give* | *her* | happiness |
| | Tom이 그녀에게 행복을 줄지도 모르잖아요?<br>*May Tom* | *give* | *her* | happiness? |
| Pattern #5 | 그 사람은 그녀를 영원히 행복하게 할지도 모릅니다<br>*He* | *may make* | *her* | *happy* forever |
| | 그 사람이 그녀를 영원히 행복하게 할지도 모르잖아요?<br>*May he* | *make* | *her* | happy forever? |

- 그 밖의 May 의문문

| | 의문사 + 조동사 + 주어 | 동사 | 보어 or 목적어 | 목적어 or 목적보어 |
|---|---|---|---|---|
| May 의문문 예제 | 제가 도와 드릴까요?<br>***May I help you?***<br><br>제가 친구를 데려와도 될까요?<br>***May I bring my friend?***<br><br>Mr. John과 이야기할 수 있을까요?<br>***May I speak to Mr. John?*** | | | |

| 부탁 좀 해도 되겠습니까? |
|---|
| ***May I ask you a favor?*** |

- 영작 연습
    1. 내가 혼자 살게 될지도 모르겠지요?
    2. 제가 이름을 물어봐도 될까요?
    3. 내가 행복해 질지도 모르겠지요?
    4. 내가 언제가 피아노를 치게 될지 모르겠지요?
    5. 내가 그녀에게 행복을 주게 될지도 모르겠지요?
    6. 내가 그녀를 울게 만들지도 모르겠지요?
    7. 당신이 혼자 걷게 될지도 모르겠지요?
    8. 당신이 행복해 질지도 모르겠지요?
    9. 그녀가 그에게 슬픔을 주게 될지도 모르겠지요?
    10. 그들이 혹시 우리와 어울리게 될지도 모르겠지요?

## 4.3 Must 의문문

| | 의문사 + 조동사 + 주어 | 동사 | 보어 or 목적어 | 목적어 or 목적보어 |
|---|---|---|---|---|
| Pattern #1 | 전 혼자서 살아야만 합니다<br>I<br><br>당신은 혼자 살아야만 하나요?<br>Must you<br><br>왜 당신은 혼자서 살아야만 한다는 거지요?<br>Why must you | must live<br><br><br>live<br><br><br>live | alone<br><br><br>alone?<br><br><br>by yourself? | |
| Pattern #2 | 전 혼자서도 행복해져야만 해요<br>I<br><br>내 스스로 행복해져야만 하나요?<br>Must I | must be<br><br><br>be | happy<br><br><br>happy | by myself<br><br><br>by myself? |
| Pattern #3 | 나는 바이올린을 연주해야만 해요<br>I<br><br>당신이 바이올린을 연주해야만 하나요?<br>Must you | must play<br><br><br>play | the violin<br><br><br>the violin? | |
| Pattern #4 | Tom은 그녀에게 행복을 주어야만 합니다<br>Tom<br><br>Tom이 그녀에게 행복을 주어야만 하나요?<br>Must Tom | must give<br><br><br>give | her<br><br><br>her | happiness<br><br><br>happiness? |
| Pattern #5 | 그 사람은 그녀를 영원히 행복하게 해야만 합니다<br>He<br><br>그 사람이 그녀를 영원히 행복하게 해야만 하나요?<br>Must he | must make<br><br><br>make | her<br><br><br>her | happy forever<br><br><br>happy forever? |

● 영작 연습

1. 제가 그것을 알아야만 하나요?
2. 제가 지금 공부를 해야 하나요?
3. 제가 지금 혼자서 살아야 하나요?
4. 당신은 꼭 지금 떠나야 하나요?
5. 당신이 날 그렇게 울려야 하나요?
6. 당신은 지금 노래를 불러야 하나요?
7. 그녀는 꼭 의사를 만나야 하나요?
8. 그들에게 우리가 꼭 컴퓨터를 주어야 하나요?
9. 그는 꼭 지금 점심을 먹어야만 하나요?
10. 우리가 그 사람들을 꼭 행복하게 해주어야 하나요?

## 4.4 Will, Shall 의문문

### 4.4.1 Will, Shall 의문문

| | 의문사 + 조동사 + 주어 | 동사 | 보어 or 목적어 | 목적어 or 목적보어 |
|---|---|---|---|---|
| Pattern #1 | 전 혼자서 살 거예요<br>　　　　I<br>제가 혼자서 살까요?<br>　　　Shall I<br>우리들끼리 갈까요?<br>　　Shall we<br>우리 춤 출까요?<br>　　Shall we<br>혼자서 살려고 하세요?<br>　　Will you<br>왜 혼자 살려고 하세요? ?<br>　　Why will you | will live<br><br>live<br><br>go<br><br>dance?<br><br>live<br><br>live | alone<br><br>alone?<br><br>by ourselves?<br><br><br><br>alone?<br><br>by yourself? | |
| Pattern #2 | 제 스스로 행복해 질 거예요<br>　　　　I<br>당신 혼자 행복해 질 거지요?<br>　　　Will you | will be<br><br>be | happy<br><br>happy | by myself<br><br>by yourself? |
| Pattern #3 | 나는 바이올린을 연주하려고 합니다<br>　　　　I<br>너 바이올린 연주하려고 하니?<br>　　　Will you<br>당신은 어떤 종류의 악기로 연주하려고 하세요?<br>**What kind of musical instruments will you play?**<br>우리가 무엇을 갖게 될까요?<br>　　What shall we | will play<br><br>play<br><br><br><br>get? | the violin<br><br>the violin? | |
| Pattern #4 | Tom은 그녀에게 행복을 줄 것입니다<br>　　　Tom<br>Tom은 그녀에게 행복을 주게 될까요?<br>　　Will Tom<br>왜 Tom은 그녀에게 행복을 주려고 하는 거죠?<br>　Why will Tom | will give<br><br>give<br><br>give | her<br><br>her<br><br>her | happiness<br><br>happiness?<br><br>happiness? |
| Pattern #5 | 그 사람은 그녀를 영원히 행복하게 할 것입니다<br>　　　He<br>그 사람은 그녀를 영원히 행복하게 할까요?<br>　　Will he | will make<br><br>make | her<br><br>her | happy　forever<br><br>happy forever? |

|  |  |  |  |
|---|---|---|---|
| 누가 그녀를 행복하게 할까요? | | | |
| Who | will make | her | happy? |
| 무엇이 우리를 울게 만들까요? | | | |
| What | will make | us | cry? |
| 왜 우리는 이야기를 끝내지 못하게 될까요? | | | |
| Why | shall not we talk | it | over? |

### 4.4.2 Would 의문문

| | 의문사 + 조동사 + 주어 | 동사 | 보어 or 목적어 | 목적어 or 목적보어 |
|---|---|---|---|---|
| Would 의문문 예제 | 이 한국음식 한번 드셔 보실래요?<br>**Would you try this Korean food?**<br><br>괜찮으시다면 문을 열면 어떨까요?<br>**Would you mind opening the door?**<br><br>저와 결혼해 주시지 않으실래요?<br>**Would you mind will you marry me?**<br><br>괜찮으시다면 이 책을 제가 빌리면 어떨까요?<br>**Would you mind if I borrow this book?**<br><br>커피 좀 하시겠어요?<br>**Would you like some coffee?**<br><br>뭐 마실 거 좀 하실래요?<br>**Would you like something to drink?**<br><br>저와 밖으로 나가시면 어떨까요?<br>**Would you like to go out with me?** | | | |

### 4.4.3 Should 의문문

| 의문사 + 조동사 + 주어 | 동사 | 보어 or 목적어 | 목적어 or 목적보어 |
|---|---|---|---|
| Should 의문문 예제 | 제가 여기 머물러야만 하나요? **Should I stay here?** 제가 의사가 되어야만 하나요? **Should I be a doctor?** 제가 컴퓨터를 사야 하나요? **Should I buy a computer?** 제가 왜 감기를 무서워해야 하나요? **Why Should I be afraid of flu?** 제가 그녀에게 뭔가를 주어야 하나요? **What should I give her?** 제가 언제 그녀에게 나가달라고 요청해야 하나요? **When should I ask her out?** | | |

● 영작 연습

1. 제가 혼자서 살까요?
2. 당신은 내일 아침 시작할 거에요?
3. 그녀가 공부를 다시 시작할까요?
4. 제가 혼자서 걸을 까요?
5. 우리 춤 추실래요?
6. 창문 좀 열어 주실래요?
7. 당신이 계획을 바꾸실래요?
8. TV 좀 켜주실래요?
9. 우리가 선생님을 위해 무엇을 드려야 하지요?
10. 제가 새 직장을 구해야 하나요?

# 부록 1. 의문문 예제

## 의문문 예제

| 영문 | 한글 |
|---|---|
| Is it too late to join now? | 지금 참가하기에 너무 늦은 거 아닌가요? |
| Is there anything you need? | 필요한 거 있나요? |
| Is there anything else? | 그 밖에 다른 거 있어요? |
| What is your favorite genre of music? | 어떤 장르의 음악을 가장 좋아하세요? |
| When do you expect to be back? | 언제쯤 돌아올 거니? |
| Where can I wash my hands? | 어디에서 손을 씻을 수 있나요? |
| Who wants to play a game with me? | 누가 나랑 게임 한판 할래? |
| Are convenience stores open 24 hours a day? | 편의점은 24시간 열려있어요? |
| Are there any coupons for museums? | 박물관 쿠폰 있으세요? |
| Are there any extra charges? | 추가되는 비용이 있습니까? |
| Are there any messages for me? | 저에게 온 메시지가 있나요? |
| Are utilities included in the rent? | 집세에 공과금이 포함되어 있습니까? |
| Are you all right? | 괜찮니? |
| Are you available to drop by my office? | 내 사무실에 잠깐 들를 수 있는지요? |
| Are you available to work on the weekend? | 주말에 일할 수 있지요? |
| Are you feeling better? | 좀 좋아졌나요? |
| Are you free for coffee? | 커피 마실 시간 있어요? |
| Are you free today? | 오늘 시간 있니? |
| Are you going to come with us? | 우리랑 같이 갈래? |
| Are you here on business or vacation? | 여기에 사업 차 오셨나요, 휴가 차 오셨나요? |
| Are you interested in taking picture? | 사진 찍는 거에 관심 있어요? |
| Are you looking for anything in particular? | 특별히 찾는 거 있으세요? |
| Are you planning a vacation? | 휴가 계획하고 있으세요? |
| Are you seeing anyone these days? | 요즘 너 데이트 중이니? |
| Are you serious? | 너 심각하니? |
| Can I ask a question? | 질문해도 되나요? |
| Can I borrow some coins? | 동전 좀 빌릴 수 있을까요? |
| Can I finish just this TV program? | 이 TV 프로그램만 끝까지 볼 수 있을까요? |

|  |  |
|---|---|
| Can you check if I filled out this card correctly? | 이 카드를 정확하게 작성했는지 체크해 주시겠어요? |
| Can you check if I have a fever? | 제가 열이 있는지 체크해 보실래요? |
| Can you check if I have done it right? | 제가 올바르게 한 건지 체크해 주실래요? |
| Can you check if I missed anything? | 뭐 빠진 건 있는지 봐 주실래요? |
| Can you help me over here? | 여기 나 좀 도와줄래? |
| Can you repair this laptop? | 이 노트북 컴퓨터 수선해 주실래요? |
| Can you show me your spring line? | 봄 상품을 보여 줄 수 있어요? |
| Could I please speak to Jane? | 제인과 통화할 수 있을까요? |
| Could you pass me the salt? | 소금 좀 건네 주시겠어요? |
| Could you save my place? | 제 자리 좀 맡아 주시겠어요? |
| Did you get your visa? | 비자 받았어요? |
| Did you pack them yourself? | 짐을 스스로 쌌나요? |
| Did you send text messages? | 문자 메시지 보냈어? |
| Didn't you hear me calling you? | 내가 부르는 거 못 들었나요? |
| Do I need to go see a doctor? | 의사를 봐야할 필요가 있나요? |
| Do you have anything to declare? | 세관 신고 할 것이 있습니까? |
| Do you have time after class? | 수업 끝나고 시간 있니? |
| Do you know where I can catch a taxi? | 어디서 택시 잡을 수 있는지 아세요? |
| Do you prefer an aisle seat or a window seat? | 창가 쪽과 복도 쪽 중 어느 자리가 좋으세요? |
| Do you think you can get in? | 합격할 수 있다고 생각하세요? |
| Do you tip in your country? | 당신 나라에선 팁을 줘야 하나요? |
| Do you want to take a picture with that tower? | 저 탑을 배경으로 사진 찍을까요? |
| Do you want me to take you home? | 제가 집에 데려다 줄까요? |
| Have you done your homework? | 숙제 다 했어? |
| Have you gained to weight these days? | 요즘 살 쪘어? |
| Have you had a vacation this year? | 올해 휴가 갔었니? |
| Have you heard about Seoul in Korea? | 한국에 있는 서울 아세요? |
| Have you lost to weight these days? | 요즘 살 빠졌어? |
| Have you seen this movie before? | 전에 이 영화 본 적 있어? |
| Have you seen this show? | 이 공연 본 적 있어? |
| How much do you charge for repairs? | 수리비로 얼마 드리면 되지요? |

| | |
|---|---|
| How about a drink after work? | 일 끝나고 한 잔 하는 거 어때요? |
| How can I get to the park? | 공원에 어떻게 가지요? |
| How come you traveled alone? | 왜 혼자 여행을 다녔어요? |
| How could you do like that? | 너 어떻게 그렇게 할 수가 있니? |
| How did you do on your exam? | 시험 어떻게 봤어? |
| How did you get to know him first? | 그 사람 어떻게 처음 알았어요? |
| How do I apply for admission? | 입학 신청을 어떻게 하지요? |
| How do I get there? | 거기에 어떻게 가야 하나요? |
| How do they feel on your feet? | 발에 잘 맞으세요? |
| How do you like your steak? | 스테이크 어떻게 해 드릴까요? |
| How do you say 출발 in English? | 출발을 영어로 어떻게 말하나요? |
| How do you spell it? | 스펠이 어떻게 되지요? |
| How long are you staying? | 얼마나 머물 건가요? |
| How long have you been dancing? | 춤을 춘 지는 얼마나 되었습니까? |
| How long have you been here? | 여기 얼마나 계셨어요? |
| How long have you been living there? | 그곳에서 사신 지는 얼마나 되셨습니까? |
| How long is the free time? | 자유 시간이 얼마나 되지요? |
| How long will it take to drive there? | 운전해서 거기까지 가는 데 얼마나 걸리지요? |
| How many children do you have? | 아이들이 몇 명 이세요? |
| How many pieces of luggage would you like to send? | 가방을 몇 개나 부칠 건가요? |
| How much do you charge for delivery? | 배송료는 얼마인가요? |
| How much do you pay for rent? | 집세는 얼마인가요? |
| How often do you drink alcohol? | 술은 얼마나 자주 드시나요? |
| How often do you exercise? | 운동은 얼마나 자주 하세요? |
| How often do you travel abroad? | 해외여행은 얼마나 자주 가나요? |
| How should I address you? | 당신을 어떻게 부르면 되지요? |
| How should I cut it? | 어떻게 잘라야 하지? |
| How was the traffic from the airport? | 공항에서 오는 길의 교통상황은 어땠어요? |
| How was your trip? | 여행이 어땠어요? |

|  |  |
|---|---|
| How would you like your hair done? | 머리를 어떻게 해드릴까요? |
| How would you like your steak? | 스테이크를 어떻게 해 드릴까요? |
| How's it going? | 잘 되어 가십니까? |
| How's the weather today? | 오늘 날씨가 어떤가요? |
| Is breakfast included in the hotel fee? | 호텔 요금에 아침 식사가 포함되어 있나요? |
| Is it alright to park here? | 여기 주차해도 되나요? |
| Is it alright to play computer games? | 컴퓨터 게임을 해도 되나요? |
| Is it alright to take pictures here? | 여기서 사진 찍어도 되나요? |
| Is it okay to smoke here? | 여기서 담배 피워도 될까요? |
| Is it still far from here? | 여기서 아직도 먼가요? |
| Is it too late to apply now? | 지금 신청하기에 너무 늦나요? |
| Is my laundry ready? | 제 세탁물이 다 되었나요? |
| Is service charge included in the bill? | 계산서에 봉사료가 포함되어 있나요? |
| Is tax included in this price? | 세금이 포함된 가격인가요? |
| Is there a bus stop around here? | 이 근처에 버스 정류장이 있습니까? |
| Is there a parking lot near your office? | 사무실 근처에 주차장이 있나요? |
| Is there anything I can do? | 제가 할 수 있는 일이 있습니까? |
| Is this a bus to Shinchon station? | 이것이 신촌역으로 가는 버스인가요? |
| Is this a transfer station? | 이곳이 환승역인가요? |
| Is this the first time you've been here? | 이곳에 온 것이 처음인가요? |
| Is this the line? | 이 줄에 서신 건가요? |
| Is this trip for business or pleasure? | 이번 여행을 업무 차 오셨나요, 휴가 차 오셨나요? |
| Is this your first trip to New York? | 이번에 뉴욕이 처음 여행인가요? |
| May I ask who's calling please? | 전화하신 분이 누구시지요? |
| May I come in? | 들어가도 될까요? |
| May I have some coke? | 콜라 좀 마셔도 될까? |
| May I have some more food? | 음식을 좀 더 먹어도 될까요? |
| May I look around here? | 여기 둘러봐도 될까요? |
| May I try it on? | 입어 봐도 되나요? |
| Shall I bring something? | 제가 뭐 좀 가져갈까요? |

| | |
|---|---|
| Shall I get you a cup of coffee? | 커피 한 잔 갖다 드릴까요? |
| Shall I take you home? | 집까지 바래다 드릴까요? |
| Shall I wrap this box? | 이 상자 포장해 드릴까요? |
| Shall we go out for a while? | 우리 잠깐 밖으로 나갈까요? |
| Shall we make it 7pm? | 우리 오후 7시에 만날까요? |
| Shall we take a coffee break? | 커피 마시며 잠깐 쉴까요? |
| Should I bring my ID? | 제 신분증을 가져가야 하나요? |
| What's the matter? | 무슨 안 좋은 일 있어? |
| Was Jane our classmate? | Jane 이 우리 반 이었지? |
| What are you looking for? | 무엇을 찾고 계시지요? |
| What capacity is the memory? | 메모리 용량이 얼마나 되지요? |
| What clothes are you going to wear? | 어떤 옷을 입을 건가요? |
| What college are you going to apply to? | 어느 대학에 지원하려고 하세요? |
| What day of the week is that? | 그게 무슨 요일이지요? |
| What did you do last weekend? | 지난 주말에 뭐했어요? |
| What did you do on your vacation? | 휴가 동안 뭐 하셨지요? |
| What did you think of the film? | 그 영화 어땠니? |
| What do you do in your free time? | 여가 시간에 뭐 하세요? |
| What do you mean? | 무슨 뜻이지요? |
| What do you say if we have seafood? | 해산물 요리를 먹으면 어떨까요? |
| What do you want to do after you graduate? | 졸업하고 무엇을 할건가요? |
| What do you want to do this evening? | 오늘 밤에 뭐하고 싶으세요? |
| What floor is our room on? | 우리 방은 몇 층이지요? |
| What food are you going to eat? | 어떤 음식을 먹을 거지요? |
| What food is a specialty of your country? | 너희 나라의 특별한 음식이 뭐가 있니? |
| What is the temperature in Seoul? | 서울의 기온은 어떻게 되지요? |
| What is this call regarding? | 무슨 일로 전화했지요? |
| What kind of workout(exercise) do you do? | 어떤 종류의 운동을 하세요? |
| What made you become a musician? | 왜 음악가가 되었어요? |
| What made you come to Korea? | 왜 한국에 오셨나요? |

|  |  |
|---|---|
| What movie are you going to watch? | 어떤 영화를 볼 거야? |
| What should we do first? | 우리는 무엇부터 먼저 해야 하나요? |
| What time do you arrive at work? | 출근이 몇 시에요? |
| What time do you finish work? | 몇 시에 일이 끝나세요? |
| What time do you leave the office? | 몇 시에 퇴근하나요? |
| What time do you wake up in the morning? | 아침에 몇 시에 일어나세요? |
| What time does the bank close? | 은행은 몇 시에 문을 닫나요? |
| What time does the movie end? | 영화는 몇 시에 끝나나요? |
| What time does the restaurant close? | 그 식당은 몇 시에 문을 닫나요? |
| What's for lunch today? | 오늘 점심엔 뭐를 먹지요? |
| What's the best movie you've seen this year? | 올해 당신이 본 영화 중에서 뭐가 제일 좋았나요? |
| What's the best way to lose weight? | 살을 빼는 가장 좋은 방법이 뭔가요? |
| What's the purpose of your visit to America? | 미국을 방문한 목적이 무엇이지요? |
| What's the weather supposed to be like tomorrow? | 내일 날씨가 어떨 거라고 생각해요? |
| What's today's temperature? | 오늘 기온이 몇 도인가요? |
| What's wrong? | 뭐가 문제죠? |
| What's your new office like? | 너네 새 사무실은 어때? |
| When are you planning take a summer vacation? | 여름 휴가는 언제 갈 계획이세요? |
| When can I call a taxi? | 제가 언제 택시를 부르면 되나요? |
| When can I get the results? | 검사 결과는 언제 나오나요? |
| When can I stop by? | 제가 언제 들를까요? |
| When did you go there? | 언제 거기 갔었지? |
| When is the exhibition over? | 전시회는 언제 끝나나요? |
| When is your checkout time? | 체크아웃 시간이 언제인가요? |
| When will I see you again? | 우리 언제 다시 만날까요? |
| When will you graduate? | 언제 졸업하세요? |
| Where are you going to be on Saturday? | 토요일엔 어디에 있을 거야? |
| Where can I buy a bus pass? | 버스 승차권을 어디서 살 수 있나요? |
| Where do you come from? | 어디서 오셨어요? |
| Where do you usually go shopping? | 당신은 보통 어디에서 쇼핑을 하시나요? |

| | |
|---|---|
| Which do you prefer, a window seat or an aisle seat? | 창가와 복도 쪽 어떤 자리가 좋으세요? |
| Which shirt should I buy? | 어떤 셔츠를 사야 하는 거지? |
| Who are you going with? | 누구랑 같이 갈 거예요? |
| Why didn't you show up last night? | 왜 어저께 안 나왔어? |
| Why didn't you get the phone? | 왜 전화 안 받았니? |
| Why do you stay up so late? | 왜 늦게까지 안 자고 있어요? |
| Why don't you have a beer? | 맥주 한 잔 하는 게 어때? |
| Why don't you have a seat here? | 여기 좀 앉으시지요? |
| Why don't you take a day off? | 하루 휴가를 내시지요? |
| Why don't you take some rest? | 조금 쉬는 게 어때? |
| Why is it closed? | 왜 문을 닫은 거지? |
| Will I be able to get well soon? | 제가 곧 회복될 수 있을까요? |
| Will I be able to leave the hospital soon? | 제가 곧 퇴원할 수 있을까요? |
| Will you be paying by credit card? | 카드로 계산할 건가요? |
| Will you pay in cash? | 현금으로 지불할 건가요? |
| Will you pay in installments or in full? | 할부로 할까요, 일시불로 할까요? |
| Will you pay with credit card? | 신용카드로 지불하시겠어요? |
| Will you tell me how to get to the park? | 공원 가는 길을 알려주시겠습니까? |
| Will you tell me how to reduce stress? | 어떻게 하면 스트레스를 줄일 수 있는지요? |
| Will you tell me how to solve the problem? | 이 문제를 어떻게 풀 수 있는지 가르쳐 주세요? |
| Would you be willing to come over? | 여기로 좀 와 주시겠습니까? |
| Would you be willing to work overseas? | 해외에서 근무하는 거 어떻게 생각하세요? |
| Would you call me if you hear any news? | 무슨 소식 들으면 내게 전화로 알려주겠어? |
| Would you like to sit over there? | 저 쪽에 앉아 주시겠습니까? |
| Would you mind opening your bag? | 가방 좀 열어봐 주시겠어요? |
| Would you mind turning on the MP3 player for me? | 제가 당신의 MP3 플레이어를 틀어봐도 될까요? |
| Would you mind watching my bags? | 제 가방 좀 봐 주시겠어요? |
| Would you please give me your name? | 성함을 말씀해 주시겠어요? |
| Would you please speak more slowly? | 좀 더 천천히 말씀해 주시겠어요? |
| Would you please take my picture? | 제 사진 좀 찍어 주시겠어요? |
| Would yu please pass me the salt? | 제게 소금 좀 건네주시겠어요? |
| You're joking, right? | 너 농담하는 거지? |

**부록 2. 영작 문제 정답**

## Chapter 1.1.1 Pattern #1 (1형식 현재형)

| | |
|---|---|
| 1. Do you go to school? | 2. Don't you go to school? |
| 3. Do you go to church? | 4. Don't you go to the park? |
| 5. Does she go school? | 6. Doesn't your mother go to church? |
| 7. Do we go to school? | 8. Don't we go to the park? |
| 9. Do they go to their work? | 10. Don't your friends go to school? |

## Chapter 1.1.2 Pattern #1 (1형식 현재진행형)

| | |
|---|---|
| 1. Are you going to church? | 2. Aren't you going to school? |
| 3. Are you going to school? | 4. Aren't you going to church? |
| 5. Is that child going to the park? | 6. Isn't he going to theater? |
| 7. Are we going to church? | 8. Aren't we going to the theater? |
| 9. Are they going to hometown? | 10. Aren't the men going to hometown? |

## Chapter 1.1.3 Pattern #1 (1형식 과거형)

| | |
|---|---|
| 1. Did she go to school? | 2. Didn't you go to school? |
| 3. Did you go to the gym? | 4. Didn't you go to the movie theater? |
| 5. Did you go to church? | 6. Didn't my sister go to church? |
| 7. Did we go to the art museum? | 8. Didn't we go to the art museum? |
| 9. Did they go to their hometown? | 10. Didn't they go to their hometown? |

## Chapter 1.1.4 Pattern #1 (1형식 과거진행형)

| | |
|---|---|
| 1. Was she going to school? | 2. Wasn't he going home? |
| 3. Were you going to church? | 4. Weren't you reading? |
| 5. Was my friend going to the park? | 6. Wasn't she going home? |
| 7. Were we reading? | 8. Weren't we going to the school? |
| 9. Were they going to church? | 10. Weren't students going to school? |

## Chapter 1.1.5 Pattern #1 (1형식 현재완료형)

| | |
|---|---|
| 1. Have you lived in Seoul? | 2. Haven't you lived in the U.S? |
| 3. Has he lived in Seoul? | 4. Haven't you lived in Seoul? |
| 5. Has teacher lived in the U.S? | 6. Hasn't she lived in the U.S? |
| 7. Have you lived in Busan? | 8. Haven't we lived in the city? |
| 9. Have they lived in their hometown? | 10. Haven't you stayed in Europe? |

## Chapter 1.1.6 Pattern #1 (1형식 과거완료형)

| | |
|---|---|
| 1. Had you lived in Seoul? | 2. Had you lived in abroad? |
| 3. Had you lived in New York? | 4. Hadn't you read the book? |
| 5. Had Tom lived in Seoul? | 6. Hadn't she lived in New York? |
| 7. Had we met her these days? | 8. Hadn't we lived in Busan? |
| 9. Had they seen the baby? | 10. Hadn't babies seen their mom? |

## Chapter 1.1.7 Pattern #1 (1형식 미래형)

| | |
|---|---|
| 1. Will you live in Seoul? | 2. Won't you live in Seoul? |
| 3. Will you live in Korea? | 4. Won't you live in Korea? |
| 5. Will Mr. Kim stay? | 6. Won't she live in Seoul? |
| 7. Will we stay in Seoul? | 8. Won't we live in Jeju Island? |
| 9. Will farmers live in the city? | 10. Won't farmers live in hometown? |

Chapter 1.1.8 Pattern #1 (1형식 미래진행형)

| | |
|---|---|
| 1. Will you be living in Seoul? | 2. Won't he be living in Seoul? |
| 3. Will you be living in the U.S? | 4. Won't you be living in Korea? |
| 5. Will my father be living in LA? | 6. Won't Tom be living in Seoul? |
| 7. Will we be staying here? | 8. Won't we be living in Korea? |
| 9. Will the students be living in New York? | 10. Won't they be staying in Seoul? |

Chapter 1.2.1 Pattern #2 (2형식 현재형)

| | |
|---|---|
| 1. Is she a student? | 2. Isn't he a student? |
| 3. Are you a student? | 4. Aren't you students? |
| 5. Is she a nurse? | 6. Isn't Jane a nurse? |
| 7. Are we teachers? | 8. Aren't we Koreans? |
| 9. Are they soccer players? | 10. Aren't your friends students? |

Chapter 1.2.3 Pattern #2 (2형식 과거형)

| | |
|---|---|
| 1. Was she happy? | 2. Wasn't he happy? |
| 3. Were you happy? | 4. Weren't you happy? |
| 5. Was your friend a soccer player? | 6. Wasn't Jane a student? |
| 7. Were they soccer players? | 8. Weren't they cooks? |
| 9. Were your friends cooks? | 10. Weren't they pianists? |

Chapter 1.2.5 Pattern #2 (2형식 현재완료형)

| | |
|---|---|
| 1. Have you been tired? | 2. Hasn't he been tired? |
| 3. Has she been tired? | 4. Haven't you been tired? |
| 5. Hasn't she been tired? | 6. Has Jane been tired? |
| 7. Have they been tired? | 8. Haven't teachers been tired? |
| 9. Have they been happy? | 10. Haven't my friends been happy? |

Chapter 1.2.6 Pattern #2 (2형식 과거완료형)

| | |
|---|---|
| 1. Had he been tired? | 2. Hadn't you been tired? |
| 3. Had you been tired? | 4. Hadn't you been nervous? |
| 5. Had your mother been nervous? | 6. Hadn't Jane been nervous? |
| 7. Had we been happy? | 8. Hadn't we been tired? |
| 9. Had they been nervous? | 10. Hadn't my friend been tired? |

Chapter 1.2.7 Pattern #2 (2형식 미래형)

| | |
|---|---|
| 1. Will she be tired? | 2. Won't they be tired? |
| 3. Will you be tired? | 4. Won't you be nervous? |
| 5. Will she be nervous? | 6. Won't Jane be tired? |
| 7. Will we be tired? | 8. Won't we be nervous? |
| 9. Will your friends be tired? | 10. Won't they be happy? |

## Chapter 1.3.1 Pattern #3 (3형식 현재형)

| | |
|---|---|
| 1. Does he like you? | 2. Don't you like me? |
| 3. Do you like me? | 4. Don't you like my brother? |
| 5. Does she love me? | 6. Doesn't Jane love you? |
| 7. Do they like you? | 8. Don't we like you? |
| 9. Do my friends love Jane? | 10. Don't they like their teachers? |

## Chapter 1.3.2 Pattern #3 (3형식 현재진행형)

| | |
|---|---|
| 1. Is he watching the tree? | 2. Aren't you watching the tree? |
| 3. Are you watching the tree? | 4. Aren't you looking her? |
| 5. Is she looking at me? | 6. Isn't Jane watching the tree? |
| 7. Are they teaching you? | 8. Aren't we teaching him? |
| 9. Are my friends teaching Jane? | 10. Aren't they looking their teachers? |

## Chapter 1.3.3 Pattern #3 (3형식 과거형)

| | |
|---|---|
| 1. Did you like me? | 2. Didn't you like her? |
| 3. Did you like her? | 4. Didn't you watch the movie? |
| 5. Did she like the movie? | 6. Didn't Jane find you? |
| 7. Did they like the movie? | 8. Didn't we find you? |
| 9. Did my friends like watching movies? | 10. Didn't they like me? |

## Chapter 1.3.4 Pattern #3 (3형식 과거진행형)

| | |
|---|---|
| 1. Was she looking for you? | 2. Was he teaching you? |
| 3. Were you looking at the sky? | 4. Weren't you watching the movie? |
| 5. Was my friends seeing her? | 6. Was Jane looking at you? |
| 7. Were we teaching you? | 8. Were they looking at the sky? |
| 9. Were my friends looking at her? | 10. Were they seeing the sky? |

## Chapter 1.3.5 Pattern #3 (3형식 현재완료형)

| | |
|---|---|
| 1. Have you liked me? | 2. Haven't you liked me? |
| 3. Have you liked her? | 4. Haven't you ever watched the movie? |
| 5. Has she liked the movie? | 6. Hasn't Jane met you? |
| 7. Have they liked the movie? | 8. Haven't we met you? |
| 9. Have they liked me? | 10. Have my friends liked watching movies? |

## Chapter 1.3.6 Pattern #3 (3형식 과거완료형)

| | |
|---|---|
| 1. Had he liked you? | 2. Hadn't she liked you? |
| 3. Had you liked her? | 4. Hadn't you seen the movie? |
| 5. Had she liked the movie? | 6. Hadn't Jane loved you? |
| 7. Had we liked the movie? | 8. Hadn't we ever seen you? |
| 9. Had they liked me? | 10. Had my friends liked watching movies? |

## Chapter 1.3.7 Pattern #3 (3형식 미래형)

| | |
|---|---|
| 1. Will she like you? | 2. Won't he like you? |
| 3. Will you like me? | 4. Won't you see the sea? |
| 5. Will she watch the movie? | 6. Won't Jane like you? |
| 7. Will we like the movie? | 8. Won't we love you? |
| 9. Will they like watching the movie? | 10. Won't they like reading books? |

### Chapter 1.3.8 Pattern #3 (3형식 미래진행형)

| | |
|---|---|
| 1. Will you be seeing me? | 2. Won't you be teaching me? |
| 3. Will you be seeing the sky? | 4. Won't you be watching the movie? |
| 5. Will she be seeing me? | 6. Won't Jane be seeing you? |
| 7. Will we be teaching you? | 8. Won't we be teaching you? |
| 9. Will my friends be seeing her? | 10. Won't my friends be seeing her? |

### Chapter 1.4.1 Pattern #4 (4형식 현재형)

| | |
|---|---|
| 1. Do you send him a book? | 2. Don't you send me a book? |
| 3. Do you send me an e-mail? | 4. Don't you send her an e-mail? |
| 5. Does she give us a pencil? | 6. Doesn't Jane give you a book? |
| 7. Do we send them books? | 8. Don't they give you pencils? |
| 9. Do they send children novels? | 10. Don't my friends give students books? |

### Chapter 1.4.2 Pattern #4 (4형식 현재진행형)

| | |
|---|---|
| 1. Are you sending me a book? | 2. Isn't she sending your friend a book? |
| 3. Are you sending me an e-mail? | 4. Aren't you sending her e-mails? |
| 5. Is she giving him a pencil? | 6. Isn't Jane giving Tom a book? |
| 7. Are they sending us books? | 8. Aren't they giving the men pencils? |
| 9. Are they sending children novels? | 10. Aren't they giving students books? |

### Chapter 1.4.3 Pattern #4 (4형식 과거형)

| | |
|---|---|
| 1. Did he send you a book? | 2. Didn't she send your friend a book? |
| 3. Did you send me an e-mail? | 4. Didn't you send her e-mails? |
| 5. Did she give me a pencil? | 6. Didn't Jane give you a book? |
| 7. Did we send them books? | 8. Didn't we give you pencils? |
| 9. Did they send children novels? | 10. Didn't my friends give students books? |

### Chapter 1.4.4 Pattern #4 (4형식 과거진행형)

| | |
|---|---|
| 1. Was he sending you a book? | 2. Wasn't she sending me a book? |
| 3. Were you sending me an e-mail? | 4. Weren't you sending her an e-mail? |
| 5. Was she giving him a pencil? | 6. Wasn't Jane giving Tom a book? |
| 7. Were we sending them books? | 8. Weren't we giving the men pencils? |
| 9. Were they sending children novels? | 10. Weren't they giving students books? |

### Chapter 1.4.2 Pattern #4 (4형식 현재완료형)

| | |
|---|---|
| 1. Has he sent you books? | 2. Hasn't she sent you books? |
| 3. Have you sent me e-mails? | 4. Haven't you sent her e-mails? |
| 5. Has she given me pencils? | 6. Hasn't Jane given you books? |
| 7. Have we sent them books? | 8. Haven't we given him pencils? |
| 9. Have they sent kids novels? | 10. Haven't they given students books? |

## Chapter 1.4.2 Pattern #4 (4형식 과거완료형)

| | |
|---|---|
| 1. Had he sent you a book? | 2. Hadn't she sent your friend a book? |
| 3. Had you sent me an e-mail? | 4. Hadn't you sent her e-mails? |
| 5. Had she given me a pencil? | 6. Hadn't Jane given you a book? |
| 7. Had we sent them books? | 8. Hadn't we given you pencils? |
| 9. Had they sent children novels? | 10. Hadn't my friends given students books? |

## Chapter 1.4.7 Pattern #4 (4형식 미래형)

| | |
|---|---|
| 1. Will she send him a book? | 2. Won't she send your friend a book? |
| 3. Will you send me an e-mail? | 4. Won't you send me e-mails? |
| 5. Will she give me a pencil? | 6. Won't Jane give you a book? |
| 7. Will we send them books? | 8. Won't we give you pencils? |
| 9. Will they send children novels? | 10. Won't they give students books? |

## Chapter 1.4.8 Pattern #4 (4형식 미래진행형)

| | |
|---|---|
| 1. Will she be sending him a book? | 2. Won't she be sending him a book? |
| 3. Will you be sending me an e-mail? | 4. Won't you be sending me e-mails? |
| 5. Will she be giving me a pencil? | 6. Won't Jane be giving you a book? |
| 7. Will we be sending them books? | 8. Won't we be giving them pencils? |
| 9. Will they be sending children novels? | 10. Won't they be giving students books? |

## Chapter 1.5.1 Pattern #5 (5형식 현재형)

| | |
|---|---|
| 1. Do you make me happy? | 2. Don't I make you happy? |
| 3. Do you make him cry? | 4. Don't you make your sister happy? |
| 5. Does he make his wife happy? | 6. Doesn't she make her husband cry? |
| 7. Do we make children happy? | 8. Don't we make teachers happy? |
| 9. Do they make English teacher cry? | 10. Don't your friends make you cry? |

## Chapter 1.5.2 Pattern #5 (5형식 현재진행형)

| | |
|---|---|
| 1. Are you making me happy? | 2. Am not I making you happy? |
| 3. Are you making him cry? | 4. Aren't you making your sister happy? |
| 5. Is he making his wife happy? | 6. Isn't she making her husband cry? |
| 7. Are we making children happy? | 8. Aren't we making teacher cry? |
| 9. Are they making English teacher cry? | 10. Aren't your friends making you happy? |

## Chapter 1.5.3 Pattern #5 (5형식 과거형)

| | |
|---|---|
| 1. Did he make you happy? | 2. Didn't he make you happy? |
| 3. Did you make him cry? | 4. Didn't you make your sister happy? |
| 5. Did he make his wife happy? | 6. Didn't she make her husband cry? |
| 7. Did we make children happy? | 8. Didn't we make teacher happy? |
| 9. Did they make English teacher cry? | 10. Didn't your friends make you cry? |

### Chapter 1.5.4 Pattern #5 (5형식 과거진행형)

| | |
|---|---|
| 1. Was he making you happy? | 2. Wasn't she making you happy? |
| 3. Were you making him cry? | 4. Weren't you making him happy? |
| 5. Was he making his wife happy? | 6. Wasn't she making her husband cry? |
| 7. Were we making children happy? | 8. Weren't we making teacher cry? |
| 9. Were they making teacher cry? | 10. Weren't friends making you happy? |

### Chapter 1.5.5 Pattern #5 (5형식 현재완료형)

| | |
|---|---|
| 1. Have you made her happy? | 2. Haven't you made him happy? |
| 3. Have you made him cry? | 4. Haven't you made your sister happy? |
| 5. Has he made his wife happy? | 6. Hasn't she made her husband cry? |
| 7. Have we made children happy? | 8. Haven't we made teachers happy? |
| 9. Have they made English teacher cry? | 10. Haven't your friends made you cry? |

### Chapter 1.5.6 Pattern #5 (5형식 과거완료형)

| | |
|---|---|
| 1. Had I made you happy? | 2. Hadn't she made you happy? |
| 3. Had you made him cry? | 4. Hadn't you made your sister happy? |
| 5. Had he made his wife happy? | 6. Had she made her husband cry? |
| 7. Had we made children happy? | 8. Hadn't we made teacher happy? |
| 9. Had they made English teacher cry? | 10. Hadn't your friends made you cry? |

### Chapter 1.5.7 Pattern #5 (5형식 미래형)

| | |
|---|---|
| 1. Will you make me happy? | 2. Won't you make me happy? |
| 3. Will you make him cry? | 4. Won't you make your sister happy? |
| 5. Will he make his wife happy? | 6. Won't she make her husband cry? |
| 7. Will we make children happy? | 8. Won't we make teacher cry? |
| 9. Will they make English teacher cry? | 10. Won't your friends make you cry? |

### Chapter 1.5.8 Pattern #5 (5형식 미래진행형)

| | |
|---|---|
| 1. Will you be making me happy? | 2. Won't you be making me happy? |
| 3. Will you be making him cry? | 4. Won't you be making him happy? |
| 5. Will he be making his wife happy? | 6. Won't she be making her husband cry? |
| 7. Will we be making children happy? | 8. Won't we be making teacher cry? |
| 9. Will they be making teacher cry? | 10. Won't your friends be making you cry? |

### Chapter 2.1.1 What 의문문 현재형

| | |
|---|---|
| 1. What are you? | 2. What does she like? |
| 3. What do you give me? | 4. What do you like? |
| 5. What kind of music does she like? | 6. What does he give her? |
| 7. What is this? | 8. What movie makes the student sad? |
| 9. What is your friend's name? | 10. What color is that pencil case? |

### Chapter 2.1.2 What 의문문 현재진행형

| | |
|---|---|
| 1. What are you watching? | 2. What are you giving my brother? |
| 3. What are you showing me? | 4. What are you looking for? |
| 5. What is she watching? | 6. What is he giving her? |
| 7. What is the frog eating? | 8. What movie is making her cry? |
| 9. What time is the first showing? | 10. What is Tom writing down? |

## Chapter 2.1.3 What 의문문 과거형

| | |
|---|---|
| 1. What were you? | 2. What did she like? |
| 3. What did you give me? | 4. What did you like? |
| 5. What kind of music did she like? | 6. What did he give you? |
| 7. What was this? | 8. What movie made the student sad? |
| 9. What was your nickname? | 10. What color was that pencil case? |

## Chapter 2.1.4 What 의문문 과거진행형

| | |
|---|---|
| 1. What were you watching? | 2. What were you giving my brother? |
| 3. What were you showing me? | 4. What were you looking for? |
| 5. What was she seeing? | 6. What was he giving her? |
| 7. What was the frog eating? | 8. What movie was making her cry? |
| 9. What time was the first showing? | 10. What was Tom writing down? |

## Chapter 2.1.5 What 의문문 현재완료형

| | |
|---|---|
| 1. What have you been? | 2. What have you liked? |
| 3. What have you given me? | 4. What have you liked? |
| 5. What kind of music has she liked? | 6. What has he given me? |
| 7. What has this been? | 8. What has the snake eaten? |
| 9. What kind of exercise has Tom done? | 10. What kind of fruit have you eaten? |

## Chapter 2.1.6 What 의문문 과거완료형

| | |
|---|---|
| 1. What had you been? | 2. What had he liked? |
| 3. What had you given me? | 4. What had you liked? |
| 5. What kind of music had she liked? | 6. What had he given me? |
| 7. What had this been? | 8. What had the snake eaten? |
| 9. What kind of exercise had Tom done? | 10. What kind of fruit had you eaten? |

## Chapter 2.1.7 What 의문문 미래형

| | |
|---|---|
| 1. What will you be? | 2. What will he like? |
| 3. What will you give me? | 4. What will you like? |
| 5. What kind of music will she like? | 6. What will he give me? |
| 7. What will this be? | 8. What will the snake eat? |
| 9. What kind of exercise will Tom do? | 10. What kind of fruit will you eat? |

## Chapter 2.1.8 What 의문문 미래진행형

| | |
|---|---|
| 1. What will you be seeing? | 2. What will you be giving my brother? |
| 3. What will you be showing me? | 4. What will you be looking for? |
| 5. What will she be seeing? | 6. What will he be giving her? |
| 7. What will the frog be eating? | 8. What movie will be making her cry? |
| 9. What kind of exercise will he be doing? | 10. What will Tom be writing down? |

## Chapter 2.2.1 Who 의문문 현재형

| | |
|---|---|
| 1. Who are you? | 2. Who do you like? |
| 3. Who do you give a book? | 4. Who do you make happy? |
| 5. Who does he give books? | 6. Who does she like? |
| 7. Who makes her happy? | 8. Who likes you? |
| 9. Who do you go there with? | 10. Who directs this great movie? |

## Chapter 2.2.2 Who 의문문 현재진행형

| | |
|---|---|
| 1. Who are you being? | 2. Who are you meeting? |
| 3. Who are you giving a book? | 4. Who are you making happy? |
| 5. Who is he giving books? | 6. Who is she meeting? |
| 7. Who is making her happy? | 8. Who is writing this song? |
| 9. Who are you going there with? | 10. Who is directing this great movie? |

## Chapter 2.2.3 Who 의문문 과거형

| | |
|---|---|
| 1. Who were you? | 2. Who did you like? |
| 3. Who did you give a book? | 4. Who did you make happy? |
| 5. Who did he give books? | 6. Who did she like? |
| 7. Who made her happy? | 8. Who liked you? |
| 9. Who did you go there with? | 10. Who directed this great movie? |

## Chapter 2.2.4 Who 의문문 과거진행형

| | |
|---|---|
| 1. Who were you being? | 2. Who were you meeting? |
| 3. Who were you giving a book? | 4. Who were you making happy? |
| 5. Who was he giving books? | 6. Who was she meeting? |
| 7. Who was making her happy? | 8. Who was writing this song? |
| 9. Who were you going there with? | 10. Who was directing this great movie? |

## Chapter 2.2.5 Who 의문문 현재완료형

| | |
|---|---|
| 1. Who have they liked? | 2. Who have you loved? |
| 3. Who have you given books? | 4. Who have you made happy? |
| 5. Who has he given books? | 6. Who has she liked? |
| 7. Who has made her happy? | 8. Who has liked you? |
| 9. Who have you been there with? | 10. Who has directed this movie? |

## Chapter 2.2.6 Who 의문문 과거완료형

| | |
|---|---|
| 1. Who had I been? | 2. Who had you liked? |
| 3. Who had you given books? | 4. Who had you made happy? |
| 5. Who had he given books? | 6. Who had she liked? |
| 7. Who had made her happy? | 8. Who had liked you? |
| 9. Who had you gone there with? | 10. Who had directed this movie? |

## Chapter 2.2.7 Who 의문문 미래형

| | |
|---|---|
| 1. Who will I be? | 2. Who will I like? |
| 3. Who will you give a book? | 4. Who will you make happy? |
| 5. Who will he give books? | 6. Who will she like? |
| 7. Who will make her happy? | 8. Who will like you? |
| 9. Who will you go there with? | 10. Who will direct this great movie? |

## Chapter 2.2.8 Who 의문문 미래진행형

| | |
|---|---|
| 1. Who will I be being? | 2. Who will I be meeting? |
| 3. Who will you be giving a book? | 4. Who will you be making happy? |
| 5. Who will he be giving books? | 6. Who will she be meeting? |
| 7. Who will be making her happy? | 8. Who will be writing this song? |
| 9. Who will you be going there with? | 10. Who will be directing this movie? |

## Chapter 2.3.1 When 의문문 현재형

| | |
|---|---|
| 1. When are you nervous? | 2. When do you give children candies? |
| 3. When do you watch TV? | 4. When do you let them have good times? |
| 5. When is she nervous? | 6. When does Jane start watching TV? |
| 7. When is Christmas Day? | 8. When does Tom come back home? |
| 9. When does he let her go? | 10. When does the train arrive? |

## Chapter 2.3.2 When 의문문 과거형

| | |
|---|---|
| 1. When were you nervous? | 2. When did you give children candies? |
| 3. When did you start watching TV? | 4. When did you start sleeping yesterday? |
| 5. When did she feel happiness? | 6. When did Jane start watching TV? |
| 7. When did you have lunch today? | 8. When did Tom come back home? |
| 9. When did he let her go? | 10. When did the train arrive? |

## Chapter 2.3.3 When 의문문 현재완료형

| | |
|---|---|
| 1. When have you been nervous? | 2. When have you given children candies? |
| 3. When have you watched TV? | 4. When have you let him have good times? |
| 5. When has she been nervous? | 6. When has Jane watched TV? |
| 7. When have you had lunch? | 8. When has Tom done his homework? |
| 9. When has he made her cry? | 10. When has the train stood there? |

## Chapter 2.3.4 When 의문문 과거완료형

| | |
|---|---|
| 1. When had you been nervous? | 2. When had I given children candies? |
| 3. When had you watched TV? | 4. When had you let him have good times? |
| 5. When had she been nervous? | 6. When had Jane watched TV? |
| 7. When had you had lunch? | 8. When had Tom done his homework? |
| 9. When had he made her cry? | 10. When had the train stood there? |

## Chapter 2.3.5 When 의문문 미래형

| | |
|---|---|
| 1. When will I be nervous? | 2. When will you give child candy? |
| 3. When will you start sleeping tonight? | 4. When will you see your daughter again? |
| 5. When will Jane watch TV? | 6. When will your friend have dinner? |
| 7. When will your friend have lunch? | 8. When will it get cold? |
| 9. When will he let her go? | 10. When will train departure? |

## Chapter 2.4.1 Where 의문문 현재형

| | |
|---|---|
| 1. Where do you live? | 2. Where are you a manager? |
| 3. Where do you go shopping? | 4. Where do you give students books? |
| 5. Where does Jane watch TV? | 6. Where does he sing songs? |
| 7. Where is India? | 8. Where is there? |
| 9. Where am I? | 10. Where does the bus arrive? |

### Chapter 2.4.2 Where 의문문 현재진행형

| | |
|---|---|
| 1. Where are you waiting for your mom? | 2. Where are you being a manager? |
| 3. Where are you going shopping? | 4. Where are you giving students books? |
| 5. Where is Jane watching TV? | 6. Where is he singing songs? |
| 7. Where is he coming from? | 8. Where is your dad having lunch? |
| 9. Where am I going? | 10. Where is the bus arriving? |

### Chapter 2.4.3 Where 의문문 과거형

| | |
|---|---|
| 1. Where did you live? | 2. Where were you a manager? |
| 3. Where did you go shopping? | 4. Where did you give students books? |
| 5. Where did Jane watch TV? | 6. Where did he sing songs? |
| 7. Where was the capital of Korea before? | 8. Where was there? |
| 9. Where was I? | 10. Where did the bus arrive? |

### Chapter 2.4.4 Where 의문문 과거진행형

| | |
|---|---|
| 1. Where were you waiting for your mother? | 2. Where were you being a manager? |
| 3. Where were you going shopping? | 4. Where were you giving students books? |
| 5. Where was Jane watching TV? | 6. Where was he singing songs? |
| 7. Where was he coming from? | 8. Where was your dad having lunch? |
| 9. Where were you going? | 10. Where was the bus arriving? |

### Chapter 2.4.5 Where 의문문 현재완료형

| | |
|---|---|
| 1. Where have you lived? | 2. Where have you been a manager? |
| 3. Where have you gone shopping? | 4. Where have you given students books? |
| 5. Where has Jane watched TV? | 6. Where has he sung songs? |
| 7. Where has your dad had lunch? | 8. Where have you waited for your mother? |
| 9. Where has he taught her? | 10. Where has the bus stood? |

### Chapter 2.4.6 Where 의문문 과거완료형

| | |
|---|---|
| 1. Where had you lived? | 2. Where had you been a manager? |
| 3. Where had you gone shopping? | 4. Where had you given students books? |
| 5. Where had Jane watched TV? | 6. Where had he sung songs? |
| 7. Where had your dad had lunch? | 8. Where had you waited for your mother? |
| 9. Where had he taught her? | 10. Where had the bus stood? |

### Chapter 2.4.7 Where 의문문 미래형

| | |
|---|---|
| 1. Where will you live? | 2. Where will you be a manager? |
| 3. Where will you go shopping? | 4. Where will you give student books? |
| 5. Where will Jane watch TV? | 6. Where will he sing songs? |
| 7. Where will your dad have lunch? | 8. Where will I wait for my mother? |
| 9. Where will he teach her? | 10. Where will the bus arrive? |

## Chapter 2.4.8 Where 의문문 미래진행형

| | |
|---|---|
| 1. Where will you be watching TV? | 2. Where will you be being a manager? |
| 3. Where will you be going shopping? | 4. Where will you be giving student books? |
| 5. Where will Jane be watching TV? | 6. Where will he be singing songs? |
| 7. Where will your dad be having lunch? | 8. Where will I be waiting for my mom? |
| 9. Where will he be teaching her? | 10. Where will the bus be arriving? |

## Chapter 2.5.1 Why 의문문 현재형

| | |
|---|---|
| 1. Why do you live in Seoul? | 2. Why are you a manager at the restaurant? |
| 3. Why do you go shopping at the mall? | 4. Why do you give students books? |
| 5. Why does Jane watch TV at Tom's home? | 6. Why does he sing songs in office? |
| 7. Why is the sea blue? | 8. Why is it important to speak English? |
| 9. Why does he teach her? | 10. Why does the bus stand there? |

## Chapter 2.5.2 Why 의문문 현재진행형

| | |
|---|---|
| 1. Why are you waiting for your mother? | 2. Why are you being a manager at the restaurant? |
| 3. Why are you going shopping at the mall? | 4. Why are you giving students books? |
| 5. Why is Jane watching TV at Tom's home? | 6. Why is he singing songs in office? |
| 7. Why is he coming from? | 8. Why is your dad having lunch there? |
| 9. Why is he teaching her English? | 10. Why is the bus going there? |

## Chapter 2.5.3 Why 의문문 과거형

| | |
|---|---|
| 1. Why did you live in Seoul? | 2. Why were you a manager at the restaurant? |
| 3. Why did you go shopping at the mall? | 4. Why did you give students books? |
| 5. Why did Jane watch TV at Tom's home? | 6. Why did he sing songs in office? |
| 7. Why was the sea blue? | 8. Why was speaking English important? |
| 9. Why did he teach her English? | 10. Why did the train stand there? |

## Chapter 2.5.4 Why 의문문 과거진행형

| | |
|---|---|
| 1. Why were you waiting for your mom? | 2. Why were you being a manager? |
| 3. Why were you going shopping at the mall? | 4. Why were you giving students books? |
| 5. Why was Jane watching TV at Tom's home? | 6. Why was he singing songs in office? |
| 7. Why was he coming from? | 8. Why was your dad having lunch there? |
| 9. Why was he teaching her English? | 10. Why was the bus going there? |

## Chapter 2.5.5 Why 의문문 현재완료형

| | |
|---|---|
| 1. Why have you lived in Seoul? | 2. Why have you been a manager? |
| 3. Why have you gone shopping at the mall? | 4. Why have you given students books? |
| 5. Why has Jane watched TV? | 6. Why has he sung songs? |
| 7. Why have you had lunch there? | 8. Why has Tom waited for his mother? |
| 9. Why has he taught her English? | 10. Why has the bus stood there? |

## Chapter 2.5.6 Why 의문문 과거완료형

| | |
|---|---|
| 1. Why had you lived in Seoul? | 2. Why had you been a manager? |
| 3. Why had you gone shopping at the mall? | 4. Why had you given students books? |
| 5. Why had Jane watched TV? | 6. Why had he sung songs? |
| 7. Why had you had lunch there? | 8. Why had Tom waited for his mother? |
| 9. Why had he taught her English? | 10. Why had the bus stood there? |

## Chapter 2.5.7 Why 의문문 미래형

| | |
|---|---|
| 1. Why will you live in Seoul? | 2. Why will you be a manager? |
| 3. Why will you go shopping at the mall? | 4. Why will you give students books? |
| 5. Why will Jane watch TV at Tom's home? | 6. Why will he sing songs? |
| 7. Why will you have lunch there? | 8. Why will Tom wait for his mother? |
| 9. Why will he teach her English? | 10. Why will the bus go there? |

## Chapter 2.6.1 Which 의문문

| | |
|---|---|
| 1. Which of televisions works better? | 2. Which of girls do you talk to? |
| 3. Which of girls are you talking to? | 4. Which of the men were you in the picture? |
| 5. Which did she prefer book or music? | 6. Which were you painting red or blue? |
| 7. Which of teachers has given you hope? | 8. Which of teachers had given you books? |
| 9. Which of men will make you happy? | 10. Can you tell me which car you will drive? |

## Chapter 2.6.2 Whether 의문문

| | |
|---|---|
| 1. I don't know whether or not it snows tomorrow. | 2. I don't know whether my son comes home or not. |
| 3. I want to know whether he is being a doctor. | 4. Jane wants to know whether Tom was a teacher. |
| 5. I want to know whether my husband did exercise yesterday. | 6. I want to know whether he was exercising yesterday. |
| 7. Tom's mother is not sure whether Tom has given kids books. | 8. I don't know whether he had given his father some gifts. |
| 9. I want to know whether my wife will make me happy. | 10. I am not sure whether the bus comes or not |

## Chapter 2.6.3 Whom 의문문

| | |
|---|---|
| 1. To whom do you go? | 2. To whom does my son go? |
| 3. Because of whom are you being happy? | 4. Because of whom was Jane happy? |
| 5. With whom did he cook pizza yesterday? | 6. With whom were you cooking pizza yesterday? |
| 7. For whom have you given him some money? | 8. For whom had you given him some money? |
| 9. For whom will you let him go? | 10. For whom are you playing the violin? |

## Chapter 2.6.4 Whose 의문문

| | |
|---|---|
| 1. Whose home do you go? | 2. Whose home is my son going to? |
| 3. Whose opinion is that? | 4. Whose opinion was that? |
| 5. Whose toy did you make yesterday? | 6. Whose toy were you making yesterday? |
| 7. Whose books have you lent him? | 8. Whose books had you lent Tom? |
| 9. Whose daughter makes him happy? | 10. Whose musical instrument are you playing? |

## Chapter 2.6.5 Whatever, Whoever, wherever, Whichever, Whomever

| | |
|---|---|
| 1. Does your wife do whatever you want? | 2. Will you do whatever I like? |
| 3. Won't you go whoever asks? | 4. Wherever can you go if your mother wants? |
| 5. Wherever can you go with your mother? | 6. Whenever can he start studying? |
| 7. Whenever can she go shopping? | 8. Whichever will be fun? |
| 9. Can you invite whomever I like? | 10. Whenever can you come of here? |

## Chapter 3.1 How 의문문

| | |
|---|---|
| 1. How is your business? | 2. How is his health? |
| 3. How are Japanese eating the noodles? | 4. How are you thinking of my sister? |
| 5. How was your business last year? | 6. How was his health? |
| 7. How have you been? | 8. How has your sister been? |
| 9. How had he been his health? | 10. How will be your business? |

## Chapter 3.2 How long 의문문

| | |
|---|---|
| 1. How long have you been tired? | 2. How long have they listened to classical music? |
| 3. How long is she listening to jazz music? | 4. How long did Tom walk? |
| 5. How long did they listen to Jazz music? | 6. How long did you watch kids laugh? |
| 7. How long have you been tired? | 8. How long had he given the poor people the food? |
| 9. How long will Tom walk? | 10. How long will she listen to Jazz music? |

## Chapter 3.3 How many 의문문

| | |
|---|---|
| 1. How many times does Tom go to school a week? | 2. How many pencils are there on the desk? |
| 3. How many bags does she have? | 4. How many books did he give her? |
| 5. How many times did your mother make her baby fun yesterday? | 6. How many computers have you used? |
| 7. How many e-mails has she sent him everyday? | 8. How many times will you go to school a week? |
| 9. How many books will he give her? | 10. How many computers will you use? |

## Chapter 3.4 How much 의문문

| | |
|---|---|
| 1. How much does Jane sleep on average? | 2. How much does my mother love me? |
| 3. How much does the book cost? | 4. How much was it? |
| 5. How much happy have you made your kids? | 6. How much work have you done per a day? |
| 7. How much exercise had he got a week? | 8. How much will you work? |
| 9. How much will you give her love? | 10. How much will you make kids happy? |

## Chapter 3.5 How often, old, far, about 의문문

| | |
|---|---|
| 1. How often do you go to movie? | 2. How often does he change his password? |
| 3. How often has my mom gone shopping at the department? | 4. How old do I look like? |
| 5. How old did English teacher look like then? | 6. How old will you be from this coming your birthday? |
| 7. How far is there from here? | 8. How far have you ever walked? |
| 9. How about going together tomorrow? | 10. How about going to the zoo this Thursday? |

## Chapter 4.1 Can 의문문

| | |
|---|---|
| 1. Can I travel alone? | 2. Can you walk alone at night? |
| 3. Can you be happy by yourself? | 4. Who can make them happy? |
| 5. What kind of musical instruments can she play? | 6. Can I ask you name? |
| 7. Can you show me that blue tie? | 8. Can I try on that pants? |
| 9. Could you tell me the way to your home? | 10. Could you let me know? |

## Chapter 4.2 May 의문문

| | |
|---|---|
| 1. May I live by myself? | 2. May I ask your name? |
| 3. May I be happy? | 4. May I play the piano someday? |
| 5. May I make her happy? | 6. May I make her cry? |
| 7. May you walk by yourself? | 8. May you be happy? |
| 9. May she give him sadness? | 10. May they join us? |

## Chapter 4.3 Must 의문문

| | |
|---|---|
| 1. Must I know that? | 2. Must I study now? |
| 3. Must I live alone now? | 4. Must you leave now? |
| 5. Must you make me cry? | 6. Must you sing a song now? |
| 7. Must she go to see a doctor? | 8. Must we give them the computer? |
| 9. Must he have lunch just now? | 10. Must we make them happy? |

## Chapter 4.4 Will, Shall 의문문

| | |
|---|---|
| 1. Shall I live alone? | 2. Will you start tomorrow morning? |
| 3. Will she study again? | 4. Shall I walk by myself? |
| 5. Shall we dance? | 6. Would you open the window? |
| 7. Would you change your plan? | 8. Would you turn on TV? |
| 9. What should we do for our teacher? | 10. Should I get a new job? |

**부록 3. 영어 의문문 12주 학습 과정**

# 영어 의문문 12주에 끝내기 학습 방법

| no | 1단계 1주 ~ 3주 ; 읽기를 통해 자연스럽게 패턴을 인식하는 단계 | | | 읽기 횟수 |
|---|---|---|---|---|
| | 1st week | *(한글 문장과 영어 문장을 소리 내서 읽기 1번씩)* | | |
| 1 | 1 | 1.1 | Pattern #1의 의문문 | 1번씩 |
| 2 | 2 | 1.2 | Pattern #1의 의문문 | 1번씩 |
| 3 | 3 | 1.3 | Pattern #1의 의문문 | 1번씩 |
| 4 | 4 | 1.4 | Pattern #1의 의문문 | 1번씩 |
| 5 | 5 | 1.5 | Pattern #1의 의문문 | 1번씩 |
| 6 | 6 | 2.1 | What 의문문 | 1번씩 |
| 7 | 7 | 2.2 | Who 의문문 | 1번씩 |
| | 2nd week | | | |
| 8 | 1 | 2.3 | When 의문문 | 1번씩 |
| 9 | 2 | 2.4 | Where 의문문 | 1번씩 |
| 10 | 3 | 2.5 | Why 의문문 | 1번씩 |
| 11 | 4 | 2.6 | Whether, Whose, Whom 의문문 | 1번씩 |
| 12 | 5 | 3.1 | How 의문문 | 1번씩 |
| 13 | 6 | 3.2 | How long 의문문 | 1번씩 |
| 14 | 7 | 3.3 | How many 의문문 | 1번씩 |
| | 3rd Week | | | |
| 15 | 1 | 3.4 | How much 의문문 | 1번씩 |
| 16 | 2 | 3.5 | 그 밖의 How 의문문 (How often, far, about) | 1번씩 |
| 17 | 3 | 4.1 | Can 의문문 | 1번씩 |
| 18 | 4 | 4.2 | May 의문문 | 1번씩 |
| 19 | 5 | 4.3 | Must 의문문 | 1번씩 |
| 20 | 6 | 4.4 | Will, Shall 의문문 | 1번씩 |
| 21 | 7 | | 부록의 의문문 예제 읽기 | 1번씩 |

**2단계  3주 ~ 6주 ; 반복 읽기를 통해 문장에 익숙해지는 단계**

*(한글 문장 1 번 영어 문장을 5 번씩 소리내어 읽기)*

| | 4th Week | | |
|---|---|---|---|
| 22 | 1 | 1.1  Pattern #1 의 의문문 | 5 번씩 |
| 23 | 2 | 1.2  Pattern #1 의 의문문 | 5 번씩 |
| 24 | 3 | 1.3  Pattern #1 의 의문문 | 5 번씩 |
| 25 | 4 | 1.4  Pattern #1 의 의문문 | 5 번씩 |
| 26 | 5 | 1.5  Pattern #1 의 의문문 | 5 번씩 |
| 27 | 6 | 2.1  What 의문문 | 5 번씩 |
| 28 | 7 | 2.2  Who 의문문 | 5 번씩 |
| | 5th week | | 5 번씩 |
| 29 | 1 | 2.3  When 의문문 | 5 번씩 |
| 30 | 2 | 2.4  Where 의문문 | 5 번씩 |
| 31 | 3 | 2.5  Why 의문문 | 5 번씩 |
| 32 | 4 | 2.6  Whether, Whose, Whom 의문문 | 5 번씩 |
| 33 | 5 | 3.1  How 의문문 | 5 번씩 |
| 34 | 6 | 3.2  How long 의문문 | 5 번씩 |
| 35 | 7 | 3.3  How many 의문문 | 5 번씩 |
| | 6th week | | 5 번씩 |
| 36 | 1 | 3.4  How much 의문문 | 5 번씩 |
| 37 | 2 | 3.5  그 밖의 How 의문문 (How often, far, about) | 5 번씩 |
| 38 | 3 | 4.1  Can 의문문 | 5 번씩 |
| 39 | 4 | 4.2  May 의문문 | 5 번씩 |
| 40 | 5 | 4.3  Must 의문문 | 5 번씩 |
| 41 | 6 | 4.4  Will, Shall 의문문 | 5 번씩 |
| 42 | 7 | 부록의 의문문 예제 읽기 | 5 번씩 |

## 3단계   7주 ~ 9주 ; 영작 훈련을 통해 응용력을 키우는 단계

*(영작을 하고 소리 내서 읽기 1 번씩)*

| | 7th Week | | | |
|---|---|---|---|---|
| 43 | 1 | 1.1 | Pattern #1의 의문문 영작 문제 | 1 번씩 |
| 44 | 2 | 1.2 | Pattern #1의 의문문 영작 문제 | 1 번씩 |
| 45 | 3 | 1.3 | Pattern #1의 의문문 영작 문제 | 1 번씩 |
| 46 | 4 | 1.4 | Pattern #1의 의문문 영작 문제 | 1 번씩 |
| 47 | 5 | 1.5 | Pattern #1의 의문문 영작 문제 | 1 번씩 |
| 48 | 6 | 2.1 | What 의문문 영작 문제 | 1 번씩 |
| 49 | 7 | 2.2 | Who 의문문 영작 문제 | 1 번씩 |
| | 8th Week | | | |
| 50 | 1 | 2.3 | When 의문문 영작 문제 | 1 번씩 |
| 51 | 2 | 2.4 | Where 의문문 영작 문제 | 1 번씩 |
| 52 | 3 | 2.5 | Why 의문문 영작 문제 | 1 번씩 |
| 53 | 4 | 2.6 | Whether, Whose, Whom 의문문 영작 문제 | 1 번씩 |
| 54 | 5 | 3.1 | How 의문문 영작 문제 | 1 번씩 |
| 55 | 6 | 3.2 | How long 의문문 영작 문제 | 1 번씩 |
| 56 | 7 | 3.3 | How many 의문문 영작 문제 | 1 번씩 |
| | 9th week | | | |
| 57 | 1 | 3.4 | How much 의문문 영작 문제 | 1 번씩 |
| 58 | 2 | 3.5 | 그 밖의 How 의문문 (How often, far, about) 영작 문제 | 1 번씩 |
| 59 | 3 | 4.1 | Can 의문문 영작 문제 | 1 번씩 |
| 60 | 4 | 4.2 | May 의문문 영작 문제 | 1 번씩 |
| 61 | 5 | 4.3 | Must 의문문 영작 문제 | 1 번씩 |
| 62 | 6 | 4.4 | Will, Shall 의문문 영작 문제 | 1 번씩 |
| 63 | 7 | | 부록의 의문문 예제 읽기 | 1 번씩 |

**4단계 10주~12주 ; 패턴 바꾸기 영작으로 언어의 속도로 증진 시키는 단계**

*(영작을 하고 소리 내서 읽기 1 번씩)*

| | 10th week | | | |
|---|---|---|---|---|
| 64 | 1 | 1.1 | 영작 문제 답을 주어 I, You, She로 시제 현재, 현재진행, 과거, 과거진행, 현재완료, 과거완료, 미래, 미래진행으로 바꿔 영작하기 | 1 번씩 |
| 65 | 2 | 1.2 | 의문문 영작 문제 위와 같이 바꾸어 영작하기 | 1 번씩 |
| 66 | 3 | 1.3 | 의문문 영작 문제 위와 같이 바꾸어 영작하기 | 1 번씩 |
| 67 | 4 | 1.4 | 의문문 영작 문제 위와 같이 바꾸어 영작하기 | 1 번씩 |
| 68 | 5 | 1.5 | 의문문 영작 문제 위와 같이 바꾸어 영작하기 | 1 번씩 |
| 69 | 6 | 2.1 | 영작 문제 위와 같이 바꾸어 영작하기 | 1 번씩 |
| 70 | 7 | 2.2 | 의문문 영작 문제 위와 같이 바꾸어 영작하기 | 1 번씩 |
| | 11th week | | | |
| 71 | 1 | 2.3 | 의문문 영작 문제 위와 같이 바꾸어 영작하기 | 1 번씩 |
| 72 | 2 | 2.4 | 의문문 영작 문제 위와 같이 바꾸어 영작하기 | 1 번씩 |
| 73 | 3 | 2.5 | 의문문 영작 문제 위와 같이 바꾸어 영작하기 | 1 번씩 |
| 74 | 4 | 2.6 | 의문문 영작 문제 위와 같이 바꾸어 영작하기 | 1 번씩 |
| 75 | 5 | 3.1 | 의문문 영작 문제 위와 같이 바꾸어 영작하기 | 1 번씩 |
| 76 | 6 | 3.2 | 의문문 영작 문제 위와 같이 바꾸어 영작하기 | 1 번씩 |
| 77 | 7 | 3.3 | 의문문 영작 문제 위와 같이 바꾸어 영작하기 | 1 번씩 |
| | 12th week | | | |
| 78 | 1 | 3.4 | 의문문 영작 문제 위와 같이 바꾸어 영작하기 | 1 번씩 |
| 79 | 2 | 3.5 | 의문문 영작 문제 위와 같이 바꾸어 영작하기 | 1 번씩 |
| 80 | 3 | 4.1 | 의문문 영작 문제 위와 같이 바꾸어 영작하기 | 1 번씩 |
| 81 | 4 | 4.2 | 의문문 영작 문제 위와 같이 바꾸어 영작하기 | 1 번씩 |
| 82 | 5 | 4.3 | 의문문 영작 문제 위와 같이 바꾸어 영작하기 | 1 번씩 |
| 83 | 6 | 4.4 | 의문문 영작 문제 위와 같이 바꾸어 영작하기 | 1 번씩 |
| 84 | 7 | | 부록의 의문문 예제 읽기 | 1 번씩 |